总 策 划：郁云峰

总 监 制：静　炜　夏红卫

编　　著：杨玉玲

视频点评：杨玉玲

视频录制新手教师：

　　　　胡天航　杨倩兰　乔照蕊　崔思彤　黄雨婷　田晓妍

　　　　郭宇航　徐静雯　靳浩楠　潘宇华　王曼茜　赵雪婷

视频录制留学生：

　　　　叶　可　李清照　沙　地　伊　文　伊　菲

视频摄制：况　山　王逸之

项目管理：邓晓霞

责任编辑：郭　冰　邓晓霞

CENTER FOR LANGUAGE
EDUCATION AND COOPERATION
中外语言交流合作中心

国际中文教育中文水平等级标准
CHINESE PROFICIENCY GRADING STANDARDS FOR INTERNATIONAL CHINESE LANGUAGE EDUCATION

语法教学手册
GRAMMAR TEACHING HANDBOOK

杨玉玲 编著

教育部中外语言交流合作中心 审定

初等 下册
ELEMENTARY　VOLUME 2

北京大学出版社
PEKING UNIVERSITY PRESS

图书在版编目 (CIP) 数据

国际中文教育中文水平等级标准. 语法教学手册：初等. 下册 / 杨玉玲编著. —— 北京：北京大学出版社，2025. 1. —— ISBN 978-7-301-35752-1

Ⅰ. H195.3

中国国家版本馆 CIP 数据核字第 2024VX8126 号

书　　　名	《国际中文教育中文水平等级标准》语法教学手册（初等）　下册
	《GUOJI ZHONGWEN JIAOYU ZHONGWEN SHUIPING DENGJI BIAOZHUN》
	YUFA JIAOXUE SHOUCE (CHUDENG)　XIACE
著作责任者	杨玉玲　编著
责 任 编 辑	郭　冰　邓晓霞
标 准 书 号	ISBN 978-7-301-35752-1
出 版 发 行	北京大学出版社
地　　　址	北京市海淀区成府路 205 号　100871
网　　　址	http://www.pup.cn　新浪微博：@北京大学出版社
电 子 邮 箱	zpup@pup.cn
电　　　话	邮购部 010-62752015　发行部 010-62750672　编辑部 010-62752028
印 刷 者	北京中科印刷有限公司
经 销 者	新华书店
	889 毫米 × 1194 毫米　16 开本　32 印张　771 千字
	2025 年 1 月第 1 版　2025 年 1 月第 1 次印刷
定　　　价	198.00 元（含配套资源）

要想成为一名优秀的国际中文教师，不仅要在语法方面具有扎实的功底，做到知其然且知其所以然，还要洞察二语学习者在某个语法上容易出现的偏误，做到防患于未然。在此基础上设计出优质的教学方案，将抽象的语法知识掰开、揉碎，化抽象为具体，化枯燥为生动，以"润物细无声"的方式传授给学生，做到"心中有剑，手中无剑"。为了帮助大家解决从理论语法到教学语法的转化问题，也为了对标《国际中文教育中文水平等级标准》（以下简称《等级标准》），我们编写了这套语法教学手册。

本书特点

1. 精准对标，具有普适性

从《等级标准》初等语法项目中精选出 128 个核心语法项目，能够与海内外多种教材轻松对接。

2. 既见树木，又见森林，具有系统性

《等级标准》中一个语法项目下辖多个用法，本书的做法是在第一次出现该语法项目时进行宏观系统的介绍，此后不再赘述。如在第一次出现"把"字句时，系统介绍"把"字句的句法、语义等特点，在后面其他"把"字句的教学设计中不再系统介绍。

3. 内容设计从"是什么"到"怎么教""怎么练"再到"怎么考"，具有学理性

每一个语法项目均包括本体知识—常见偏误—教学提示—教学案例—课堂活动—课后练习六大板块。本体知识和常见偏误重知识的把握，而教学提示、教学案例和课堂活动重技能的提高，课后练习则意在对教学效果的检验。从课前到课中再到课后，从知识到技能再到练习，做到了知识和技能的密切结合。

4. 教学环节清晰凝练，具有可模仿性

导入—讲解—操练—活动四个教学环节形成一个语法教学操作模式，拿来便可使用。教学设计遵循"精讲多练""不讲语法而教语法""防患于未然"等原则。

5. 视频微课重在真实再现课堂，具有示范性和预警性

和以前诸多"完美"示范课不同，本书配套视频希望尽量呈现真实的汉语二语教学课堂，参与录制的新手教师在理解了纸本教学案例的基础上来完成教学过程，学生均为初级汉语水平的留学生。这样的设计虽然看起来会出现很多"小问题"，比如学生的发音问题，需要教师有纠音意识，

正常上课出现的各种"意想不到"都会在视频微课中出现，教学时间自然会比反复彩排过的"完美"示范课长一点，但我们希望新手教师能够看到这些真实课堂以及对这些问题的处理，能够做到防患于未然。在每一个教学视频后均附有杨玉玲老师针对该教学片段的点评。我们希望通过这种微格教学点评的形式引导新手教师看到该教学片段中的优点，也看到问题和不足，审视和反思自己的教学，提高教学水平。

6. 教学案例典型、丰富、生动，具有可选择性

尽量考虑到教师性格、教学环境的不同而设计不同的教学案例，力求丰富、生动，可供不同需求的教师选择。

7. 以点带面，由个案到类案，具有全面性和典型性

我们希望以点带面，通过个案教学使读者掌握同一类语法项目的教学方法和技巧。语法项目配套视频微课也遵循以点带面的原则，同类语法项目一般选择其中最为典型的进行录制，如结果补语仅选择了本书中最基础的结果补语 1 和抽象程度更高的结果补语 4。我们相信通过典型案例的教学，读者朋友可以触类旁通，最终实现教学能力的全面提升。

8. 纸数结合，立体配套，图文并茂，具有时代性和便捷性

除了纸质内容外，128 个语法项目均有配套的课件，方便教师上课直接使用。课件内容设计丰富，教师可根据教学时间等因素选择删减。我们从这 128 个语法项目中选择最有代表性的 80 个语法项目进行了视频微课录制。这些立体化多模态资源的配备方便读者自主学习和使用。

适用对象

本书适用对象为海内外的国际中文教师、国际中文教育志愿者，以及相关专业的本科生和硕士研究生。本书可用于专业课教学（特别是案例分析）、教师培训或者自学。教学视频也可用于汉语二语学习者自学汉语语法。

使用说明

1. 模块的设置及其内容

每个语法项目均包括以下板块：

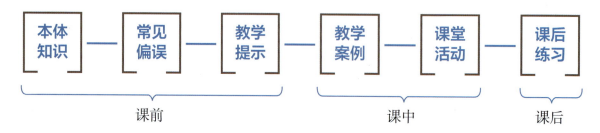

本体知识： 用通俗易懂的语言把每个语法点在语法、语义和语用上的特点等描述清楚，举出适合该阶段的足够多的例句，帮助教师在真正走进教室之前对该语法点有一个全面的掌握。

常见偏误： 使教师特别是没有教学经验的教师能够预见学生在该语法点上可能出现的偏误及其原因，做到防患于未然。

教学提示： 指出教师在备课和上课过程中应注意的问题，帮助教师准确地抓住教学重点。

教学案例： 每一个教学案例按照教学流程可以分为导入、讲解和操练，但其配合不是固定的，教师可以根据教学环境、教学对象和自己的教学特点等情况灵活组合。

课堂活动： 在讲解之后，每一个语法点至少提供一种课堂活动，不仅使教师的教学"寓教于乐"，还可帮助学生顺利实现从语言学习到语言运用的过渡。

课后练习： 包括听、说、读、写四类练习，帮助学生掌握该语法点，教师也可直接用于教学。

2."课中"具体环节及其目的

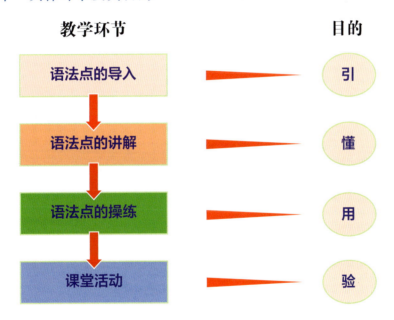

3. 注意

有的教学设计为了方便对比，会把偏误率较高的相关语法点放在一起，但大家切忌不考虑自己的教学时间、教学阶段完全照搬。比如"不"和"没"，本是两个语法点，但为了体现二者的不同，我们把"不"和"没"的教学放在了一起，通过五个教学案例来呈现：案例1和案例2是"不"的教学，案例3和案例4是"没"的教学，案例5是二者区别的教学。

所有教学设计均遵循"精讲多练""不讲语法而教语法""防患于未然"等原则。教学案例的设计不是为了让读者单纯地模仿，而是希望读者如身临课堂，在模仿中逐步提高自己的教学技能。

特别感谢

参与本书教学设计和视频录制的新手教师是：胡天航、杨倩兰、乔照蕊、崔思彤、黄雨婷、田晓妍、郭宇航、徐静雯、靳浩楠、潘宇华、王曼茜、赵雪婷。

参与视频录制的留学生是：叶可、李清照、沙地、伊文、伊菲。

本套立体教材受教育部中外语言交流合作中心项目"基于《国际中文教育中文水平等级标准》的初等语法多模态教学资源建设研究"（YHJC21YB-131）和"北京高校高精尖学科建设项目"、北京语言大学研究生教育教学改革项目"面向汉语二语教学的研究生案例语法教学和案例库建设研究"（2024YJGKC07）的资助。在此一并表示感谢！

希望本书能够帮助读者朋友提高教学技能，开启教学智慧，体验汉语教学的极大乐趣。由于作者的学术水平和教学经验都很有限，书中瑕疵在所难免，敬请读者朋友批评指正。

目　录

特殊句式

"是"字句（一级）

本体知识

　　由判断动词"是"和其他词语或短语一起构成谓语的句子就是"是"字句。"是"字句主要用来表示判断，用于表达人或事物等于什么或者属于什么。其否定形式是在"是"前加上否定副词"不"。

格式：

1 肯定形式：S + 是 + N

我是学生。

2 否定形式：S + 不是 + N

我不是老师。

3 疑问形式：S + 是 + N + 吗？ / S + 是不是 + N？

你是老师吗？ / 你是不是老师？

常见偏误

1 * 他我的同屋是。

改为：他是我的同屋。

分析：日韩学生容易受母语影响，把"是"放在句尾，而把宾语放在前面。

2 * 你是不是英国人吗？

改为：你是不是英国人？ / 你是英国人吗？

分析：一般疑问句句尾用"吗"，正反疑问句句尾不用"吗"。

3 * 我的姥姥是七十岁。

改为：我的姥姥七十岁。

分析：表达多大年龄时，名词作谓语，前面一般不用"是"。

4 * 她们都女老师，她们都中国人。

改为：她们都是女老师，她们都是中国人。

分析：主语和宾语是归属关系，需要用判断动词"是"。

5 * 我的家是五口人。

　　改为：我家有五口人。

　　* 因为我是一位中国的朋友。

　　改为：因为我有一位中国朋友。

　　分析："是"和"有"混用。表示判断用"是"，表示存在或者领有应该用"有"。

6 * 所以今天是恐怕跟她最后见面的日子。

　　改为：所以今天恐怕是跟她最后一次见面的日子。

　　* XX 是也韩国朋友。

　　改为：XX 也是韩国朋友。

　　* 林美是现在二年级八班学生。

　　改为：林美现在是二年级八班的学生。

　　分析："是"字句中副词、时间名词等应该放在"是"之前。

7 * 他不是女他是男。

　　改为：他不是女的，是男的。

　　分析："是"字句中宾语如果是区别词，后面一定加上"的"。

8 * 外面是下雨。

　　改为：外面在下雨。

　　分析：动词作谓语，其前不需要用判断动词"是"。

9 * 她是很好。

　　改为：她很好。

　　* 爸爸说鲁东大学是很干净还安静。

　　改为：爸爸说鲁东大学很干净，也很安静。

　　分析：形容词作谓语，其前不需要用"是"，除非用于特殊语境中表示肯定、强调。

教学提示

1 "是"字句看似简单，实则不易。"是"字句几乎是最早接触的语法项目，学生掌握的词汇极为有限，句子也非常简单，所以课堂用语、词汇和句子都要特别注意。

2 "是"放在宾语的前面。

3 正反疑问句"是不是……"后面不能用"吗"。

4 如果主语和宾语是等同或者归属关系，中间需要用"是"，但形容词谓语句和动词谓语句不需要用"是"。

5 句中如果需要副词，副词应该放在"是"前。

教学案例

📖 **案例 1：词卡—实物法（用刚学或者本课的生词）**

1. 导入和讲解

师：（出示桌子的词卡并领读）桌子，（指着桌子）<u>这是桌子。</u>（板书，齐读）

生：这是桌子。

师：（出示椅子的词卡并领读）椅子，（指着椅子）<u>这是椅子。</u>（板书，齐读）

生：这是椅子。

师：（出示书的词卡并领读）书，（拿着书）<u>这是书。</u>（板书，齐读）

生：这是书。

师：（出示笔的词卡并领读）笔，（拿着笔）<u>这是笔。</u>（板书，齐读）

生：这是笔。

师：（指着椅子）<u>这是桌子吗？这是不是桌子？</u>（板书）

（学生会摇头表示不是，教师引导学生说）

<u>这不是桌子，这是椅子。</u>（板书，齐读）

生：这不是桌子，这是椅子。

师：（指着桌子）<u>这是椅子吗？这是不是椅子？</u>（板书，齐读）

生：这不是椅子，这是桌子。

师：（根据例句总结格式）

S + 是 + N

S + 不是 + N

S + 是 + N + 吗？ / S + 是不是 + N？

2. 操练

看图说话

两人一组，A 问 B 答，然后 B 问 A 答，教师可以先做个示范。

（1）这是什么？

（2）他 / 她是老师吗？

案例 2：图片法

1. 导入和讲解

师：（出示学生熟知的明星的图片，如成龙）他叫……？

生：Jackie Chan。

师：对！他是中国人。（板书，齐读）

生：他是中国人。

师：（出示图片）她呢？她是中国人吗？（板书）

她不是中国人，她是日本人。（板书，齐读）

生：她不是中国人，她是日本人。

师：你们是不是中国人？（板书，齐读）

生：我们不是中国人。

师：（根据例句总结格式）

S + 是 + N

S + 不是 + N

S + 是 + N + 吗？ / S + 是不是 + N？

日本

2. 操练

操练 1：接龙练习

教师问第一个学生，然后用手势指示学生接龙练习。

师：大卫，你是中国人吗？

大卫：我不是中国人，我是美国人。安娜，你是不是中国人？

安娜：我不是中国人，我是美国人。

……

生：老师，您是中国人吗？

师：对，我是中国人。

操练 2：看图说话

两人一组，A 问 B 答，然后 B 问 A 答，教师可以先做个示范。

师：（出示图片）她是中国人吗？她是不是中国人？

生：她不是中国人，她是美国人。

师：她是学生吗？她是不是学生？

生：她不是学生，她是老师。

换一张图片，交换角色，学生问，教师回答。

美国

法国

完成前面两轮问答，学生应该能明白怎么做，也掌握得比较熟练，以下练习可由学生一问一答完成。

韩国

中国

美国

韩国

中国

课堂活动

1 张冠李戴

教师把本班学生的名字做成卡片（带拼音）分别发给学生，然后教师问"你是大卫吗？你是英国人吗？"拿到"大卫"名卡的学生站起来说"我是大卫"，别的学生说"我不是大卫"。然后让另外一个学生提问，其他学生回答，以此类推。

2 猜猜看

两个学生一组，B抽卡片（卡片上有国籍、职业、字母），A用"吗/是不是"提问，B根据卡片内容回答"是/不是"的句子。A猜是哪幅图，说出字母。一分钟后，A和B交换。

A 韩国　　B 韩国　　C 日本　　D 中国

E 美国　　F 美国　　G 中国　　H 中国

3 猜猜他/她是谁

教师提前准备一些职业卡片，让学生选择并扮演一个自己最喜欢的角色，如医生、护士、司机、老师等，其他学生用"他/她是……"猜一猜。

课后练习

一、听一听，连一连。🎧

小莎		中国人		学生
小明		美国人		司机
中原		英国人		老师
安妮		日本人		医生

二、对下列句子进行肯定和否定的回答。

1. 你是中国人吗?

A: ＿＿＿＿＿＿＿＿＿＿＿＿

B: ＿＿＿＿＿＿＿＿＿＿＿＿

2. 你是医生吗?

A: ＿＿＿＿＿＿＿＿＿＿＿＿

B: ＿＿＿＿＿＿＿＿＿＿＿＿

三、把下列句子改为疑问句和否定句。

1. 他是美国人。

＿＿＿＿＿＿＿＿＿＿＿＿

＿＿＿＿＿＿＿＿＿＿＿＿

2. 她是医生。

＿＿＿＿＿＿＿＿＿＿＿＿

＿＿＿＿＿＿＿＿＿＿＿＿

3. 张明是中国人。

＿＿＿＿＿＿＿＿＿＿＿＿

＿＿＿＿＿＿＿＿＿＿＿＿

4. 这是教室。

＿＿＿＿＿＿＿＿＿＿＿＿

＿＿＿＿＿＿＿＿＿＿＿＿

四、看图写句子。

这是 _____ _____ _____ _____

她是 _____ _____ _____ _____

五、阅读，判断对错。

麦克是美国人，他是司机。山口不是中国人，他是日本人，他是司机。李洁不是日本人，她是中国人，她是老师。娜娜是韩国人，她不是老师，她是医生。小妮是法国人，她不是学生，她是医生。

1. 麦克是美国人，他是医生。　　　　　　　　　　　（　　）

2. 山口是日本人，他是司机。　　　　　　　　　　　（　　）

3. 李洁是日本人，她是老师。　　　　　　　　　　　（　　）

4. 娜娜是韩国人，她是学生。　　　　　　　　　　　（　　）

5. 小妮是法国人，她是医生。　　　　　　　　　　　（　　）

六、找五个人问问以下两个问题，把录音发给老师。

1. 你是中国人吗？

2. 你是不是老师？

特殊句式

02 "有"字句（一级、二级）

本体知识

　　由动词"有"和其宾语共同作谓语构成的句子叫"有"字句。"有"字句的意义和用法如下：

　　1. 表示领有，如：我有一本书。（一级）

　　2. 表示存在，如：桌子上有一本书。（二级）

　　3. 表示评价、达到，如：这棵树有 10 米高。（二级）

　　4. 表示比较，如：他儿子有桌子那么高了。（二级）

　　5. 表示具有，如：他有着别人所没有的气质。（五级）

　　6. 表示附着，如：墙上画有一只鸟。（五级）

　　1～4 为初等语法项目，5～6 为中等语法项目。第 2 种用法，即表示存在的"有"字句见存现句 1，故此不赘述。本教学设计仅涉及初等语法项目，即用法 1、3、4。

格式：

1 **表示领有：**

S＋有＋O　　　　　　　　　S＋没有＋O

我有一本词典。　　　　　　　我没有词典。

S＋有＋O＋吗？／S＋有没有＋O？

你有词典吗？／你有没有词典？

2 **表示评价、达到：**

S＋有＋数量（＋那么）＋Adj

这张桌子有 5 米那么长。

3 **表示比较：**

S＋有＋N（＋这么／那么）＋Adj

她有桌子那么高。

常见偏误

1 ***对不起！明天我时间没有。**

改为：对不起！明天我没有时间。

分析：汉语中宾语应该放在动词"有"之后。把动词放在宾语后面是日韩留学生在初级阶段容易出现的偏误。

8

2 * 明天你有没有上课？

改为：明天你有没有课？ ／ 明天你有课吗？

分析：只有询问是否发生过某动作行为时，"有没有"后面才会出现动词。

3 * 你有没有自行车吗？

改为：你有没有自行车？ ／ 你有自行车吗？

分析："有没有"表示疑问时，后面不能再加表示疑问的"吗"。

**教学
提示**

1 用格式化的办法告诉学生宾语的位置。

2 提醒学生"有没有"后面用名词，而且句尾不再带"吗"。

3 如果不是直接回答问题，宾语前面一般有不定数量。

4 表示领有和比较的"有"字句难度不同，是分属两个不同阶段的语法项目，不要一次教给学生。

**教学
案例**

一 学习表示领有的"有"字句

📖 案例 **1**：图片法

1. 导入和讲解

师：（用词卡复习家庭成员）我们来复习一下这些词语：

妈妈、爸爸、姐姐、哥哥、妹妹、弟弟、爷爷、奶奶。

师：（出示自己或者一个学生的全家福，指着照
片问）这是谁？

生：这是安娜。

师：对，这是安娜。安娜家有五口人，安娜有一
个弟弟和一个妹妹。（板书，齐读）

生：安娜有一个弟弟和一个妹妹。

师：大卫，你有弟弟吗？ ／ 你有没有弟弟？（用哪种形式取决于是否学习正反
疑问句，一般只能用前者。板书，齐读）

大卫：我有弟弟。

师：贞爱，你呢？你有弟弟吗？

贞爱：（可能会说错）我不有弟弟。

师：我们应该说：<u>我没有弟弟。</u>（板书，齐读）

生：我没有弟弟。

师：贞爱有弟弟吗？

生：贞爱没有弟弟。

师：安娜有姐姐吗？

生：安娜没有姐姐。

师：安娜有哥哥吗？

生：安娜没有哥哥。

师：（根据例句总结格式）

　　S＋有＋O＋吗？／S＋有没有＋O？

　　S＋有＋O（直接回答问题）

　　S＋有＋数量＋N（自己说明）

　　S＋没有＋O

2. 操练

介绍我的家庭

我家有……口人，我有……姐姐，……哥哥，……弟弟，……妹妹。

别的学生可以提问：你有……吗？

案例 2：实物法

1. 导入和讲解

师：（出示自己的手机、书或者笔等，复习这些词语）这是什么？

生：这是笔。

师：对，这是笔，<u>老师有两支笔。</u>（板书，齐读）

生：老师有两支笔。

师：山本，<u>你有笔吗？</u>（板书）

山本：<u>我有笔。</u>（板书）

师：你有几支笔？

山本：<u>我有一支笔。</u>（板书）

师：（出示手机）这是什么？

生：这是手机。

师：这是手机，<u>老师有一部手机。</u>（板书，齐读）老师有几部手机？

生：老师有一部手机。

师：非常好。<u>你们有手机吗？</u>（板书，齐读）

生：<u>我有手机。</u>（板书，齐读）

师：安妮，你有几部手机？

安妮：我有一部手机。（板书，齐读）

师：安娜，你有汽车吗？（板书，齐读）

安娜：（可能会说错）我不有汽车。

师：我们应该说：我没有汽车。（板书，齐读）

　　大卫，安娜有汽车吗？

大卫：安娜没有汽车。（板书，齐读）

师：托马索，你有飞机吗？

托马索：我没有飞机。

师：托马索有没有飞机？（板书，齐读）

生：托马索没有飞机。

师：（根据例句总结格式）

　　S＋有＋O＋吗？ / S＋有没有＋O？

　　S＋有＋O（直接回答问题）

　　S＋有＋数量＋N（自己说明）

　　S＋没有＋O

2. 操练

看图说话

　　A：你有……吗？ / 你有没有……？

　　B：我有……。 / 我没有……。

　　A：你有几……？

　　B：我有＋数量＋N。

二 学习表示比较、达到的"有"字句

📖 案例 3：图片法

1. 导入和讲解

师：（出示图片）大家看这个绿色的水果是什么？

生：梨、苹果……

师：都不对，这是葡萄。这种葡萄很大，和鸡蛋大小差不多，我

们可以说：<u>这种葡萄有鸡蛋这么大。</u>（板书，齐读）

生：这种葡萄有鸡蛋这么大。

师：（出示图片）如果有人问你乒乓球有多大，你怎么说？

我们可以说：<u>乒乓球有鸡蛋这么大。</u>（板书，齐读）

师：（出示图片）我们看这个孩子，有多高了？和桌子差不多高。我

们可以说：<u>她有桌子那么高了。</u>（板书，齐读）

生：她有桌子那么高了。

师：（根据例句总结格式）我们要说明一个对象多高、多长、多大、

多深、多宽的时候，可以用一个大家比较熟悉的东西作为比较

对象，可以这么说：

S + 有 + N（+ 这么 / 那么）+ Adj

师：（出示图片）这棵树很高，看起来有 10 米，怎么说？

生：有 10 米那么高。

师：对，<u>这棵树有 10 米那么高。</u>（板书，齐读）

师：（出示图片）这张桌子很长，看起来有 5 米，怎么说？

生：这张桌子有 5 米那么长。

师：对，<u>这张桌子有 5 米那么长。</u>（板书，齐读）

师：（根据例句总结格式）

S + 有 + 数量（+ 那么）+ Adj

2. 操练

用"有"字句说句子。

（1）墙上有一个洞，和网球大小差不多。

（2）这棵竹子一个星期就长得和一个人差不多高了。

（3）这条河很深，差不多有 20 米。

（4）这条金鱼和手差不多大。

（5）这个房间的大小和一个足球场差不多。

课堂活动

1 试运气（练习"领有"）

每张图片对应一个数字、颜色或者最近刚学过的某类词语，其中有一个炸弹，

让学生自由选择，翻开图片用"有"字句说句子，只要说对就可以继续说，说错则

失去机会。说对几个得几分，选中炸弹的扣一分。

2 **看图回答（练习"比较、达到"）**

它有多高？

妹妹有多高？

（50米深）

水有多深？

（50米长，1.3米深）

游泳池有多长？有多深？

这匹马有多高？

这个西瓜有多大？

这条鱼有多大？

3 **比一比（练习"领有"）**

　　两人一组，每人拿出自己的书包，看谁的东西多。A 先说"我有……"，B 如果也有则说"我有……"，如果没有则说"我没有……"，而且 B 扣一分。然后轮到 B 说，规则相同。扣分多的人输。

A：我有铅笔。 B：我有铅笔。

B：我有苹果。 A：我没有苹果。（A扣一分）

A：我有眼镜。 B：我没有眼镜。（B扣一分）

课后练习

一、听一听，判断对错。🎧

1. 大卫今天晚上有汉语课。 （　　）
2. 我今天晚上没有时间看电影。 （　　）
3. 我明天晚上没有课。 （　　）
4. 我有一辆自行车。 （　　）

二、仿照例句改写句子。

例：我家有一只小狗。
　　你家有小狗吗？
　　你家有没有小狗？
　　我家有小狗，我家没有小猫。

1. 安妮有一部手机。

　　_____

　　_____

　　_____

2. 大卫有两个姐姐。

　　_____

　　_____

　　_____

3. 我的房间有一张书桌。

　　_____

　　_____

　　_____

4. 我有一辆自行车。

　　_____

　　_____

　　_____

5. 安娜有一本汉语词典。

　　_____

　　_____

　　_____

三、小调查。

问一问本班同学有没有汉语词典、汉语书、微信、淘宝等，然后汇报。

1. 我们班有……（多少）人　　　2. 谁有……　　　3. 谁没有……
4. ……（多少）人有……　　　5. ……（多少）人没有……

特殊句式

03 "比"字句 1：A 比 B + Adj（一级）

本体
知识

汉语用来表达比较的句式有多种，主要有：

1. 差比句：也叫"比"字句，如要表达两个对象在性质或程度上存在差别，则用差比句"A 比 B + Adj"。如：

北京比天津大。

2. 等比句：如要比较两个对象是否相同，则用等比句"A 跟 B 一样 / 不一样"。还可以用"A 跟 B 差不多"。如：

他的性格跟哥哥不一样，但跟姐姐差不多。

3. "有"字句：如果用一个事物作为比较的标准来说明另一对象的大小、高度、长度、宽度、深度等，可以用"有 + N（+ 这么 / 那么）+ 大 / 高 / 长 / 宽 / 深"。如：

（1）我们的心脏有拳头那么大。

（2）这孩子已经有桌子这么高了。

（3）那条鱼有我手臂这么长。

（4）这条胡同有一辆小轿车那么宽。

（5）这个游泳池的水有一人深。

"比"字句主要有以下几种：

"比"字句 1：A 比 B + Adj；A 没有 B + Adj

"比"字句 2：A 比 B + Adj + 数量

"比"字句 3：A 比 B + 更 / 还 + Adj

"比"字句 4：A 比 B + V 得 Adj；A + V 得 + 比 B + Adj

"比"字句 5：A 比 B + 多 / 少 / 早 / 晚 + V + 数量

"比"字句 6：A 不比 B + Adj

"A 不比 B + Adj"与"A 没有 B + Adj"在表达的意义上略有不同。如当我们问"她比你高吗？"，否定的回答可以是：

$$
她不比我高。\begin{cases} a.\ 她和我差不多高。 & 她的身高 \approx 我的身高 \\ \\ b.\ 她比我矮。 & 她的身高 < 我的身高 \end{cases}
$$

她没有我高。 她的身高 < 我的身高

"她不比我高"可能表示"她和我差不多高"，也可能表示"她比我矮"，这句话往往是针对上文（某种错误的比较结果）进行订正或辩驳；而"她没有我高"只表示"她比我矮"。

另外，在形容词的选择方面，二者也存在不同："A 没有 B + Adj"要求后面的形容词是积极意义的形容词，一般不接受消极意义的形容词。如：

我没有你聪明。

* 我没有你笨。

"A 不比 B + Adj"没有此限制。如：

我也不比你笨啊，为什么我总也学不会。

汉语表示比较的结构很复杂，本教学设计仅涉及最基本的"比"字句 1。

格式： **1** 肯定形式：A 比 B + Adj

我比她高。

2 否定形式：A 没有 B + Adj

她没有我高。

3 疑问形式：A 比 B + Adj + 吗？

她比我高吗？

常见偏误

1 * 我发现爱看书的小孩儿比不爱看书的有差别的。

改为：我发现爱看书的小孩儿和不爱看书的是有差别的。

* 因为我在学习中遇到的困难可能比亚洲人经过的不一样。

改为：因为我在学习中遇到的困难可能和亚洲人遇到的不一样。

分析：表示在整体上存在差异，没有表示比较之后具体在哪方面产生了差异或产生差异的量，所以不应该用"比"字句，应该用等比句。

2 * **这里水的质量很差比我们那里。**

改为：这里水的质量比我们那里差得多。

分析："比"字句的语序应该是"A 比 B + Adj"。

3 * **抽烟的人比不抽烟的人生病。**

改为：抽烟的人比不抽烟的人容易生病。

* **老人比年轻人没那么力量。**

改为：老人没有年轻人那么有力量 / 强壮。

分析：比较句及其否定形式中比较的结果一般是形容词或心理动词，也可以是"有力量、有水平"等含有程度意义的动词短语。

4 * **我的成绩比上次不好。**

改为：我的成绩没有上次好。

* **我的城市叫四冰，虽然四冰不比北京好，但是我很想四冰。**

改为：我的城市叫四冰，虽然四冰没有北京好，但是我很想四冰。

分析："比"字句的否定形式应该是"A 没有 B……"，只有在订正或反驳的时候才适合使用"A 不比 B……"。

5 * **但是现在的父母亲比以前没有那么严格的。**

改为：但是现在父母亲没有以前那么严格。

* **我的汉语比我的朋友的汉语没有那么好。**

改为：我的汉语没有我朋友那么好。

分析："比"字句的否定形式应该是"A 没有 B（+ 那么）+ Adj"。

6 * **当然农村比城市安静多了，农村的环境比城市那么好，农村比城市那么安全。**

改为：当然农村比城市安静多了，农村的环境比城市好，农村比城市安全。

分析：否定形式"A 没有 B（+ 那么 / 这么）+ Adj"可以用"那么"或"这么"，但肯定形式"A 比 B + Adj"不能用。

教学提示

1 "A 不比 B + Adj"表达不同意对方的意见，一般用于纠正或辩驳别人的意见。

2 "比"字句的谓语部分除了形容词外，还可以是一些心理动词（如"喜欢、讨厌"等）和"能愿动词（如"会、能"等）+ 动词"。

3 要使"A 比 B + Adj""A 没有 B + Adj"成句合理，需满足两个条件：A / B 与 Adj 搭配合理，A 和 B 具备同质性。

4 "A 比 B + Adj"已经具备比较义，形容词前不能再加作状语的绝对程度副词，如"很、太、挺"等，否则会造成语义重复。

教学案例

📖 **案例 1：图片法**

▶ **第一步：学习"A 比 B + Adj"**

1. 导入和讲解

广州：7238 平方千米

北京：16410 平方千米

师：今天我们来认识中国的两个城市。（出示广州的图片）这是哪儿？

生：广州（或者不知道）。

师：（出示北京的图片）这是哪儿？

生：北京。

师：我们先来看看这两个城市的大小。（出示两地面积）北京的面积怎么样？

生：北京很大。

师：广州呢？

生：广州小。

师：所以我们说：<u>广州比北京小</u>。（板书，齐读）

师：还可以怎么说？

生：<u>北京比广州大</u>。（板书，齐读）

北京 -5℃

广州 20℃

师：（出示图片）我们再来看看北京和广州的天气，哪个冷？

生：北京。

师：所以我们说……

生：北京比广州冷。/ 广州比北京暖和。

师：冬天哪儿舒服？

生：<u>冬天广州比北京舒服</u>。（板书，齐读）

师：你觉得哪儿漂亮？

生：北京比广州漂亮。/ 广州比北京漂亮。

师：（根据例句总结格式）

A　比　B + Adj

2. 操练

看图说话

自行车 500 元   汽车 50000 元   女生 男生   小美 小丽

▶ 第二步：学习"A 没有 B＋Adj"

1. 导入和讲解

师：（出示图片）丽丽和小明谁大？

生：小明比丽丽大。

师：对，小明比丽丽大，我们还可以说：丽丽没有小明大。（板书，齐读）

生：丽丽没有小明大。

师：他们谁高？

生：小明比丽丽高。

师：还可以说……

生：丽丽没有小明高。（板书，齐读）

师：（根据例句总结格式）

A 没有 B ＋ Adj

快、高、大、长、漂亮、干净、便宜、舒服、安全、聪明

同学们要注意，中国人常说：

小明比丽丽大——丽丽没有小明大

小明比丽丽高——丽丽没有小明高

很少说"小明没有丽丽小""小明没有丽丽矮"，因为我们更喜欢"大和高"，所以这里的词常常是我们更想要的情况。

2. 操练

买东西

让学生借助图片买东西，要用"A 比 B＋Adj"和"A 没有 B＋Adj"说出为什么。学生练习的过程中，教师一定注意观察和倾听，看学生有没有说错的地方，学生常错的地方要注意及时纠正，如："＊A＋Adj＋比 B"。

A：我想买……，因为……

B：我不想买……，因为……

裤子 80 元　　裙子 100 元　　　果汁 30 元　　咖啡 30 元　　　蓝色杯子 10 元　　黑色杯子 50 元

📖 案例 2：情景举例法

▶ 第一步：学习"A 比 B + Adj"

1. 导入和讲解

师：今年冬天太冷了，老师想去广州旅游。怎么去好呢？

马克：坐飞机去。

大卫：坐火车去。

生：……

师：马克，为什么选飞机？

马克：因为飞机快。

师：那我们可以说：飞机比火车快。（板书，齐读）

生：飞机比火车快。

师：为什么不选火车呢？

生：火车比飞机慢。（板书，齐读）

师：（根据例句总结格式）

A　比　B + Adj

2. 操练

去旅行

　　让学生根据图片进行选择，用"A 比 B + Adj"说出为什么。学生练习的过程中，教师一定注意观察和倾听，看学生有没有说错的地方，学生常错的地方要注意及时纠正，如："*A + Adj + 比 B"。

Step 1 你想去北京旅游，你想怎么去？

坐飞机 1000 元

坐高铁 500 元

Step 2 到了北京，你想住哪里？

500 元 / 天

200 元 / 天

Step 3 你在商场看到两条裙子，你想买哪条？

红裙子 200 元

蓝裙子 100 元

▶第二步：学习"A 没有 B + Adj"

1. 导入和讲解

师：马克，刚才你让老师坐飞机，为什么不选火车？

马克：因为飞机比火车快。

师：那我们还可以说：<u>火车没有飞机快</u>。（板书，齐读）

生：火车没有飞机快。

师：大卫，你为什么不选飞机？

大卫：<u>坐飞机没有坐火车便宜</u>。（板书，齐读）

师：你们觉得哪个舒服？

生1：<u>我觉得坐飞机没有坐火车舒服</u>。（板书，齐读）

生2：……

师：（根据例句总结格式）

A 没有 B + Adj

　　　　快、高、大、长、漂亮、干净、便宜、舒服、安全、聪明

同学们要注意，中国人常说：

飞机比火车快——火车没有飞机快

坐火车比坐飞机便宜——坐飞机没有坐火车便宜

很少说"飞机没有火车慢""坐火车没有坐飞机贵"，因为我们出门的时候更希望"快和便宜"。所以这里的词常常是我们更想要的情况。

2. 操练

选动物

　　教师出示动物图片，每个学生选两个自己喜欢的动物，用"A 比 B + Adj"和"A 没有 B + Adj"对所选的动物进行比较，说过的不能再说。

| 大象 | 兔子 | 猴子 | 乌龟 | 长颈鹿 |

课堂活动

1 比气温

　　让学生根据自己国家的实际情况填表格，然后用"A 比 B + Adj"和"A 没有 B + Adj"进行练习。一个学生提问，另一个学生回答。

城市	北京	曼谷		
气温（℃）	20	30		

如：

A：北京比曼谷热吗？

B：曼谷比北京热。/北京没有曼谷热。

2 谈旅游

　　用"A 比 B + Adj"和"A 没有 B + Adj"从天气、景色、饮食等几个方面，比较上海、天津、杭州、哈尔滨等城市的异同。

课后 练习

一、听一听，判断对错。🎧

1. 王华比李林高。　　　　　　　　　　　　　（　　）

2. 李林比王华胖。　　　　　　　　　　　　　（　　）

3. 王华没有李林年轻。　　　　　　　　　　　（　　）

4. 李林的成绩没有王华好。　　　　　　　　　（　　）

二、根据所给图片及词语写句子。

1. 姐姐　高　弟弟

（比）_____

（没有）_____

哈尔滨 −22℃　　　　　　　三亚 22℃

2. 三亚的冬天　温暖　哈尔滨的冬天

（比）_____

（没有）_____

3. 大象　重　小老鼠

（比）_____

（没有）_____

三、将下列句子改成"比"字句。

1. 大卫身高 1 米 83。安娜身高 1 米 6。（高、矮）

_____

2. 汉语声调有 4 个。泰语声调有 5 个。（多、少）

_____

3. 哈尔滨冬天平均气温 −19℃。广州冬天平均气温 −12℃。（高、低）

_____

4. 徐老师 22 岁。杨老师 35 岁。（大、小）

_____

5. 长江全长 6300 多千米。黄河全长 5400 多千米。（长、短）

_____

四、对比两个城市、两个国家或两个地区，找找它们的不同之处并完成下面的表格，然后在班里汇报。

国家 / 城市 / 地区		
大小		
人口		
一月平均气温		
七月平均气温		
东西贵不贵		
历史		
……		

特殊句式

"比"字句 2：A 比 B + Adj + 数量（二级）

本体知识

　　"A 比 B + Adj"只能说明 A 和 B 具有某种差别，但并不能说明有多少差别。如果要表示两个事物或两个人的具体差别，或者同一个事物或人在不同时间、不同情况下的具体差别，就要用"A 比 B + Adj + 数量"；如果要表示大致的差别程度，可以在形容词后加上"一点儿、一些、得多、多了"等。

格式： **1** 肯定形式：A 比 B + Adj + 数量 / 一点儿 / 一些 / 得多 / 多了

　　　　　　（1）姐姐比我大三岁。

　　　　　　（2）北京比天津大得多 / 多了。

　　　　　　（3）她比我胖一点儿 / 一些。

2 疑问形式：A 比 B + Adj + 多少 / 几……？

　　姐姐比你大几岁？/ 姐姐比你大多少？

A 比 B + Adj + 得多吗？

　　北京比天津大得多吗？

常见偏误

1 * 我比我朋友一岁大。

　　改为：我比我朋友大一岁。

　　分析：语序错误。正确语序应该为："A 比 B + Adj + 数量"。

2 * 打工虽然很辛苦，但是比一个人在家很有意思。

　　改为：打工虽然很辛苦，但是比一个人在家有意思多了。

　　* 可是比烟台天气太热，所以很难。

　　改为：可是比烟台天气热多了，所以很难。

　　* 泰国的饮食用油比中国的饮食用油很少。

　　改为：泰国的饮食用油比中国的饮食用油少得多。

　　分析："比"字句中比较的结果前不能用绝对程度副词"很、非常、太、比较"，可以用相对程度副词"更、还"或者在后面用"得多、多了"等，至于怎么改，取决于上下文要表达的是什么。

📖 案例 2：图片法

1. 导入和讲解

师：同学们好！上节课我们学了"A 比 B……"这个句式，（出示图片）这是小明和他爸爸，这个我们可以怎么说？

生：小明的爸爸比小明高。

师：非常好！那小明的爸爸比小明高多少呢？

生：（可能会说）8 厘米。

师：我们可以说：<u>小明的爸爸比小明高 8 厘米。</u>（板书，齐读）

生：小明的爸爸比小明高 8 厘米。

师：我们还可以说：<u>小明比爸爸矮 8 厘米。</u>（板书，齐读）

生：小明比爸爸矮 8 厘米。

师：（出示图片）我们看妈妈和女儿谁高？

生：妈妈比女儿高。

师：<u>妈妈比女儿高得多吗？</u>（板书，齐读）

生：（可能会说错）妈妈比女儿很高。

师：我们应该说：<u>妈妈比女儿高得多 / 多了。</u>（板书，齐读）

生：妈妈比女儿高得多 / 多了。

师：（出示图片）我们看看哥哥和妹妹呢？

生：（可能会说错）哥哥比妹妹一点儿高。/ 哥哥比妹妹有点儿高。

师：应该说：<u>哥哥比妹妹高一点儿 / 一些。</u>（板书，齐读）

生：哥哥比妹妹高一点儿 / 一些。

师：（根据例句总结格式）

A 比 B + Adj + 数量 / 一点儿 / 一些 / 得多 / 多了

2. 操练

操练 1：看图说话

①  2cm

② 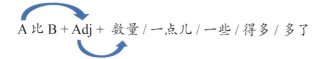 8cm

③
姐姐　妹妹
200 斤 vs 100 斤

④
小美　小丽

105 斤 vs 100 斤

⑤

⑥

安娜家　　　　　　大卫家

⑦

毛巾 15 元　　　　水杯 18 元　　　　冰箱 1000 元

操练 2：选去处

　　大卫周末想和朋友一起出去玩，但好玩的地方太多了，你帮大卫选一选，注意这个地方和大卫家的距离以及费用，用"A 比 B + Adj + 数量 / 一点儿 / 一些 / 得多 / 多了"说一说你为什么选这个地方，为什么不选其他地方。说过的不能再说。

①

动物园　10km　30 元 / 人

②

公园　15km　20 元 / 人

③

电影院　5km　50 元 / 人

④

游乐场　3km　200 元 / 人

课堂活动

1 **选择困难症**

　　你想买哪一个？为什么？

①　500元　②　300元　③　200元　④　80元　⑤　50元

45元/5个月　38元/4个月　30元/3个月　28元/2个月　15元/1个月

2 看图说话

用"A 比 B + Adj……"描述下列图片。

① 我叫丽丽，今年7岁了。　我叫小明，今年10岁了。

② 280元　100元

③ 孩子　雪人

④ 大卫　玛丽

3 比一比

姓名	年龄（岁）	身高（cm）	体重（kg）	学习汉语的时间（年）	家里有几口人	……
大卫	18	185	70	1	3	
安娜	22	160	45	5	5	
乔治	20	190	80	2	7	
苏珊	30	165	50	10	4	
……						

课后练习

一、根据所给内容将下列词语组成句子。

1. 北京　上海　冷　比　多了

_____

2. 上海　暖和　比　北京　得多

_____

上海	北京
20℃	10℃

3. 男生　　多　　7个　　比　　女生

_____

女生	男生
30 人	23 人

4. 男生　　少　　7个　　比　　女生

_____

二、用"A 比 B + Adj ……"改写句子。

1. 爷爷 70 岁，奶奶 68 岁。

_____

2. 她的裙子很漂亮，我的裙子不太漂亮。

_____

3. 口语课不难，综合课很难。

_____

4. 昨天学的语法不难，今天学的语法非常难。

_____

5. 她 165cm，她妹妹 160cm。

_____

三、根据表格用"比"字句说明小王和小李的情况。

小王	18 岁	175cm	85kg
小李	20 岁	173cm	65kg

四、写一写我的好朋友或者我的家人。

用"A 比 B + Adj ……"写一写你的朋友、家人、同屋或者同桌，要求不少于 5 句话。

特殊句式

"比"字句 3：A 比 B + 更 / 还 + Adj（二级）

本体知识

　　"A 比 B + Adj"只能说明 A 和 B 具有某种差别，如果要表达 B 在某方面的程度很高，A 在这方面的程度更高的时候，可以用"A 比 B + 更 / 还 + Adj"。

格式：　**A 比 B + 更 / 还 + Adj**

北京比上海更 / 还大。（上海很大，但北京更大。）

常见偏误

1 * **不过现代的代沟问题比以前很严重。**

　　改为：不过现代的代沟问题比以前更严重。

　　分析："比"字句中比较的结果前不能用绝对程度副词"很、非常、太、比较"，可以用相对程度副词"更、还"或者在后面用"得多、多了"等，至于怎么改，取决于上下文要表达的是什么。

2 * **很奇怪，我姐姐一点儿也不高，但我比她更高，别人都觉得我们不是一样的爸爸妈妈。**

　　改为：很奇怪，我姐姐一点儿也不高，但我比她高得多，别人都觉得我们不是一样的爸爸妈妈。

　　分析：单纯从形式上分析，"我比她更高"是没问题的，但根据上下文就会发现这个句子是不对的，因为姐姐不高。

教学提示

1 关于"比"字句的基础知识见"比"字句 1。

2 用格式化的办法强调语序。

3 绝对程度副词"很、非常"等不能用在"比"字句中，如要表达二者都具有程度较高的某种性质，应该用相对程度副词"更、还"。

4 重点让学生明白带"更 / 还"的"比"字句的使用环境，即比较的两个对象都必须具有某一性质，其中一个更突出，才能使用带"更 / 还"的"比"字句。为避免带"更 / 还"的"比"字句和"A 比 B + Adj + 得多 / 多了"混淆，在教学过程中一定要凸显二者的不同。

教学
案例

▶ **第一步：学习"A 比 B + 更 / 还 + Adj"**

📖 案例 **1**：图片法

1.导入和讲解

师：（出示乔丹的图片）乔丹高吗？

生：乔丹很高。

师：（出示姚明的图片）姚明呢？姚明比乔丹高吗？

生：姚明比乔丹高。

师：乔丹很高，姚明比乔丹更 / 还高。（板书，齐读）

生：乔丹很高，姚明比乔丹更 / 还高。

师：（出示图片）蓝车和白车哪个贵？

生：蓝车比白车贵。

师：贵多少？

生：蓝车比白车贵得多 / 多了。

师：蓝车贵吗？漂亮吗？

生：很贵！很漂亮！

师：（出示图片）这辆红车呢？

生：红车更贵，更漂亮。

师：我们可以说：蓝车很贵，红车比蓝车更 / 还贵。蓝车很漂亮，红车比蓝车更 / 还漂亮。（板书，齐读）

师：（根据例句总结格式）当我们要说 B 很怎么样，A 更怎么样的时候，可以说：

A 比 B + 更 / 还 + Adj

2.操练

操练 1：说句子

（1）他 185cm，弟弟 190cm。

（2）烤鸭很好吃，比萨更好吃。

（3）他的车 400 多万，他太太的车 500 多万。

（4）她很漂亮，她女儿更漂亮。

（5）他很帅，他儿子更帅。

操练 2：选一选

安娜过生日想举办聚会请朋友来家里做客，但是事情太多了，你来帮一帮安娜，用"A 比 B + 更 / 还 + Adj"说出原因。

（1）帮安娜选一选聚会上穿哪条裙子：

（2）帮安娜选一选买哪个蛋糕：

（3）帮安娜选一选桌子上放哪种水果：

▶第二步：对比"A 比 B + Adj + 得多 / 多了"和"A 比 B + 更 / 还 + Adj"

📖 案例 2：图示法

1. 导入和讲解

师：老师 162cm，姚明 226cm，所以姚明比老师高得多 / 多了。（板书，齐读）

生：姚明比老师高得多 / 多了。

师：乔丹 198cm，很高，姚明 226cm，姚明比乔丹更 / 还高。（板书，齐读）

生：姚明比乔丹更 / 还高。

师：（根据例句总结格式）

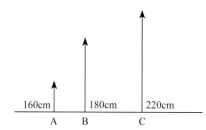

A 一般，B 很高，C 比 B 更高。

C 比 A 高多了。/ C 比 A 高得多。

2. 操练

操练 1：看图说话

（1）哪辆车更贵？更漂亮？

20 万　　　　　　　　80 万　　　　　　　　200 万

（2）谁家更漂亮？哪座房子更贵 / 大？

大卫家 50 万　　　　　　安娜家 300 万　　　　　玛丽家 1000 万

操练 2：抽纸条

教师提前准备好长短不一的彩色纸条让学生们抽，学生用"A 比 B + Adj + 得多 / 多了"和"A 比 B + 更 / 还 + Adj"比较自己和别人的纸条。

如：我的纸条比你的长多了。/ 我的纸条比你的更长。

操练 3：比气温

用"A 比 B + Adj + 得多 / 多了"和"A 比 B + 更 / 还 + Adj"说一说各城市的气温情况。

（温度单位为℃）

	1 月	2 月	3 月	4 月	5 月	6 月	7 月	8 月	9 月	10 月	11 月	12 月
北京	−4.6	−2.2	4.5	13.1	19.8	24.0	25.8	24.4	19.4	12.4	4.1	−2.7
哈尔滨	−19.4	−15.4	−4.8	6.0	14.3	20.0	22.8	21.1	14.4	5.6	−5.7	−15.6
上海	3.5	4.6	8.3	14.0	18.8	23.3	27.8	27.7	23.6	18.0	12.3	6.2
广州	13.3	14.4	17.9	21.9	25.6	27.2	28.4	28.1	26.9	23.7	19.4	15.2

如：哈尔滨冬天比北京更冷。

广州夏天比上海更热。

课堂活动

1 吹牛比赛

三人一组，用句子"我很 Adj""我比你更/还 Adj""我比你 Adj 得多"互相吹牛，比一比谁更厉害。

2 比一比

大卫和马克每人开了一家超市，都说自己超市的东西更好、更便宜，请你来比一比。

其他超市	大卫超市	马克超市
20 元	20 元	15 元
25 元	10 元	25 元

3 去旅行

如果你要去一个地方旅行，你怎么去？选一种交通工具，用"A 比 B + Adj + 得多/多了"和"A 比 B + 更/还 + Adj"说一说为什么（如快、便宜、方便）。

骑自行车 1.5 元

坐公交车 2 元

坐大巴车 100 元

开车 200 元

坐高铁 300 元

坐飞机 1000 元

课后练习

一、用"A 比 B + Adj + 得多 / 多了"和"A 比 B + 更 / 还 + Adj"写句子。

1. 上海 8℃　　北京 0℃　　哈尔滨 –15℃

_____

2. 小马 50kg　　小红 80kg　　小张 90kg

_____

3. 桂林的东西很便宜　　天津的东西很贵　　北京的东西贵极了

_____

4. 北京 25℃　　上海 30℃　　武汉 38℃

_____

二、用"A 比 B + Adj + 得多 / 多了"和"A 比 B + 更 / 还 + Adj"描述下面的表格。

	年龄（岁）	身高（cm）	体重（kg）
标准	18	175	65
大卫	18	185	80
马克	18	190	85
乔治	18	160	50
皮特	18	155	45

三、根据图片把句子补充完整。

小美 45kg　　　　　安娜 40kg　　　　　小丽 35kg

1.（　　　）比（　　　）更（　　　）。

蓝球　　　　　　　　　红球　　　　　　　　　黄球

2.（　　　）比（　　　）更（　　　）。

蔬菜 20 元　　　　　　烤鸭 200 元　　　　　　牛排 300 元

3.（　　　）比（　　　）更（　　　）。

四、用"A 比 B＋更/还＋Adj"说明下面的情况。

1. 爷爷 110 岁，奶奶 111 岁。

2. 大卫考试得了 98 分，马克得了 99 分。

3. 昨天学了 30 个生词，今天学了 35 个生词。

4. 今天气温 38℃，明天气温 40℃。

5. 安娜家的狗很可爱，大卫家的狗更可爱。

6. 小美的房子花了 1000 万，丽丽的房子花了 1200 万。

特殊句式

"比"字句4：A 比 B + V 得 Adj（三级）

本体知识

本教学设计仅涉及两个对象在某一动作上的比较。

格式：

1 肯定形式：A 比 B + V 得 Adj / A + V 得 + 比 B + Adj

　　我比她跑得快。/ 我跑得比她快。

2 否定形式：A 没（有）B + V 得 Adj / A + V 得 + 没（有）B + Adj

　　我没她跑得快。/ 我跑得没她快。

3 疑问形式：A 比 B + V 得 Adj + 吗？/ A + V 得 + 比 B + Adj + 吗？

　　　　　　A 有没有 B + V 得 Adj？/ A + V 得 + 有没有 B + Adj？

　　（1）我比她跑得快吗？/ 我跑得比她快吗？

　　（2）我有没有她跑得快？/ 我跑得有没有她快？

4 程度的差别：A 比 B + V 得 Adj + 一点儿 / 一些 / 得多 / 多了

　　　　　　　A + V 得 + 比 B + Adj + 一点儿 / 一些 / 得多 / 多了

　　（1）她比我到得晚一点儿。/ 她到得比我晚一点儿。

　　（2）今天比昨天吃得多一些。/ 今天吃得比昨天多一些。

　　（3）我同屋比我起得早多了。/ 我同屋起得比我早多了。

常见偏误

1 * 我比他踢得不好。

　　改为：我没他踢得好。

　　* 他有的时候走路还比我不走得快。

　　改为：他有的时候走路还没我走得快。

　　分析："比"字句否定式应为"A 没（有）B + V 得 Adj"或"A + V 得 + 没（有）B + Adj"。

2 * 小春的拉琴比林雨好。

改为：小春拉琴拉得比林雨好。/ 小春的琴拉得比林雨好。

* 她的说英语比我不太好。

改为：她说英语说得没我好。/ 她的英语说得没我好。

分析："比"字句中用于比较的对象不能是"Sb 的 VP"这种结构。

3 * 儿童节的那天，我比平时早起床了。

改为：儿童节那天，我比平时起得早。

分析：既有动词又有形容词的比较句中，动词和形容词一般组成"V 得 Adj"结构。学生可能是受已经学习过的、经常使用的"形容词＋动词/动宾结构"的影响，在比较句中也误用了这种结构。

4 * 化妆也比平时做得很认真、细心。

改为：化妆也比平时化得认真、细心。

* 现在我的汉语比以前发展很好。

改为：现在我的汉语比以前说得好。

分析：动词搭配不当，"化妆"不和"做"搭配，"我的汉语"不和"发展"搭配。

5 * 因为认识那个中国朋友我比我同学了解很多。

改为：因为认识那个中国朋友，我（对中国的事）比我同学了解得更多。

* 在中国学习汉语比韩国很好。

改为：在中国学习汉语比在韩国学得更好。

分析："比"字句中比较结果前不能用绝对程度副词，根据说话人要表达的意思可选择不同的表达。

教学提示

1 要强调否定形式。

2 句子长，对学生来说难度大，要着重练习正确的语序。很多偏误都是结构掌握得不好造成的。

3 动宾式的离合词和动宾结构在这个句式中出现的错误多，可在学生熟练掌握这个结构后，进行一些专门的练习。

4 程度副词是在学习"比"字句时就应开始注意的要点，但是学生的错误依然很多，在学生掌握这个结构后，可进行一些专门的练习。

教学案例

📖 **案例 1：图片法、情景举例法**

▶第一步：学习"A 比 B＋V 得 Adj"

1. 导入和讲解

师：（出示图片）乌龟和兔子在赛跑，谁跑得快？

生：兔子跑得快。

师：用我们学过的"比"字句，应该怎么说？

生：（可能会说）兔子比乌龟快。

师：跑得快，兔子比乌龟快。我们可以放在一起说：兔子比乌龟跑得快。（板书，齐读）

生：兔子比乌龟跑得快。

师：跑得慢，乌龟比兔子慢。我们可以怎么说？

生：乌龟比兔子跑得慢。（板书，齐读）

师：（根据例句总结格式）

A 比 B＋V 得 Adj

2. 操练

看图说话

小张　　小王

妹妹　　　　姐姐　　　　　昨天　　　　今天

小时候　　　　现在

▶ 第二步：学习 "A＋V 得＋比 B＋Adj"

1. 导入和讲解

（出示 PPT 或板书，通过变换顺序学习 "A＋V 得＋比 B＋Adj"）

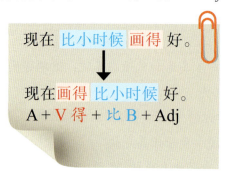

现在 比小时候 画得 好。

↓

现在 画得 比小时候 好。

A＋V 得＋比 B＋Adj

师："V 得"和"比 B"换一换，也可以说：现在画得比小时候好。（板书，齐读）

生：现在画得比小时候好。

师：（根据例句总结格式）

A＋V 得＋比 B＋Adj

2. 操练

看图说话

① 1号　2号　　② 妹妹　姐姐　　③ 小张　小王

▶ 第三步：学习 "A 比 B＋V 得 Adj＋一点儿/一些/得多/多了"

1. 导入和讲解

师：老师 8 点到教室，学生 8 点半到教室。用"比"字句怎么说？

生：老师比学生早到半个小时。

师：半个小时你们觉得多吗？

生：……

师：如果觉得多，我们可以说：老师比学生来得早得多。（板书，齐读）

　　如果觉得不多，我们可以说：老师比学生来得早一点儿。（板书，齐读）

生：老师比学生来得早得多。

　　老师比学生来得早一点儿。

师：你们和老师比一下呢？应该怎么说？

生：<u>我们比老师来得晚得多。</u>（板书，齐读）

　　<u>我们比老师来得晚一点儿。</u>（板书，齐读）

师：我们还可以说：<u>老师来得比我们早一点儿。</u>（板书，齐读）

生：老师来得比我们早一点儿。

师：（根据例句总结格式）

　　A 比 B + V 得 Adj + 一点儿 / 一些 / 得多 / 多了

　　A + V 得 + 比 B + Adj + 一点儿 / 一些 / 得多 / 多了

2. 操练

操练 1：看图说话

跑得快慢　　　　　　　　吃得多少　　　　　　　　　　睡得早晚

操练 2：说句子

（1）大卫 12 岁开始学习汉语，我 18 岁开始学习汉语。

（2）我 9 点睡觉，哥哥 12 点睡觉。

（3）我 7 点起床，姐姐 9 点起床。

（4）我吃 1 个面包，我同屋吃 4 个面包。

（5）我跑得很慢，他跑得很快。

▶ 第四步：学习"A 没（有）B + V 得 Adj"

1. 导入和讲解

师：（复习否定形式）乌龟比兔子慢，用"没"怎么说？

生：乌龟没兔子快。

师：很好，我们今天学的两个句子"乌龟比兔子跑得慢""乌龟跑得比兔子慢"，可以把"比"换成"没"，把"慢"换成反义词"快"。<u>乌龟没兔子跑得快。</u>（板书，齐读）

生：乌龟没兔子跑得快。

师：<u>乌龟跑得没兔子快。</u>（板书，齐读）

　　所有句子都可以这样用吗？不是，Adj 是好的才可以。一般我们认为"快"好，还是"慢"好？

生："快"好。

师：我们说"乌龟没兔子跑得快"，不说"兔子没乌龟跑得慢"。

师：（根据例句总结格式）

　　A 没（有）B + V 得 Adj

　　A + V 得 + 没（有）B + Adj

2. 操练

看图说句子

师：（出示图片）我们可以怎么说？

生：姐姐没妹妹买得多。/ 姐姐买得没妹妹多。

师：很好，不可以用"少"。

妹妹　　　姐姐

师：（出示图片）"高"和"矮"哪个好？

生：高。（教师用手势引导学生）妹妹没哥哥长得高。/ 妹妹长得没哥哥高。

师："拿得多"和"拿得少"哪个好？可以怎么说？

生：妹妹没哥哥拿得多。/ 妹妹拿得没哥哥多。

> **总操练：** 教师可多准备一些图片，让图片随机出现，学生喊"停"，停到哪张就用新学的句式说出图片上的内容。

📖 案例 **2**：情景举例法

▶ 第一步：学习"A 比 B + V 得 Adj"

1. 导入和讲解

师：上节课学了 10 个词，请同学们写下来，写完了举手。现在开始。

　　大家都写完了，玛丽，谁比你快？谁比你慢？

玛丽：艾米比我快，萨拉比我慢。

师：我们写字（板书"写"），艾米比玛丽快（板书）。我们可以说：艾米比玛丽写得快。（板书，齐读）

生：艾米比玛丽写得快。

师：萨拉比玛丽慢。我们可以说：萨拉比玛丽写得慢。（板书，齐读）

师：让我看看，玛丽错了一个，艾米错了两个。谁写得好？艾米？

艾米：玛丽比我写得好。

师：（根据例句总结格式）

　　A 比 B + V 得 Adj

2. 操练

说句子

（1）大卫去年开始学习汉语，玛丽今年开始学习汉语。

（2）我 1 米 7，哥哥 1 米 8。

（3）我吃 1 个面包，我同屋吃 4 个面包。

（4）我跑得很慢，他跑得很快。

▶第二步：学习"A + V 得 + 比 B + Adj"

1. 导入和讲解

师：我比她跑得慢。（板书）"跑得"和"比她"换一换，也可以说：我跑得比她慢。（板书，齐读）

生：我跑得比她慢。

师：（根据例句总结格式）"V 得"和"比 B"换一换，也可以说：

A + V 得 + 比 B + Adj

2. 操练

说句子

（1）大卫去年开始学习汉语，玛丽今年开始学习汉语。

（2）我 1 米 7，哥哥 1 米 8。

（3）我吃 1 个面包，我同屋吃 4 个面包。

（4）我跑得很慢，他跑得很快。

▶第三步：学习"A 比 B + V 得 Adj + 一点儿 / 一些 / 得多 / 多了"

1. 导入和讲解

师：老师比你们早到半个小时。半个小时你们觉得多吗？

生：……

师：如果觉得多，我们可以说：老师比我们来得早得多。/ 老师来得比我们早得多。（板书，齐读）

生：老师比我们来得早得多。/ 老师来得比我们早得多。

师：如果觉得不多，我们可以说：老师比我们来得早一点儿。/ 老师来得比我们早一点儿。（板书，齐读）

生：老师比我们来得早一点儿。/ 老师来得比我们早一点儿。

师：你们和老师比一下呢？应该怎么说？

生：我们比老师来得晚得多。/ 我们来得比老师晚得多。（板书，齐读）

我们比老师来得晚一点儿。/ 我们来得比老师晚一点儿。（板书，齐读）

师：（根据例句总结格式）

A 比 B + V 得 Adj + 一点儿 / 一些 / 得多 / 多了

A + V 得 + 比 B + Adj + 一点儿 / 一些 / 得多 / 多了

2. 操练

看图说话

1500m　　　1300m　　　　　　　　　昨天　　　　　　今天

弟弟　　　　　　　　　姐姐

▶ 第四步：学习"A 没（有）B ＋ V 得 Adj"

1. 导入和讲解

师：（复习否定形式）我比她慢，用"没"怎么说？

生：我没她快。

师：很好，我们今天学的两个句子"我比她跑得慢""我跑得比她慢"，把"比"换成"没"，把"慢"换成反义词"快"。我没她跑得快。（板书，齐读）

生：我没她跑得快。

师：我跑得没她快。（板书，齐读）

生：我跑得没她快。

师：所有句子都可以这样用吗？不是，Adj 是好的才可以。一般我们认为"快"好，还是"慢"好？

生："快"好。

师：我们说"我没她跑得快"，不说"她没我跑得慢"。

师："多"和"少"哪个好？

生："多"好。

师：我拿了 3 个苹果，大卫拿了 5 个苹果，用"没"怎么说？

生：我没大卫拿得多。

师：（根据例句总结格式）

A 没（有）B ＋ V 得 Adj

A ＋ V 得 ＋ 没（有）B ＋ Adj

2. 操练

找同桌问一问，并比一比。（此操练也可以作为总操练）

（1）你学多长时间中文了？

（2）你会几种语言？

（3）你今天花了多少钱？

如：A 学一年中文了，B 学两年中文了。A 没 B 学得久。

课堂活动

1 抽纸条

教师准备纸条，纸条上写出需要学生做的动作。学生做动作并回答问题。

纸条：请打开书包，拿出书。

（生 A、生 B 做）

师：你拿了几本书？

生 A：我拿了 3 本书。

生 B：我拿了 2 本书。

师：用今天学的句子，我们可以怎么说？

生 A：我拿得比 B 多。/ 我比 B 拿得多。

生 B：我拿得没 A 多。/ 我没 A 拿得多。

纸条：喝一点儿水，不要喝完。

（生 C、生 D 做）

师：谁喝得多？谁剩得多？

生 C：我喝得比 D 多。我剩得没 D 多。

生 D：我喝得没 C 多。我剩得比 C 多。

纸条：请两位同学向前跳。

（生 E、生 F 做）

师：谁跳得远？

生 E：我跳得比 F 远。/ 我比 F 跳得远。

生 F：我跳得没 E 远。/ 我没 E 跳得远。

纸条：请写 10 个汉字，写完举手。

（生 G、生 H 做）

师：谁写得快？

生 G：我比 H 写得快。/ 我写得比 H 快。

生 H：我没 G 写得快。/ 我写得没 G 快。

2 **发礼物**

师：同学们做得很好，老师要送给大家一些礼物，随便拿，不要客气。

（学生拿完后，请大家比较所拿礼物的数量）

生A：我比B拿得少。

生B：我比A拿得多，我比C拿得多。

生C：……

课后练习

一、用"A比B＋V得Adj"或"A＋V得＋比B＋Adj"改写下列句子。

1. 玛丽拿得多。大卫比玛丽多。

_____

2. 王力吃得快。李华比王力快。

_____

3. 这里卖得贵。这里比那里贵。

_____

4. 你去得早。你比她早。

_____

二、把所给词语放在合适的位置。

1. A大卫B买得C玛丽D贵。 （比）

2. 我A大卫B说得C好。 （没）

3. A我B吃C比以前D多。 （得）

4. 丽莎A安娜B长得C漂亮。 （比）

三、连词成句。

1. 我 比她 快 跑 得

_____

2. 没她 高 长 得 我

_____

3. 大卫比 她 来 得 晚

_____

特殊句式

"比"字句5：A比B+多/少/早/晚+V+数量（三级）

本体知识

　　本教学设计涉及的"比"字句"A比B+多/少/早/晚+V+数量"表示A在进行某个动作时，在程度、时间上与B的具体差别。如：

　　（1）我比他多吃了三个饺子。

　　（2）他比我少买两本书。

　　（3）他比我早来十分钟。

　　（4）我比他晚到几分钟。

格式：　A比B+多/少/早/晚+V+数量

　　（1）我今天比昨天多吃了一碗饭。

　　（2）她比我少看一本书。

　　（3）我同屋比我早起半小时。

　　（4）你比我晚到十分钟。

常见偏误

＊考试的时候我少比他做了一道题。

　　改为：考试的时候我比他少做了一道题。

　　分析："少"应该放在动词前，而不是"比"前。

教学提示

1 关于"比"字句的基础知识见"比"字句1。

2 状语"多、少、早、晚"应放在动词前。

教学案例

📖 **案例1：情景举例法**

1. 导入和讲解

师：你们每天几点起床？

安娜：我七点起床。

萨沙：我八点起床。

师：用"比"字句怎么说？

生：安娜比萨沙起得早。/ 安娜起得比萨沙早。

师：早多长时间呢？

生：早一个小时。

师：对，<u>安娜比萨沙早起一个小时</u>。（板书，齐读）

师：大卫，你几点起床？

大卫：八点半。

师：大卫和安娜比，怎么说？

生：<u>大卫比安娜晚起一个半小时</u>。（板书，齐读）

师：我八点到教室，你们八点半到教室，怎么说呢？

生：<u>我们比老师晚到半小时</u>。（板书，齐读）

师：今天天气有点儿冷，老师多穿了一件衣服，我们可以说：<u>我今天比昨天多穿一件衣服</u>。（板书，齐读）

生：我今天比昨天多穿一件衣服。

师：如果今天比昨天热，我少穿了一件衣服，可以怎么说？

生：<u>我今天比昨天少穿一件衣服</u>。（板书，齐读）

师：（根据例句总结格式）

A 比 B + 多 / 少 / 早 / 晚 + V + 数量

2. 操练

操练1：小组练习

两人一组，互相提问并比一比。

（1）你昨天几点睡的觉？

（2）你今天几点起的床？

（3）你今天几点到的教室？

（4）你早饭花了多少钱？

如：

A：你昨天几点睡的觉？

B：我昨天晚上十点睡的觉。

A：我比你晚睡一个小时。

操练 2：小组练习

两人一组，每人写出自己的情况，如"八点起床""上三节课""喝三杯水"等。另一个人用新学的"比"字句进行比较并说句子。

📖 案例 **2**：视频法

1. 导入和讲解

（教师提前录制视频或找好相关视频。如录制视频最好有三个人，营造使用场景。如：A 拿一个苹果，B 拿两个苹果，C 问 A 和 B "你们拿了几个苹果？" A 回答"我拿了一个"，B 回答"我比 A 多拿一个"。可多录制几个场景。）

师：（播放视频）视频里发生了什么？

（学生描述视频内容）

师：对，B 老师比 A 老师多拿一个。（板书，齐读）

　　A 老师比 B 老师……（引导学生齐说）

生：少拿一个。

师：对，A 老师比 B 老师少拿一个。（板书，齐读）

生：A 老师比 B 老师少拿一个。

师：（根据例句总结格式）

　　A 比 B ＋多／少／早／晚＋V＋数量

2. 操练

操练 1：看图说话

① 弟弟　　　姐姐

② 1500m　　　1300m

③ 9 月　　　10 月

④ 昨天　　　今天

操练2：问答

师：你们每天几点起床？

安娜：我七点起床。

萨沙：我八点起床。

师：用"比"字句怎么说？

生：安娜比萨沙早起一个小时。/ 萨沙比安娜晚起一个小时。

（学生们互相问答）

> **总操练：** 教师准备一些纸条，如"拿一本书，拿三本书""写三个字，写一个字""在黑板上写一个时间，表演起床""在黑板上写一个时间，表演吃饭"等，找学生上台抽纸条做动作，其他学生用今天学的"比"字句说句子。

课堂活动

1 比一比

	起床	上课	吃饭	看书	游泳	睡觉
大卫	6:00	五节课	三顿	25 页	500m	23:00
安娜	7:30	三节课	两顿	30 页	600m	24:00

2 小组活动

两人一组，互相询问对方一天的生活并记录，对比两个人的时间表，用"比"字句表达。

课后练习

一、阅读并填空。

艾米和安娜周末一起去商场买东西了。她们约好了十点在超市门口见面，安娜十点准时到了超市门口，艾米却迟到了五分钟。安娜有点儿生气，艾米说她下次会比安娜早来十分钟，安娜原谅了她。她们去买衣服，艾米买了三件衣服，安娜买了两件衣服。然后她们一起去买水果，艾米买了三个芒果和两个苹果，安娜买了五个芒果和一个苹果。结果在结账时安娜的手机坏了，她汉语不好，收银员听不懂她说的话，艾米的汉语比安娜说得好一点儿，帮安娜付了钱。

1. 艾米比安娜_____买_____衣服。

2. 下次艾米_____比安娜早_____十分钟。

3. 艾米比安娜_____个苹果。

4. 艾米比安娜_____个芒果。

二、用新学的"比"字句改写句子。

1. 安娜六点起床，玛丽七点起床。

   _____

2. 大卫九月一号到北京，艾米十月一号到北京。

   _____

3. 大卫学了一年，山姆学了两年。

   _____

4. 我花了一百块，朋友花了两百块。

   _____

5. 哥哥吃两个苹果，弟弟吃一个苹果。

   _____

三、比一比你和朋友周末的生活有什么不同，并记录下来。可写下来，也可录制小视频，交给老师。

特殊句式

等比句：A 跟 / 和 B 一样 / 不一样（二级）

本体知识

　　本教学设计仅涉及等比句"A 跟 / 和 B 一样 / 不一样"。"一样"的后面通常用形容词，也可以用心理动词，如"喜欢、讨厌、爱"等。

格式：

1 肯定形式：A 跟 / 和 B 一样（+ Adj/V$_心$）/ 差不多

（1）尼克跟大卫一样高。

（2）我跟他一样害怕。

2 否定形式：A 跟 / 和 B 不一样（+ Adj）

尼克跟大卫不一样高。

3 疑问形式：A 跟 / 和 B 一样（+ Adj）+ 吗？/ 一样不一样？

尼克跟大卫一样高吗？

常见偏误

1 *法国的生活比中国的完全不一样。

改为：法国的生活跟中国的完全不一样。

*现在我的看法比以前不一样。

改为：现在我的看法跟以前不一样。

*中国的食物比较英国的很不一样。

改为：中国的食物跟英国的很不一样。

分析：比较是否相同，应用等比句"A 跟 / 和 B 一样 / 不一样"，二语学习者误认为只要是比较，就要用"比"或者"比较"等。

2 *因为我跟他高不一样，所以我可以打得更快。

改为：因为我跟他不一样高，所以我可以打得更快。

分析：语序错误。等比句的语序应为"A 跟 B（不）一样 Adj"。

3 *北京的生活跟我们国家一点儿不一样。

改为：北京的生活跟我们国家有点儿不一样。

分析：其实属于"有点儿"和"一点儿"的混淆。"一样 / 不一样"前应用表达程度的"有点儿、完全"等,"一点儿"通常用在名词前或者形容词后。

4 * 我的头发跟她的一样颜色。

改为:我头发的颜色跟她的一样。/ 我的头发跟她的头发颜色一样。

分析:被比较的对象要放在 A 的中心语位置或者放在 B 的中心语位置,但不能放在"一样"的后面。

5 * 他的性格和哥哥的很一样。

改为:他的性格和哥哥完全一样。/ 他的性格和哥哥很像。

分析:肯定形式中"一样"前不能用"很",可用"完全"。

教学提示

1 如果 A 和 B 都是名词性短语,而且中心语相同,常常省去 B 的中心语。如:
我的性格跟姐姐的(性格)不一样。

2 肯定形式"A 跟 B 一样"中,"一样"前面不能出现"很",要用"完全";但在否定形式"A 跟 B 不一样"中,"一样"前面可以出现"很、太"等。如:
(1)他和哥哥的性格很不一样。
(2)我的想法跟你的不太一样。

3 格式中的"跟"与"和"可以互换,但不能换成"比"。

4 格式中"一样"的后面常常用形容词,也可以是心理动词。

教学案例

📖 **案例1:情景举例法**

1. 导入和讲解

师:你们觉得最近北京的天气怎么样?

生:很冷。/ 有点儿冷。

师:大卫,美国呢? 美国的天气跟北京的天气一样吗?(板书)

大卫:一样,都很冷。

师:那我们可以说:北京的天气跟美国的天气一样冷。(板书,齐读)

生:北京的天气跟美国的天气一样冷。

师:伟亮,泰国的天气跟北京一样吗?

伟亮:不一样,泰国很热。

师:那我们可以说:泰国的天气跟北京(的天气)不一样。(板书,齐读)

生：泰国的天气跟北京（的天气）不一样。

师：安娜，法国的时间跟中国的时间一样吗？

安娜：法国的时间跟中国（的时间）不一样。（板书，齐读）

师：莎莎，新加坡的时间和中国一样吗？

莎莎：新加坡的时间和中国一样。（板书，齐读）

师：（根据例句总结格式）

A 跟 / 和 B 一样（＋Adj）＋吗？

A 跟 / 和 B 一样（＋Adj）

A 跟 / 和 B 不一样（＋Adj）

2. 操练

操练 1：看图说话

师：（出示图片）这是什么？

生：西红柿和苹果。

师：对！它们什么地方一样？什么地方不一样？

生：苹果的颜色和西红柿（的颜色）一样。

生：苹果的大小（形状）和西红柿不一样。

师：（出示图片）这是哥哥和弟弟，他们什么地方一样？什么地方不一样？

生：哥哥的上衣和弟弟一样。

生：哥哥的裤子颜色和弟弟不一样。

师：（出示图片）这是什么？

生：上衣和裤子。

师：上衣和裤子什么地方一样？什么地方不一样？

生：上衣的颜色和裤子（的颜色）一样。

生：上衣的价格和裤子（的价格）不一样。

师：它们的价格差得多吗？

生：差得不多。

师：我们可以说：上衣的价格和裤子（的价格）差不多。（板书，齐读）

120 元　　130 元

师：（出示图片）安娜和小美长得一样吗？

生：不一样。

师：她们的长相差别大吗？

生：差别很大。

师：我们可以说：安娜的长相和小美（的长相）完全不一样。（板书，齐读）也可以说：安娜的长相和小美（的长相）很不一样。（板书，齐读）

操练 2：抽图片

　　每个学生抽一张商品的图片，商品下面标有价格，学生们讨论抽到的商品和价格。一个学生提问，一个学生回答。

冰箱 3300 元

冰箱 2750 元

如：

A：我的是冰箱。你的商品和我的（商品）一样吗？

B：我的商品和你的（商品）一样。

A：我的冰箱 3300 元。你的冰箱价格和我的（冰箱价格）一样吗？／你的冰箱和我的一样贵吗？

B：我的冰箱价格和你的（冰箱价格）不一样。／我的冰箱和你的不一样贵。我的冰箱 2750 元。

桌子 200 元

沙发 500 元

案例 2：图片法

1. 导入和讲解

师：（出示图片）大家看，他们的衣服一样吗？

生：一样。

师：**男生的衣服和女生的（衣服）一样。**（板书，齐读）

生：男生的衣服和女生的（衣服）一样。

师：他们衣服的颜色完全一样，我们可以说：**男生的衣服颜色和女生的（衣服颜色）完全一样。**（板书，齐读）

生：男生的衣服颜色和女生的（衣服颜色）完全一样。

师：他们喜欢蓝色，老师也喜欢蓝色，我们可以说：**老师喜欢的颜色跟他们喜欢的颜色一样。／老师跟他们一样喜欢蓝色。**（板书，齐读）你们呢？你们喜欢什么颜色？

生：……

师：（根据学生的回答）**大卫跟安娜一样喜欢白色。**（板书，齐读）

你呢？你跟谁一样？

生：……

师：（根据例句总结格式）

A 跟 / 和 B 一样＋Adj / V_心

师：（出示图片）同学们知道这是什么吗？你们吃过吗？

生：榴莲。吃过。/ 没吃过。

师：（出示图片）你觉得小美喜欢吃榴莲吗？

生：不喜欢。

师：（出示图片）大卫呢？他喜欢吗？

生：大卫也不喜欢吃榴莲。

师：我们可以说：<u>大卫跟小美一样不喜欢吃榴莲。</u>/ <u>大卫跟小美一样讨厌</u><u>榴莲。</u>（板书，齐读）

师：我跟小美和大卫不一样，我喜欢吃榴莲。

同学们呢？你们跟谁一样？

生：我跟老师一样喜欢吃榴莲。

我跟小美和大卫一样不喜欢吃榴莲。

我跟小美和大卫一样讨厌榴莲。

2. 操练

操练 1：看图说话

两人一组，用"A 跟 / 和 B 一样＋V_心"讨论爱好。

游泳　　　　　　读书　　　　　　打球　　　　　　跑步　　　　　　听歌

如：

A：我喜欢读书。你跟 / 和我一样喜欢读书吗？

B：我跟 / 和你一样喜欢读书。

操练 2：看图说话

两人一组，根据图片一人提问，一人回答。

姐姐　　　　　　妹妹

如：

A：姐姐的帽子跟妹妹的一样吗？

B：姐姐的帽子跟妹妹的不一样。

张森的　李明的

小美　小丽

大美　大丽

课堂活动

1　找不同

教师在黑板上挂出两幅大致一样的图片，其中有几处不同。教师说明一共有几处不同，让学生找出来并描述。看谁最快找出所有的不同。

图 1 和图 2 一共有 10 处不同，找一找哪里不一样。

图 1　　　　　　　图 2

图 3 和图 4 一共有 10 处不同，找一找哪些动物不一样。

图 3　　　　　　　图 4

2　我的发现

说一说你们国家和中国不一样的地方或者一样的地方，要求至少说出 5 个方面。

如：我们国家的天气和中国（的天气）一样冷。

我们国家的食物和中国（的食物）一样好吃。

我们国家的人和中国人一样友好。

我们国家的时间跟中国（的时间）不一样。

课后练习

一、选择正确答案。

1. 大卫：安娜，你们国家的时间跟北京的一样吗？

   安娜：当然不一样了，我们那儿比北京晚 8 个小时。

   A. 安娜家乡的时间跟北京的一样。

   B. 安娜家乡的时间跟北京的不一样。

   C. 安娜家乡的时间比北京的早。

   D. 安娜家乡现在的时间是 8 点。

2. 安娜这次考得不错，综合课考了 95 分，听力课跟阅读课一样，都考了 93 分。

   A. 安娜的听力课和阅读课一样，都考了 95 分。

   B. 安娜的阅读课考了 94 分。

   C. 安娜的综合课和听力课一样，都考了 93 分。

   D. 安娜的听力课和阅读课一样，都考了 93 分。

3. 她们可真是不一样。妹妹喜欢安静，天天拿着书看；姐姐却喜欢运动，整天不是打球就是游泳。

   A. 姐姐和妹妹一样都喜欢打球。　　　　B. 姐姐和妹妹一样都喜欢看书。

   C. 姐姐和妹妹完全不一样。　　　　　　D. 姐姐和妹妹差不多。

4. 我们国家的季节跟北京的完全一样，也是春、夏、秋、冬四个季节，只是气候有点儿不一样，冬天不常刮风。

   A. 我们国家的季节和气候跟北京的完全一样。

   B. 我们国家的季节跟北京的一样，气候不一样。

   C. 我们国家的季节和气候跟北京的都不一样。

   D. 我们国家的气候跟北京的一样，季节不一样。

二、用"A 跟 / 和 B 一样 / 不一样"改写下面的句子。

1. 我的爱好是游泳，姐姐的爱好也是游泳。

   _____

2. 李华的裙子是红色的，上衣也是红色的。

3. 我今年 22 岁，我同屋也是 22 岁。

_____

4. 我的水杯是红色的，她的水杯是蓝色的。

_____

5. 我对数学感兴趣，她却对文学感兴趣。

_____

6. 我的理想是当老师，她的理想却是当医生。

_____

三、小调查。

　　四人一组，调查本组同学喜欢什么运动、喜欢看什么电影、喜欢看什么书、喜欢哪个球队 / 演员 / 歌星等。然后向全班同学汇报（要求用"A 跟 / 和 B 一样 / 不一样"）。

姓名	运动	电影	书	球队 / 演员 / 歌星

特殊句式

"是……的"句（二级）

本体知识

现代汉语中有两种"是……的"句，分别是：

一、强调已经发生或完成的动作的时间、地点、方式、对象、目的等。如：

（1）他是昨天去的。

（2）他是坐飞机去的。

二、强调说话人的意见和态度。如：

（1）这种事情她是不会做的。

（2）他是会同意的。

除此之外，还有一种从形式上看也是"是……的"句，但实际上是"的"字结构作宾语。如：

我是教书的，他是演戏的。

初级阶段仅涉及第一种用法，所以本教学设计仅涉及第一种"是……的"句。在该结构中，强调的部分放在"是"的后面。"是……的"也可以说成"……的"，基本意思相同。

格式： **1** **肯定形式：** S（+是）+时间/地点/方式/对象/目的等+V（+O）+的

S（+是）+时间/地点/方式/对象/目的等+V+的（+O）

（1）他（是）昨天去上海的。（强调时间）

（2）我（是）在书店买的这本书。（强调地点）

（3）她（是）坐高铁去的。（强调方式）

（4）她（是）和同学一起去的。（强调对象）

（5）我（是）来学汉语的。（强调目的）

（6）这本书（是）妈妈买的。（强调动作发出者）

2 **否定形式：** S+不是+时间/地点/方式/对象/目的等+V（+O）+的

S+不是+时间/地点/方式/对象/目的等+V+的（+O）

（1）她不是坐高铁去的，是坐飞机去的。

（2）这件衣服不是我买的，是妈妈买的。

3 疑问形式：S（＋是）＋时间／地点／方式／对象／目的等＋V（＋O）＋的＋吗？

S（＋是）＋时间／地点／方式／对象／目的等＋V＋的（＋O）＋吗？

（1）她（是）昨天去上海的吗？

（2）她（是）坐飞机去的上海吗？

常见偏误

1 ＊ 她是在中国的黑龙江长大。

改为：她是在中国的黑龙江长大的。

分析：强调她长大的地点，应该用"是……的"句，"的"不能省略。

2 ＊ 我是 8 月 31 日到中国北京。

改为：我是 8 月 31 日到中国北京的。

＊ 她是 1985 年出生。

改为：她是 1985 年出生的。

分析：强调来的时间和出生的时间，应该用"是……的"句，"的"不能省略。

3 ＊ 她是也从哈萨克斯坦来了。

改为：她也是从哈萨克斯坦来的。

＊ 艾美丽是从法国来了。

改为：艾美丽是从法国来的。

分析：强调从哪里来的，用"是……的"句，不用"了"。

4 ＊ 我在韩国上学时专业是经贸的，各种教材里都包括汉字。

改为：我在韩国上学时专业是经贸，各种教材里都有汉字。

分析：主语和宾语所表达的事情存在类属关系，应该用"是"字句。

教学提示

1 教师自己首先搞清楚不同的"是……的"句，在教学过程中不要讲着这种用法的"是……的"句，却拿另外不同用法的"是……的"句举例，即用法要和例句匹配。

2 表示完成的"了"和"是……的"句极易产生混淆，应注意二者的区别："了"是向听话人说明一个完全未知的事件，如在说"我去上海了"之前，听话人是不知道这件事的；"是……的"句是在说明一个已知事件的局部未知信息，如在说"我是坐飞机去上海的"之前，听话人已经知道"我去上海了"这件事情，只是不知道"怎么去"这一局部信息。

教学案例

📖 **案例 1：情景举例法**

1. 导入和讲解

师：你们周末去哪儿了？

大卫：我去长城了。（教师顺势按照这个地方引导）

师：你是怎么去的？是骑自行车去的吗？

大卫：不是。（可能会说错）我坐公共汽车去了。

师：我们应该说：我（是）坐公共汽车去的。（板书，齐读）

大卫是怎么去的长城？

生：大卫是坐公共汽车去的长城。

师：大卫，你是什么时候去的？

大卫：（可能会说错）我是星期六去了。

师：应该说：我是星期六去的。（板书，齐读）

大卫是什么时候去的？

生：大卫是星期六去的。（板书，齐读）

师：他是自己去的吗？

生：他不是自己去的，他是和朋友一起去的。（板书，齐读）

师：（根据例句总结格式）我们先知道大卫去了长城，但是不知道他去的时间、方式、对象等，我们可以问：

你（是）什么时候去的？

你（是）怎么去的？

你（是）和谁一起去的？

……

S+（不）是＋时间/地点/方式/对象/目的等＋V（＋O）+的

S+（不）是＋时间/地点/方式/对象/目的等＋V＋的（＋O）

大家看到我们开始聊天儿的时候，第一个句子我们用的都是"了"，用"了"的句子告诉我们一件以前不知道的事情，当我们知道这件事情已经发生了，再想知道具体的时间、地点、方式、对象、目的等，就要用"是……的"句。它们的不同是：

他去长城了。

他是坐公共汽车去的。

2. 操练

请一个学生站在前面拿着自己的一个物品，针对这个物品全班轮流问问题。

（1）你的……是什么时候买的？

（2）是在哪儿买的？

（3）是多少钱买的？

（4）是你自己买的吗？

📖 案例2：图片法

1. 导入和讲解

师：（出示图片）安娜上周去上海，今天回来了。她是怎么回来的？
（板书）

生：（可能会说错）她回来坐飞机了。／她坐飞机回来了。

师："她回来了"这件事情我们已经知道了，只是不知道她是怎
么回来的，我们应该说：她是坐飞机回来的。（板书并强调
"是……的"）她是怎么回来的？

生：她是坐飞机回来的。

师：很好。那你们猜一猜，她是怎么去的？

生：我觉得她是坐飞机去的。

师：（出示图片）她是坐飞机去的吗？

生：她不是坐飞机去的。（板书，齐读）

生：我猜她是开车去的。

师：（出示图片）她是开车去的吗？

生：她不是开车去的。

师：（出示图片）她是怎么去的呢？

生：啊！她是坐高铁去的。

师：（根据例句总结格式）我们已经知道安娜去了上海，但是不知
道她去的方式，我们可以问：

她是怎么去的上海？

S ＋（不）是 ＋ 时间／地点／方式／对象／目的等 ＋ V（＋O）＋ 的

S ＋（不）是 ＋ 时间／地点／方式／对象／目的等 ＋ V ＋ 的（＋O）

大家看到我们开始聊天儿的时候，第一个句子我们用的都是
"了"，用"了"的句子告诉我们一件以前不知道的事情，当我们知道了这件事情已经
发生了，再想知道具体的时间、地点、方式、对象、目的等，就要用"是……的"句。

它们的不同是：

她去上海了。

她是坐高铁去的。

师：（出示图片）她是和谁去的？（板书）

生：她自己。

师：对，她是自己去的。（板书，齐读）

师：（出示图片）她是去干什么的呢？

生：她是去工作的。（板书，齐读）

师：（出示图片）她回来前去买了礼物。（出示图示）她是什么时候买的？

安娜去上海了。	买礼物	回来了
上周	昨天	今天

生：她是昨天买的。（板书，齐读）

师：（出示图片）她是在哪里买的？（板书）

生：她是在商场买的。（板书，齐读）

2. 操练

摄影大赛

提前让学生准备一张自己喜欢的照片，其他学生针对这张照片问问题。

（1）这张照片是谁拍的？

（2）是什么时候拍的？

（3）是在哪儿拍的？

（4）是用什么拍的？

课堂活动

1 问一问

我们的假期／周末

请学生轮流站在前面，全班问问题：

（1）你暑假去哪儿了？

（2）你是什么时候去的？

（3）你是怎么去的？

（4）你是和谁一起去的？

（5）你是什么时候回来的？

来中国

两人一组，互相提问，然后汇报。

（1）你是什么时候来中国的？

（2）你是怎么来的？

（3）你是自己一个人来的吗？

（4）你是来学汉语的吗？

（5）你是什么时候开始学习汉语的？

2 猜一猜

把学生分成 A、B 两大组，教师准备两个盒子，让每个学生把一个物品放进本组的盒子里。每组派学生轮流抽取本组盒子中的物品，并用"是……的"句提问："这个……是谁的？""是在哪里买的？""是多少钱买的？""是什么时候买的？""是谁买的？"。物品的主人回答问题，每组共 5 分钟，看哪组问的问题多，赢的小组有奖励。

课后练习

一、听一听，选择正确答案。

1. A. 男的电脑是去年买的。　　B. 女的电脑是前年买的。

　　C. 男的电脑是前年买的。　　D. 女的电脑是去年买的。

2. A. 男的水杯是红色的。　　B. 女的水杯是在商店买的。

　　C. 女的水杯是在学校超市买的。　　D. 男的水杯是在学校超市买的。

3. A. 今天是安娜的生日。　　B. 这本书是女的买的。

　　C. 这本书是送给安娜的。　　D. 这本书是安娜买的。

4. A. 女的三年前来中国的。　　B. 女的两年前开始学汉语的。

　　C. 女的学汉语学了三年了。　　D. 女的学汉语学了两年多了。

二、用"的"或"了"填空。

1. A：大卫去广州（　　　）。

B：是吗？什么时候去（　　　）？

A：上周去（　　　）。

B：他自己去（　　　）吗？

A：好像是和他的爸爸一起去（　　　）。

B：回来（　　　）吗？

A：还没有。

2. A：我昨天去故宫（　　　）。

B：你是自己去（　　　）吗？

A：不是，我是和同学一起去（　　　）。

B：你们怎么去（　　　）？

A：我们坐地铁去（　　　）。

B：你们拍照（　　　）吗？我想看看。

A：拍照（　　　）。

三、就画线部分用"是……的"句提问，并做出回答。

1. 安娜平常骑自行车去学校，她今天走路去学校。

A：_____

B：_____

2. 安妮在超市买了一箱牛奶。

A：_____

B：_____

3. 大卫昨天晚上去看电影了。

A：_____

B：_____

4. 大卫和安妮去爬山了。

A：_____

B：_____

四、采访。

找三位同学，你觉得这三位同学的衣服／鞋子／包等很好看，请你用"是……的"句至少提三个问题。

特殊句式

"把"字句1：S＋把＋O＋V＋在／到……（三级）

本体知识

定义及语法意义："把"字句是指由介词"把"构成的介宾短语作状语的动词谓语句。"把"字句一般表示主语代表的人或事物通过动作行为使确定的人或事物发生一定的变化或受到某种影响，产生某种结果。这个变化可以是位置移动、所属关系的转移，可以是性质发生变化，也可以是形态发生变化，甚至可以是在人的认识中发生变化。

类型：按照《国际中文教育中文水平等级标准》（简称《等级标准》），"把"字句主要有13种，列举如下：

"把"字句1 表处置（三级）

（1）主语＋把＋宾语＋动词＋在／到＋处所
（2）主语＋把＋宾语1＋动词（＋给）＋宾语2
（3）主语＋把＋宾语＋动词＋结果补语／趋向补语／状态补语

"把"字句2 表处置（四级）

（1）主语＋把＋宾语＋动词（＋一／了）＋动词
（2）主语＋把＋宾语（＋给）＋动词＋了／着
（3）主语＋把＋宾语＋动词＋动量补语／时量补语

"把"字句3 表处置（五级）

（1）主语＋把＋宾语＋状语＋动词
（2）主语＋把＋宾语＋一＋动词
（3）主语＋把＋宾语＋动词＋了
（4）主语＋把＋宾语1＋动词＋宾语2

"把"字句4 表致使（六级）

（1）主语（非生物体）+ 把 + 宾语 + 动词 + 其他成分
（2）主语 + 把 + 宾语（施事）+ 动词 + 其他成分

"把"字句5 表致使（七～九级）

（主语 + ）把 + 宾语（施事）+ 动词 + 了

结构特点：

（1）"把"字句中的谓语动词不能是光杆动词，动词后一般要有补语。具有去除义的动词后至少要有一个"了"。如：

他把那本书扔了。

（2）可能补语不能出现在"把"字句动词后。如：

* 我把那张桌子搬不动。

（3）有些动词不能使宾语发生变化，如"是、有、来、去、知道、听见"等，则不能用在"把"字句中。如：

* 我把这件事知道了。

（4）"把"字句中否定词、时间词和能愿动词应该放在"把"前。

（5）"把"的宾语是已知信息，即说话双方都知道说的是哪一个人或事物。

汉语中要表达特定事物的位置移动、所属关系发生转移或形态发生变化的时候必须使用"把"字句。表达上述意思时，一般在动词后边加上相关的补语，如"在、到、给、成"等。"V + 在 / 到"表示事物由原来的位置移动到另一位置，"V + 给"表示事物的所属关系发生转移，"V + 成"表示将事物的现有形态改变成另一种形态。

本教学设计仅涉及表达位置移动的"把"字句。

格式： **1** **肯定形式：**S（+ 时间词 / 能愿动词）+ 把 + O + V + 在 / 到 + P

（1）她刚才把书放到书架上了。
（2）你应该把书放在书包里。

2 **否定形式：**S + 没（有）+ 把 + O + V + 在 / 到 + P

（1）她没有把书放在书架上。
（2）他没把垃圾扔到垃圾桶里。

常见偏误

1 * 我和他一起长大了，所以我们是好朋友，我把他认识十一年。

改为：我和他一起长大，所以我们是好朋友，我和他认识十一年了 / 我认识他十一年了。

分析："认识"是非动作性动词，无法使"他"发生变化。非动作性动词不能在"把"字句中充当谓语动词。

2 * 她常常放衣服在沙发上。

改为：她常常把衣服放在沙发上。

* 应该扔垃圾到垃圾桶里。

改为：应该把垃圾扔到垃圾桶里。

分析：如果要说明通过一个动作使某确指的事物发生位置的改变，应该强制性地使用"把"字句。

3 * 她把衣服买在网上。

改为：她在网上买衣服。

分析："在网上"只是表示"买衣服"的地点，不是"买"这个动作之后"衣服"移动的地方，不应该用"把"字句。

4 * 我把一个苹果放在桌子上了。

改为：我把那个苹果放在桌子上了。

分析："把"字句的宾语应该是确定的。

5 * 我把手机没有放在包里。

改为：我没有把手机放在包里。

* 你把那张照片不应该贴在前面。

改为：你不应该把那张照片贴在前面。

分析："把"字句中否定词和能愿动词都应该放在"把"的前面，而不应放在动词前面。

6 * 图书馆关门时，我把手机忘了在三楼。

改为：图书馆关门时，我把手机忘在了三楼 / 我把手机忘在三楼了。

分析：补语必须紧跟动词，不能被其他词语隔开，"在"作为补语应该紧跟动词"忘"。

教学提示

1 在教学中，首先讲清楚"把"字句的语法意义，即"把"字句用来表示某一动作发生后使某一事物发生位置上的改变。学生明白了语法意义，"把"字句的很多偏误都可迎刃而解。

2 在讲清楚语法意义的基础上总结"把"字句的格式："主语 + 把 + O + V + 在 / 到 + P"。

3 分层次教学：在《等级标准》中，"把"字句共涉及 13 个小类，教学顺序见本体知识中的说明。

4 注意"把"字句结构方面的特点。

5 注意必须使用"把"字句的情况：

（1）表达一个动作使某物或某人的位置移动，如：

他把书放在书柜里了。

他把客人送到了机场。

（2）表达一个动作使某物的所属关系发生转移，如：

她把书送给朋友了。

（3）表达一个动作使某物的形态发生变化，如：

他把美元换成了人民币。

教学案例

▶ **第一步：学习"S + 把 + O + V + 在 / 到 + P"**

📖 **案例 1：动作演示法**

1. 导入和讲解

师：（手里拿着书）这本书现在在哪里？

生：老师手里。

师：（把书放在桌子上）现在书在哪里？

生：书在桌子上。

师：我们可以说：老师把书放在桌子上了。（板书，齐读）

生：老师把书放在桌子上了。

师：（手拿照片）照片在哪里？

生：老师手里。

师：（把照片贴在墙上）现在照片在哪里？

生：在墙上。

师：我们可以说：老师把照片贴在墙上了。（板书，齐读）

生：老师把照片贴在墙上了。

师：（根据例句总结格式）像刚才那样，如果要表达动作使东西或者人的位置发生变化，我们可以用：

S＋把＋O＋V＋在／到＋P（变化后的地方）

2. 操练

操练1：看图说话

操练2：我做你说

教师做动作，学生说句子。如：

把杯子放在桌子上。　　　　　　把钱包放到桌子上。

把笔放在桌子上。　　　　　　　把粉笔放在盒子里。

▶ 第二步：学习"S＋没（有）＋把＋O＋V＋在／到＋P"

📖 案例2：图片法

1. 导入和讲解

师：（出示图片）她做什么了？

生：她把花放在瓶子里了。（板书，齐读）

师：（出示图片）她呢？她把花放在瓶子里了吗？

生：没有。

师：我们可以说：她没有把花放在瓶子里。（板书，齐读）

生：她没有把花放在瓶子里。

师：（出示图片）她做什么了？

生：她把垃圾扔到垃圾桶里了。（板书，齐读）

师：（出示图片）他呢？他把垃圾扔到垃圾桶里了吗？

生：（可能会说"没有"，但很可能会说出正确句子）

他没把垃圾扔到垃圾桶里。（板书，齐读）

师：（根据例句总结格式）

S+没（有）+把+O+V+在/到+P

2. 操练

操练1：我做你说

教师做动作，让学生说句子。

教师动作：把书放在桌子上。　　　　　　学生说：老师把书放在桌子上了。

教师问：老师把书放在书包里了吗？　　　学生说：老师没把书放在书包里。

教师动作：把杯子放在包里。　　　　　　学生说：老师把杯子放在包里了。

教师问：老师把杯子放在椅子上了吗？　　学生说：老师没把杯子放在椅子上。

操练2：看图说话

▶ 第三步：学习能愿动词、时间词等的位置

案例3：图片法、情景举例法

1. 导入和讲解

师：（出示图片）他把垃圾扔到垃圾桶里了吗？

生：他没有把垃圾扔到垃圾桶里。

师：这样不好。（出示图片）我们可以告诉他：
<u>你不应该把垃圾扔在地上。你应该把垃圾扔到</u>
<u>垃圾桶里。</u>（板书，齐读）

生：你不应该把垃圾扔在地上。你应该把垃圾扔到垃圾桶里。

师：（出示图片）她把衣服放到柜子里了吗？

生：她没有把衣服放到柜子里。

师：（出示图片）这时候我们可以告诉她……

生：<u>你不应该把衣服放在沙发上。你应该把衣服放</u>
<u>到柜子里。</u>（板书，齐读）

师：（根据例句总结格式）

S+（不）应该+把+O+V+在/到+P

师：（拿起作业）这是谁的作业？上面没有名字。

大卫：这是我的作业。

师：你应该把名字写在本子上。请你把名字写在本子上。

大卫：好（在本子上写名字）。

师：我们可以说：<u>大卫刚才把名字写在本子上了。</u>（板书，齐读）

生：大卫刚才把名字写在本子上了。

师：安娜，你呢？

安娜：我已经把名字写在本子上了。

师：什么时候？

安娜：昨天。

师：<u>安娜昨天把名字写在本子上了。</u>（板书，齐读）

生：安娜昨天把名字写在本子上了。

师：（根据例句总结格式）

　　　S + 时间词 + 把 + O + V + 在 / 到 + P

2. 操练

垃圾分类

　　教师准备一些垃圾和垃圾箱的图片。两人一组，一人做垃圾分类，另一人说他做得对不对。比如"他把塑料瓶放到蓝色的箱子里了，是对的""他把鸡蛋壳放到蓝色的箱子里了，不对，应该把鸡蛋壳放到绿色的箱子里"。

课堂活动

1 有奖竞猜

教师上课前把自己的词典藏在一个地方。上课时请大家猜老师把词典放在哪儿了，猜的时候要使用"老师把词典放在 / 藏在……"的表达。学生可以问"老师把词典放在书包里了吗？"教师回答是或不是，直到学生们猜出正确的地方。

2 抽纸条

教师提前准备一些纸条，上面写好：

> 请你把你的书放在老师的桌子上。

> 请你把这张纸条贴到黑板上。

> 请你把名字写在黑板上。

> 请你把钱包放在头上。

每个学生抽取一张纸条，并做出纸条上的动作，其他学生猜一猜他抽到的纸条上写的是什么。做动作的学生要回应"对，我抽到的是：请你把……"或者"不对，我抽到的是：请你把……"。

3 布置教室

今天是大卫的生日（明天是圣诞节或者元旦等），我们要为他举办一个生日晚会，请大家布置一下教室。

桌子怎么放？放在哪儿？摆成什么样？生日蛋糕（圣诞树）放在哪儿？大家一边动手摆放一边说。

4 帮我搬家

教师准备家里各种家具、物品的图片，如桌子、椅子、床、衣柜、电脑、台灯、电视、冰箱等。两人一组，一人当搬运工人负责摆放，另一人负责说"把……V +在 + P + 吧"。其他学生分成两大组，负责挑错，比如"把桌子放在那儿不好，应该把桌子放在窗户下面"。找出一个错误得一分。

课后练习

一、听一听，选择正确答案。🎧

1. A. 照片和气球　　　　　　　　B. 生日礼物
　　C. 花和蛋糕　　　　　　　　D. 生日帽

2. A. 大卫戴着生日帽。　　　　　B. 玛丽戴着生日帽。
　　C. 安娜戴着生日帽。　　　　　D. 生日帽在桌上。

3. A. 礼物在桌子上。　　　　　　B. 礼物在沙发上。
　　C. 礼物在地上。　　　　　　　D. 礼物在玛丽手里。

4. A. 花在桌子上。　　　　　　　B. 花在安娜手里。
　　C. 花在床上。　　　　　　　　D. 花在地上。

二、用"S＋把＋O＋V＋在/到＋P"描写下列图片。

_____

_____

_____

_____

三、把所给词语放在合适的位置。

1. 她 A 钱 B 存到 C 银行了 D。 （把）
2. 他 A 把 B 垃圾 C 扔到垃圾桶里 D。 （没）
3. 他 A 把 B "福" 字 C 贴 D 墙上了。 （在）
4. A 我 B 把这张照片 C 贴 D 在墙上吗？ （可以）
5. 我 A 把 B 他的礼物 C 放在 D 他桌子上了。 （已经）

四、选出正确的句子（多选）。

1. A. 我椅子搬到屋里了。　　　　　　　B. 我椅子没搬到屋里了。
   C. 我把椅子搬到屋里了。　　　　　　D. 我没把椅子搬到屋里。

2. A. 他把那封信放在桌上了。　　　　　B. 他把那封信没放在桌上。
   C. 他一封信放在桌上。　　　　　　　D. 他没把那封信放在桌上。

3. A. 我把他送到车站了。　　　　　　　B. 我把他送到车站了在上午。
   C. 我上午把他送到车站了。　　　　　D. 我把他已经送到车站了。

4. A. 我昨天把快递放在他的桌子上了。
   B. 我已经把快递放在他的桌子上了。
   C. 我把快递放在他的桌子上了在昨天。
   D. 我把快递放在他的桌子上了已经。

五、判断下列句子是否正确，如果不正确请改正。

1. 我放我的词典在桌子上。 （　　）
2. 他放钱包在口袋里。 （　　）
3. 他没把钱包放在口袋里。 （　　）
4. 你把垃圾不应该扔到地上。 （　　）
5. 我把衣服买在网上。 （　　）

特殊句式

"把"字句2：S + 把 + O1 + V（+给）+ O2（三级）

本体知识

如要表达某动作使特定事物所属关系发生转移，则需使用"把"字句"S + 把 + O1 + V（+给）+ O2"。

格式： **1** **肯定形式：S（+时间词/能愿动词）+ 把 + O1 + V（+给）+ O2**

（1）我刚才把捡到的钱交给警察了。

（2）学生应该把作业交给老师。

2 **否定形式：S + 没（有）+ 把 + O1 + V（+给）+ O2**

（1）她没有把钱寄给妈妈。

（2）他没把作业交给老师。

常见偏误

1 * **她已经送那个礼物给我了。**

改为：她已经把那个礼物送给我了。

分析：表达某动作使某一特定事物的所属关系发生转移，应该用"把"字句。

2 * **你把那个手机不应该送给她。**

改为：你不应该把那个手机送给她。

分析："把"字句中否定词和能愿动词都应该放在"把"的前面。因为在一般情况下，否定词和能愿动词都在动词的前面，所以二语学习者容易出现过度类推造成的偏误。

教学提示

1 注意"把"字句的语法意义和结构特点，其语法意义是基础，理解了语法意义，结构上的问题就能较好解决。参考"把"字句1。

2 因为学习该"把"字句时已经学过"把"字句1，对"把"字句的基本语法意义和结构已经有所了解，所以在教学过程中可能不需要像教"把"字句1那么细致，不一定严格按照第一次接触"把"字句的顺序，先学习基本结构，再学习否定词和能愿动词与"把"字句共现等。

教学
案例

📖 案例**1**：动作演示法

1. 导入和讲解

师：（通过复习"把"字句 1 导入）请大家把书放在桌子上。

（学生做动作）

师：你们做什么了？

生：我们把书放在桌子上了。

师：（指着一本词典）安娜，请你把那本词典递给我，好吗？（学生可能不懂，教师一边说一边做"递"的动作，让学生明白）

（安娜把词典递给老师）

师：安娜把那本词典递给老师了。（板书，齐读）

生：安娜把那本词典递给老师了。

师：安娜，你刚才做什么了？

安娜：我刚才把词典递给老师了。（板书，齐读）

师：（根据例句总结格式）当我们要让一个东西从一个人那里转移到另一个人那里的时候，可以用：

S（＋时间词）＋把＋O1＋V（＋给）＋O2

师：安娜，你把书递给老师了吗？

安娜：（可能会说错）我把书没有递给老师。

师：我们应该说：我没有把书递给老师。（板书，齐读）

师：（根据例句总结格式）

S＋没（有）＋把＋O1＋V（＋给）＋O2

师：（拿起刚才安娜递来的词典）老师应该把这本词典还给谁？

生：（可能会说错）老师把这本词典应该还给安娜。

师：我们应该说：老师应该把这本词典还给安娜。（板书，齐读）

生：老师应该把这本词典还给安娜。

师：（根据例句总结格式）

S（＋能愿动词）＋把＋O1＋V（＋给）＋O2

2. 操练

操练 1：看图说话

他想做什么？

他做了什么？

他打算做什么？

小男孩儿做了什么？

操练2：抽纸条

根据纸条上的句子做动作，然后回答问题（教师注意引导否定表达）。

> 请你把钱包送给你的同桌。

师：你刚才做什么了？

生1：我刚才把钱包送给大卫了。

生2：我把钱包送给安娜了。

生3：……

师：你们把钱包送给老师了吗？

生：我们没把钱包送给老师。

师：根据纸条上的句子，你应该把钱包送给谁？

生：……

> 请你把钱包还给自己的同桌。

> 请你把书送给同桌。

> 请你把笔拿给老师。

> 请你把作业交给老师。

📖 案例2：游戏法（适合低龄学习者，成年人教学可以换成"分礼物"）

1. 导入和讲解

师：（出示图片）老师知道你们很喜欢动物，我们今天一起去动物园喂动物（复习动物的词语）。

师：（出示图片）我们要给动物带一些吃的，我们带什么呢？（复习水果和蔬菜的词语）

师：我们要把这些吃的送给可爱的小动物。（板书，齐读）

生：我们要把这些吃的送给可爱的小动物。

师：我们应该把香蕉喂给谁呢？

生：（可能会说出正确的句子）我们应该把香蕉喂给猴子。（板书，齐读）

师：好的，我们把香蕉喂给猴子吧。（板书，齐读）

　　我们刚才做什么了？

生：我们刚才把香蕉喂给猴子了。（板书，齐读）

师：你们想把白菜喂给谁呢？

生：我们想把白菜喂给小羊。

师：好的，那我们把白菜喂给小羊吧。我们还可以把白菜喂给谁？

生：我们还可以把白菜喂给大象。（板书，齐读）

师：（根据例句总结格式）

　　S（+时间词/能愿动词）+把+O1+V（+给）+O2

2. 操练

喂动物

两人一组说句子，看谁说的句子多（学生们可以自由发挥，教师也可以给图片提示）。

①

②

③

④

课堂活动

1 分礼物

你从中国回去给家人和好朋友带了很多礼物，你会把这些礼物送给谁呢？请用"我＋想＋把＋O1＋V（＋给）＋O2"说出合适的句子，并说出原因。（注意选择学生知道的物品）

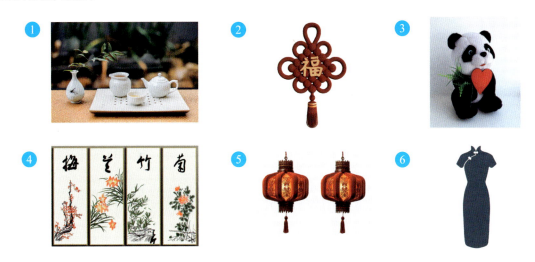

2 有奖竞猜

教师上课前将自己的词典交给班里的一个学生。上课时请大家猜老师把词典送给谁了，猜的时候要使用"老师把词典送给……"的表达。学生可以问"老师把词典送给一位女同学了吗？""老师把词典送给第一排的同学了吗？""老师把词典送给一个穿红色衣服的同学了吗？""老师把词典送给班长了吗？"教师回答是或不是，直到学生猜出正确的人。猜中的人有奖品。

3 击鼓传花（适合低龄学习者）

教师提前准备一朵大红花或者一个毛绒玩具。教师击鼓（播放音乐），游戏开始，学生需要一个接一个地将大红花传给另外一个学生，并说出"……（上一个学生的名字）把大红花传给我了，我把大红花传给……（下一个学生的名字）"，鼓声（音乐）停止，手拿大红花的学生为大家表演一个小节目。

课后练习

一、听一听，选择正确答案。🎧

1. A. 汉语书　　　　　　　　　B. 自行车
　　C. 校园卡　　　　　　　　　D. 词典

2. A. 礼物在妈妈那里。　　　　　B. 他没有礼物。
　　C. 礼物在姐姐那里。　　　　　D. 他把礼物忘在学校了。

3. A. 他把作业交给班长了。　　　B. 他把作业忘在家里了。
　　C. 他把作业交给老师了。　　　D. 他把作业放在书包里了。

4. A. 他们想把照片放在桌子上。　B. 他们想把照片挂在墙上。
　　C. 他们想把照片寄给妈妈。　　D. 他们想把照片放到柜子里。

二、把所给词语放在合适的位置。

1. A 我 B 书 C 借给 D 大卫了。　　　　　　　　　　（把）
2. 我 A 把 B 这件衣服 C 送给妈妈 D。　　　　　　　（想）
3. A 学生 B 把作业 C 交给老师 D。　　　　　　　　（应该）
4. A 他 B 把信 C 寄给我 D。　　　　　　　　　　　（没有）

三、连词成句。

1. 小李　借　给　把　我　了　自行车

　＿＿＿＿＿＿＿＿＿＿＿＿＿＿＿＿＿＿＿＿＿＿

2. 书　把　给　还　图书馆　了　我们

　＿＿＿＿＿＿＿＿＿＿＿＿＿＿＿＿＿＿＿＿＿＿

3. 我　没有　把　大卫　借　给　照相机

　＿＿＿＿＿＿＿＿＿＿＿＿＿＿＿＿＿＿＿＿＿＿

4. 我们　应该　把　捡到　的　警察　交　给　钱

　＿＿＿＿＿＿＿＿＿＿＿＿＿＿＿＿＿＿＿＿＿＿

5. 想　把　我　电脑　给　送　妹妹

　＿＿＿＿＿＿＿＿＿＿＿＿＿＿＿＿＿＿＿＿＿＿

特殊句式

"把"字句 3：S + 把 + O1 + V + 成 + O2（三级）

本体
知识

汉语中要表达通过一个动作使一对象变成另一对象，也包括在人们认知里的变化，必须使用"把"字句："S + 把 + O1 + V + 成 + O2"。如：

（1）他把"千"写成"十"了。

（2）我把她当成了最好的朋友，她却这么对我。

格式： **1** **肯定形式：S（＋时间词／能愿动词）＋ 把 ＋ O1 ＋ V ＋ 成 ＋ O2**

（1）她刚才把美元换成人民币了。

（2）她要把美元换成人民币。

2 **否定形式：S ＋ 没（有）＋ 把 ＋ O1 ＋ V ＋ 成 ＋ O2**

她没有把美元换成人民币。

**常见
偏误**

1 * 他们把不认识的人可以做是很好的朋友。

改为：他们可以把不认识的人当成／看成很好的朋友。

分析：在人的认知里如何看待某对象，通常用"把 O1 当成／看成 O2"。

2 * 他把自己的亲人看成最好。

改为：他把自己的亲人看成最好的。

分析：O1 和 O2 都需要用名词性成分。

3 * 她还把我看成小孩儿对待我。

改为：她还把我看成小孩儿。／她还像对待小孩儿一样对待我。

分析：句式杂糅。用"S ＋ 把 ＋ O1 ＋ 看成 ＋ O2"的格式表示在认知里如何看待 O1，或者用"像对待……一样对待 O"的格式表示如何对待 O。

4 * **有些青少年把吸烟已经变成了他们的家常便饭。**

改为：有些青少年已经把吸烟变成了他们的家常便饭。

分析："已经、应该、可以、一定"等词语应该放在"把"的前面。

教学提示

见"把"字句1和"把"字句2。

教学案例

案例**1**：动作演示法

1. 导入和讲解

师：（把一张纸剪成两张）原来是一张纸，现在变成了两张。老师刚才做了什么？我们可以说：老师把纸剪成了两张。

生：老师把纸剪成了两张。

师：（故意把"张"写成"长"）老师把纸剪成了两长。（板书）老师写错了吗？

生：老师写错了。

师：哪里错了？

生："张"写成了"长"。

师：对，应该是：老师把纸剪成了两张。（板书，齐读）

老师把"张"写成了"长"。（板书，齐读）老师怎么错了？

生：老师把"张"写成了"长"。

师：（根据例句总结格式）当我们把事物的现有形态改变成另一种形态的时候，应该用：

S＋把＋O1＋V＋成＋O2

师：（指着"张"）老师应该把"张"写成"长"吗？

生：老师不应该把"张"写成"长"。（板书）

师：（根据例句总结格式）

S＋（不）应该＋把＋O1＋V＋成＋O2

师：大卫，请你写一下"张"字。（大卫写词语）大卫把"张"写成"长"了吗？

生：（可能会说错）大卫把"张"没有写成"长"。

师：我们应该说：大卫没有把"张"写成"长"。（板书，齐读）

生：大卫没有把"张"写成"长"。

师：（根据例句总结格式）

S＋没（有）＋把＋O1＋V＋成＋O2

2. 操练

师：（提前写几个词语）大卫，请你把这几个词语翻译成英语。

（大卫翻译）

师：大卫，刚才你做什么了？

大卫：刚才我把那几个词语翻译成英语了。

师：刚才大卫做什么了？

生：刚才大卫把那几个词语翻译成英语了。

师：刚才大卫把那几个词语翻译成法语了吗？

生：刚才大卫没有把那几个词语翻译成法语。

……

案例 2：图片法

1. 导入和讲解

师：（出示图片）大卫要来中国学习，他手里只有美元，他需要人民币，怎么办呢？

生：他应该去银行换钱。

师：对，他应该把美元换成人民币。（板书，齐读）
他应该做什么？

生：他应该把美元换成人民币。

师：如果老师要去美国呢？该怎么说？

生：老师应该把人民币换成美元。（板书，齐读）

师：（出示图片）你们要把钱换成欧元吗？

生：我们不用把钱换成欧元。

师：（根据例句总结格式）

S（＋能愿动词）＋把＋O1＋V＋成＋O2

2. 操练

操练 1：看图说话

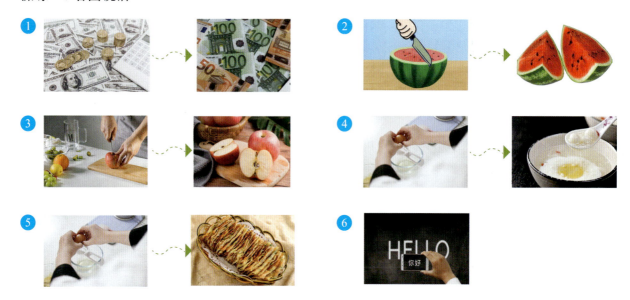

操练 2：说一说

她把纸剪成了什么？

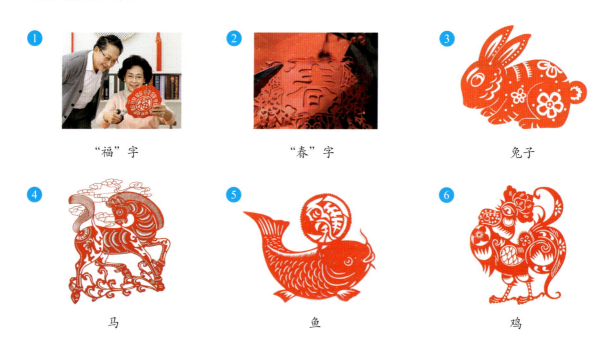

"福"字	"春"字	兔子
马	鱼	鸡

课堂活动

1 找错

丽娜今天的作业是把英文菜单翻译成韩文的。我们一起看看她完成得怎么样。哪里写错了？怎么错的？用"S＋把＋O1＋V＋成＋O2""S＋（不）应该/没（有）＋把＋O1＋V＋成＋O2"说说。

如：1. 她没有把菜单翻译成韩文的。她把菜单翻译成了中文的。她应该把菜单翻译成韩文的。

2. 她把"菜单"写成了"彩单"。她不应该把"菜单"写成"彩单"。

2 谁是小能手

用"（会）把……＋翻译/做/剪/切＋成……"说说你做过什么或者你会做什么。1分钟内看谁说的句子多。

课后练习

一、读一读，选择正确答案。

1. 那本书很有意思，但是因为是中文的，所以很多人看不懂，我想把它翻译成德语的。

    A. 这本书原来是德语的。

    B. 我把这本书翻译成德语的了。

    C. 这本书我看不懂。

    D. 这本书是中文的，我还没有把它翻译成德语的。

2. 我爸爸要去美国旅游，我需要给他换点儿钱。

    A. 我要把人民币换成美元。

    B. 我要把美元换成人民币。

    C. 我要换人民币成美元。

    D. 我要换美元成人民币。

3. 我刚开始学汉语的时候经常闹笑话，有一次我把"请问"说成了"请吻"。

    A. 我把"请问"发成了"请吻"。

    B. 我把"请吻"发成了"请问"。

    C. 我想把"请问"发成"请吻"。

    D. 我没有把"请问"发成"请吻"。

二、看图写话。

_____   _____

_____

三、把所给词语放在合适的位置。

1. 我们 A 桌子 B 摆 C 成圆形 D 了。 （把）

2. 你 A 应该 B 把人民币 C 换成 D 美元。 （不）

3. A 我 B 把这些钱 C 换 D 成日元吗？ （可以）

4. 她 A 还 B 把我 C 当成 D 好朋友。 （没有）

四、判断下列句子是否正确，如果不正确请改正。

1. 她把那本书没有翻译成德语的。 （　　）

2. 她把我当成了好朋友。 （　　）

3. 我换美元成人民币了。 （　　）

4. 她翻译那本书成日语了。 （　　）

5. 你把桌子不应该摆成一条线。 （　　）

特殊句式

"把" 字句 4：S ＋ 把 ＋ O ＋ V ＋ 结果补语 / 趋向补语 / 状态补语（三级）

本体知识

"把" 字句常常用来表示通过某个动作对 "把" 的宾语产生某种影响或造成某种结果。这个影响或结果通常由主要动词后充当补语的动词（包括趋向动词）或形容词来体现。如：

（1）你把书架上的书放整齐。

（2）他把洗好的衣服拿回来了。

（3）孩子们把手洗得干干净净的。

格式： **1** **肯定形式：S（＋时间词 / 能愿动词）＋把 ＋ O ＋ V ＋ 结果补语 / 趋向补语 / 状态补语**

（1）我把水喝完了。

（2）他把桌子搬进去了。

（3）孩子们把手洗得干干净净的。

（4）我刚才把作业写完了。

（5）我会把作业做完的。

2 **否定形式：S ＋ 没（有）＋ 把 ＋ O ＋ V ＋ 结果补语 / 趋向补语**

（1）他没有把盘子洗干净。

（2）我没有把书拿回去。

3 **疑问形式：S ＋ 把 ＋ O ＋ V ＋ 结果补语 / 趋向补语 ＋ 了吗 / 没有？**

（1）你把作业做完了吗？

（2）你把桌子搬进来了没有？

常见偏误

1 * **学汉字必须要每个字背下来，没记住字则发不出音。**

改为：学汉字必须把每个字背下来，没记住字则发不出音。

分析：通过某个动作对 "把" 的宾语产生某种影响或造成某种结果，应该使用 "把" 字句。

2 * 我上个星期把上海去了。

改为：我上个星期去上海了。

分析："去"这个动作不会对宾语"上海"产生影响或者造成某种结果，因此不需要用"把"字句。

3 * 我们越来越依靠手机，而且手机把我们的生活也变了。

改为：我们越来越依靠手机，而且手机也改变了我们的生活。

分析："变了"是结果，不是"手机"发出的动作。

4 * 我看见他把教室进去了。

改为：我看见他进教室了。

分析："进"不是"他"对"教室"施加的动作，没有对教室产生影响，因此不需要用"把"字句。

5 * 我和我的朋友先把他躺下。

改为：我和我朋友先让他躺下。/ 我和我朋友先把他放在床上。

分析："躺"不是主语"我和我的朋友"发出的动作。

6 * 老师成绩很低的同学们都叫出来。

改为：老师把成绩很低的同学都叫出来。

分析：通过一个动作使宾语发生位置或方向等的变化，应该使用"把"字句。

7 * ……把学汉语难的问题消失。

改为：……把学汉语难的问题解决掉。

分析："把"字句的动词通常是一个及物动词，"消失"是不及物动词，不能带宾语。

8 * 把汉语知道好，考试就不会紧张了。

改为：把汉语学好，考试就不会紧张了。

* 经过自己多次练习，把我慢慢地发音准确了。

改为：经过多次练习，我慢慢地发音准确了。

* 这样的事情把我感到幸福。

改为：这样的事情让我感到幸福。

分析："把"字句对进入其中的动词有要求和限制：一般应该是能使宾语发生变化的及物动词，而判断动词、关系动词、感知动词、趋向动词、不及物动词等不能使另一对象发生变化，都不能用在"把"字句中。

9 * 他就赶紧跑到做家具的地方，把全部家具都搬。

改为：他就赶紧跑到做家具的地方，把全部家具都搬回来 / 进来。

分析："把"字句中动词后一般要有表示变化的补语，不能是光杆动词。

10 * 但是我没收到您的回信，可能我把地址没写对。

改为：但是我没收到您的回信，可能我没把地址写对。

分析："把"字句中否定词应该放在"把"的前面。

11 * 那时候老师告诉我有用的成语"入乡随俗"，我把这个成语一定记住了。

　　改为：那时候老师告诉我有用的成语"入乡随俗"，我把这个成语记住了。/

　　　　　那时候老师告诉我有用的成语"入乡随俗"，我想我一定要把这个成语记住。

　　分析："一定、应该、可以、已经"等词语应该放在"把"的前面，而不是动词前面。

12 * 我在我们的教学楼我把丢了我的书包。

　　改为：我在我们的教学楼把我的书包丢了。

　　分析："把"的语序偏误。

13 * 刚来中国的时候，我几乎把汉语听不懂。

　　改为：刚来中国的时候，我几乎听不懂汉语。

　　分析："把"字句中动词后不能使用可能补语。

**教学
提示**

　　见"把"字句 1 和"把"字句 2。

**教学
案例**

　　（已经学习了结果补语、状态补语和趋向补语，也掌握了"把"字句 1、"把"字句 2、"把"字句 3）

一　学习带"结果补语"的情况

📖 案例**1**：动作演示法

▶ **第一步：学习肯定形式**

1. 导入和讲解

　　师：（拿着只有一点儿水的水杯）这是什么？

　　生：水。

　　师：对，（把水喝完）还有水吗？

　　生：没有水了。

　　师：对，没有水了。我们可以说：<u>老师把水喝完了。</u>（板书，齐读）

　　师：（做擦黑板的动作）黑板现在干净了吗？

生：干净了。

师：我们可以说：老师把黑板擦干净了。（板书，齐读）

生：老师把黑板擦干净了。

师：（根据例句总结格式）

S＋把＋O＋V＋结果补语

2. 操练

操练1：用"把"说句子

（1）我喝水，水没了。　（2）他喝茶，茶没了。

（3）她喝牛奶，牛奶没了。　（4）我吃面包，面包没了。

操练2：看图说话

▶第二步：学习否定形式及带能愿动词或时间词等

1. 导入和讲解

师：（拿大卫的水杯）大卫把水喝完了吗？

生：（可能会说错）大卫把水没喝完。

师：我们应该说：大卫没有把水喝完。（板书，齐读）

师：（拿自己的杯子）老师把水喝完了吗？

生：老师把水喝完了。

师：对，老师刚才把水喝完了。（板书，齐读）

师：（指着黑板）你们都记下来了吗？我可以把黑板上的字擦掉了吗？

生：可以。（也可能会说错）老师把黑板上的字可以擦掉了。

师：老师可以把黑板上的字擦掉了。（板书，齐读）

生：老师可以把黑板上的字擦掉了。

师：（根据例句总结格式）

S＋没（有）/刚才/可以＋把＋O＋V＋结果补语

2. 操练

看图说话

二 学习带"趋向补语"的情况

📖 案例 2：动作演示法、图片法

▶ 第一步：学习肯定形式

1. 导入和讲解

师：（拿着一个装有笔、书的包）你们看，老师在做什么？（把笔拿出来）

　　我们可以说：老师把笔拿出来了。（板书，齐读）

师：（把书拿出来）老师刚才做了什么？

生：老师把书拿出来了。（板书，齐读）

师：（把书放进去）老师刚才做了什么？

生：老师把书放进去了。（板书，齐读）

师：（根据例句总结格式）

　　S＋把＋O＋V＋趋向补语

师：请你们把本子拿出来。刚才你们做了什么？

生：我们把本子拿出来了。

师：大卫，请你把本子放进去。

（大卫做动作）

师：大卫刚才做什么了？

生：他把本子放进去了。

师：安娜，请你把笔放进去。

（安娜做动作）

师：安娜刚才做什么了？

生：她把笔放进去了。

2. 操练

看图说话

▶ 第二步：学习否定形式及带能愿动词或时间词等

1. 导入和讲解

师：（出示图片）她把冰箱门关上了吗？

生：没有。（也可能说错）她把冰箱门没关上。

师：那我们可以说：她没有把冰箱门关上。（板书，齐读）

师：她应该把冰箱门关上吗？

生：她应该把冰箱门关上。（板书，齐读）

师：（出示图片）现在，她把冰箱门关上了吗？

生：她把冰箱门关上了。

师：她刚才把冰箱门关上了。（板书，齐读）

生：她刚才把冰箱门关上了。

师：（根据例句总结格式）

S ＋ 没（有）/ 应该 / 刚才 ＋ 把 ＋ O ＋ V ＋ 趋向补语

2. 操练

操练 1：我做你说

教师做动作，A 学生说肯定形式，B 学生说否定形式。然后 A、B 两人交换。（四组左右）

A：老师把手机拿出来了。　　　　B：老师没有把手机拿出来。

A：老师把笔拿出来了。　　　　　B：老师没有把笔拿出来。

B：老师把笔放进去了。　　　　　A：老师没有把笔放进去。

B：老师把书拿出来了。　　　　　A：老师没有把书拿出来。

操练 2：看图说话

①   　　②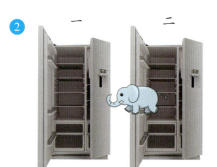

师：怎么把大象放进冰箱里？一共有三步，请同学回答。

    （1）把冰箱门打开。   （2）把大象放进去。   （3）把冰箱门关上。

师：怎么把大象拿出来？请同学回答。

    （1）把冰箱门打开。   （2）把大象拿出来。   （3）把冰箱门关上。

三　学习带"状态补语"的情况

📖 案例3：图片法

1. 导入和讲解

师：（出示图片）她洗手，手洗得干干净净的。我们可以说：

    <u>她把手洗得干干净净的。</u>（板书，齐读）

生：她把手洗得干干净净的。

师：（出示图片）他们把桌子摆得怎么样？整齐吗？

生：很整齐。

师：对，我们可以说：<u>他们把桌子摆得整整齐齐的。</u>（板书，齐读）

生：他们把桌子摆得整整齐齐的。

师：（根据例句总结格式）

    S + 把 + O + V + 状态补语

2. 操练

看图说话

课堂活动

1 他 / 她做什么了

教师提前准备一些纸条，上面写好：

> 请你把黑板擦干净。

> 请你把书拿出来。

> 请你把手机拿出来。

> 请你把椅子搬出去。

> 请你把笔放进去。

> 请你把手洗干净。

把学生分成两组，每组轮流派学生抽取纸条，并做出纸条上写的动作。做完动作的学生问另一组学生"我刚才做什么了？"另一组学生要回答"你刚才把……了"。看哪一组说出的正确句子多。

2 洗衣服

说一说洗衣服的步骤。

把洗衣机门打开

把衣服放进去

把洗衣液倒进去

把洗衣机门关上

把衣服拿出来

把衣服晾起来

把衣服收回来

把衣服放进衣柜里

3 **情景练习**

（1）准备吃饭了，妹妹还没有洗手，你会对她说：＿＿＿＿＿＿＿＿＿＿＿＿＿

（2）快开学了，弟弟的作业还没做完，你会对他说：＿＿＿＿＿＿＿＿＿＿＿＿＿

（3）你觉得很冷，你想请坐在窗边的同学把窗户关上，你会说：＿＿＿＿＿＿＿＿＿＿＿＿＿

（4）要听写了，老师会对同学们说：＿＿＿＿＿＿＿＿＿＿＿＿＿

**课后
练习**

一、听一听，判断对错。 🎧

1. 我们没有打扫教室。　　　　　　　　　　　　　（　　　）

2. 我们把桌子摆得很整齐。　　　　　　　　　　　（　　　）

3. 我们把气球放在桌子上。　　　　　　　　　　　（　　　）

4. 我们把灯笼挂在墙上。　　　　　　　　　　　　（　　　）

5. 我们把零食分给每个同学。　　　　　　　　　　（　　　）

6. 我们把"元旦快乐"写在纸上。　　　　　　　　（　　　）

二、把所给词语放在合适的位置。

1. A 安娜 B 每天都 C 房间 D 打扫得干干净净。　　　（把）

2. A 大卫 B 把饭 C 吃完就 D 出去了。　　　　　　　（没有）

3. A 他们 B 把 C 作业 D 做完。　　　　　　　　　　（应该）

4. 你应该 A 把 B 书 C 放 D。　　　　　　　　　　　（整齐）

5. 我们现在 A 还 B 把这件事 C 说出去 D。　　　　　（不能）

6. A 我们 B 必须 C 工作 D 做好。　　　　　　　　　（把）

7. A 小红 B 把 C 这本书 D 看完。　　　　　　　　　（能）

8. A 他 B 把衣服 C 洗 D 干净。　　　　　　　　　　（没）

三、判断下列句子是否正确，如果不正确请改正。

1. 她把窗户没有擦干净。　　　　　　　　　　　　（　　　）

2. 我把饭已经吃完了。　　　　　　　　　　　　　（　　　）

3. 他们把桌子摆得整整齐齐。　　　　　　　　　　（　　　）

4. 你把时间别记错了。　　　　　　　　　　　　　（　　　）

5. 她把作业没做完了。　　　　　　　　　　　　　（　　　）

四、教你做拿手菜。

每人学习一种拿手菜，拍成小视频和大家分享。

把水倒进面盆里

用手把面压成面团

把西葫芦切成片

把西葫芦片切成丝

把鸡蛋打进碗里

用筷子把鸡蛋搅拌均匀

把鸡蛋炒熟

把盐、香油、鸡蛋加入西葫芦中

用刀把面团切开

用手把面团压成条

把面团掐／切／弄成圆球

用擀面杖把圆球压成饺子皮

把馅儿放进饺子皮里

把饺子皮合起来

特殊句式

被动句: "被"字句(三级)

本体知识

一、被动句

现代汉语表达被动的手段有两大类:

1. "被"字句(三级):用"被"引出施事的句子。如:

他被老师批评哭了。

2. 意念被动句(五级):没有"被"等介词而在意念上表示被动的句子。如:

(1)公园建好了。

(2)信寄出去了。

本教学设计仅涉及"被"字句(三级)。

二、"被"字句

定义: "被"字句是指在谓语动词前有一个介词"被(给、叫、让)"或者由"被"和其宾语共同作状语来表示被动意义的句子。

语义和语用: "被"字句虽然可以用于表达中性甚至积极性的事情,但一般用于表达不如意的事情。

结构特点: "被"字句的主语通常是谓语动词的受事,"被"引出动作的施事。如不需要强调施事,"被"的宾语可以省略。如:

(1)他被车撞伤了。

(2)他被撞伤了。

口语中一般使用"叫"和"让"替代"被"。其不同表现在,用"叫"和"让"时,后边必须有宾语。对比如下:

(1)我的字典被安娜借走了。	我的字典被借走了。
(2)我的字典叫/让安娜借走了。	*我的字典叫/让借走了。

"被"字句结构上有很多特点需要注意:

1."被"字句中动词一般是及物动词，而且不能是光杆动词，动词后一般要有补语。如果动词具有除掉或使遭受义，动词后有一个"了"则可以充当谓语。但整个"被"字句作宾语除外。如：

（1）那本书被扔掉了。　　　　那本书被扔了。

（2）*那本书被扔。　　　　　我期待那本书被扔。

（3）他被批评哭了。　　　　　他被批评了。

（4）*他被批评。　　　　　　妈妈担心他被批评。

2.可能补语不能出现在"被"字句动词后。如：

　　*我的自行车被他修不好。

3."被"字句中否定词、时间词和能愿动词等应该放在"被"前。如：

（1）他没被开除。

（2）他上周被开除了。

（3）他不应该被开除。

4.主语一般是已知信息，即说话双方都知道说的是哪一个人或事物。

格式： **1** 肯定形式：S + 被（让、叫）+ O + V + 其他成分

　　　　　他被自行车撞伤了。

2 否定形式：S + 没（有）+ 被（让、叫）+ O + V + 其他成分

　　　　　他没有被自行车撞伤。

常见偏误

1 * **根据我的汉语考试水平，我安排到二年级一班。**

改为：根据我的汉语考试水平，我被安排到二年级一班。

分析：如果受事主语是人，"被"字一般不能省略。

2 * **他被老师没有批评。**

改为：他没有被老师批评。

分析："被"字句中否定副词"没有"应该放在"被"前，而不能放在动词前。

3 * **他没有被撞伤了。**

改为：他没有被撞伤。

分析：否定副词"没有"表示动作没发生，"了"表示已经完成或实现，二者是矛盾的，不能共现。

4 * 我的自行车被他可能骑走了。

改为：我的自行车可能被他骑走了。

分析："被"字句中能愿动词应该放在"被"前。

5 * 我的词典被马克借了。

改为：我的词典被马克借走了。

分析："被"字句中动词后面一般应有补语等其他成分，具有除掉、使遭受义的动词除外。如："那本书被她扔了""旧自行车被她卖了""他被人杀了"。

6 * 我的衣服被那个孩子脏了。

改为：我的衣服被那个孩子弄脏了。

分析："被"字句中的谓语动词一般应该是及物动词，而"脏"是形容词。

教学提示

1 "被"字句中否定副词"没有"和能愿动词都应该放在"被"字前面，而不能放在动词前面。如：

（1）腿被车撞伤了，头没有被撞伤。

（2）他可能被批评了一顿。

2 光杆动词不能用在"被"字句中，一般动词前面有状语、后面有补语或者整个"被"字结构作其他动词的宾语，最简单的形式也应该在动词后面用"了"。如：

（1）* 他被批评。（光杆动词）

（2）他不会被批评。（前加状语）

（3）他被批评哭了。（后加补语）

（4）他被批评了。（后面加"了"）

（5）妈妈总担心他被欺负。（整个"被"字结构作"担心"的宾语）

3 否定副词"没有"和句尾"了"是矛盾的，不能共现。

4 "叫、让"适合在学生掌握了"被"字句之后再顺势导入，不宜一次教授太多。

5 "被"字句一般用于表达不如意的事情，所以初学"被"字句一般从不如意的"被"字句入手。

教学案例

📖 案例1：图片法

▶ 第一步：学习肯定形式

1. 导入和讲解

师：（出示图片）大家看，下雨了，<u>这个人被大雨淋湿了</u>。（板书，齐读）

生：这个人被大雨淋湿了。

师：（出示图片）<u>他被大雨淋病了</u>。（板书，齐读）

生：他被大雨淋病了。

师：（出示图片）他病得很厉害，<u>他被家人送到医院了</u>。（板书，齐读）

生：他被家人送到医院了。

师：（根据例句总结格式）

S + 被 + O + V + 其他成分

刚才我们看的图片及练习的句子，这些内容是好的还是不好的？是我们希望发生的吗？

生：不太好。/ 我不希望发生这样的事。

师：对，我们用"被"字句的时候，大部分是发生了不好的情况。

2. 操练

看图说话

大火　　　　手机　　　　淋湿　　　　房子

窗户　　　　杯子　　　　医院　　　　砍

咬

西瓜

帽子

▶第二步：学习否定形式

1. 导入和讲解

师：（出示图片）这个学生怎么了？

生：这个学生被老师批评了。

师：你被老师批评过吗？

生：（点头、摇头或直接说）我被老师批评过。／我不被老师批评过。

师：我们应该说：<u>我没被老师批评过。</u>（板书，齐读）

生：我没被老师批评过。

师：马克学习很努力，也很善良，<u>马克没有被老师批评过。</u>（板书，齐读）

生：马克没有被老师批评过。

师：（根据例句总结格式）

　　S＋没（有）＋被＋O＋V＋其他成分

2. 操练

两人一组，根据以下问题互相问答。

（1）你的东西（钱包、手机、自行车等）被偷过吗？

（2）你被别人打过吗？

（3）你被老师批评过吗？

（4）你的手机被弄坏了吗？

（5）你的汉语书被朋友借走了吗？

📖 案例 **2**：情景举例法

1. 导入和讲解

师：大卫，你可以把词典借给我用用吗？

大卫：好，给您。

师：大卫的词典呢？

生：大卫的词典在老师那儿。

师：大卫的词典被我借来了。（板书，齐读）大卫的词典呢？

生：大卫的词典被老师借走了。

师：如果你不知道谁做的，或者谁做的不太重要，我们可以简单地说：

　　我的词典被借走了。（板书，齐读）

师：（根据例句总结格式）

　　S + 被 + O + V + 其他成分

师：安娜的词典被大卫借走了吗？

生：（可能会说错）安娜的词典被大卫没有借走。

师：我们应该说：安娜的词典没有被大卫借走。（板书，齐读）

生：安娜的词典没有被大卫借走。

师：（趁萨沙不注意，拿走他的橡皮）萨沙，你的橡皮呢？

萨沙：（很惊讶）我的橡皮呢？

师：你们觉得萨沙的橡皮被谁拿走了？

生 1：可能是老师。

生 2：可能是刘青（萨沙的同桌）。

师：这个时候我们可以说：萨沙的橡皮可能被老师拿走了，也可能被刘青拿走了。（板书，齐读）

生：萨沙的橡皮可能被老师拿走了，也可能被刘青拿走了。

师：（根据例句总结格式）

　　S + 没（有）+ 被 + O + V + 其他成分

　　S（+ 能愿动词）+ 被 + O + V + 其他成分

2. 操练

接龙问答

大卫：安娜，你的词典被米莎借走了吗？

安娜：我的词典没有被米莎借走。

　　　米莎，你的书被大卫拿走了吗？

米莎：……

（一直到最后一个学生问教师）

课堂活动

1 试运气

每张图片对应一个数字、颜色或者最近刚学过的某类词语，其中有一个炸弹，让学生自由选择，翻开图片用"被"字句说句子，只要说对就可以继续说，说错则失去机会。说对几个得几分，选中炸弹的扣一分。

2 他 / 她发生了什么事

两人一组，每组一张卡片。A问"（1）他 / 她怎么了？（2）他 / 她是怎么受伤的？（3）他 / 她是怎么到医院的？"B拿着卡片并根据卡片上的信息回答问题。

如：

他的腿被撞伤了。
他是被自行车撞伤的。
他是被警察送到医院的。

A：他怎么了？

B：他的腿被撞伤了。

A：他是怎么受伤的？

B：他是被自行车撞伤的。

A：他是怎么到医院的？

B：他是被警察送到医院的。

师：请用B回答的三个句子说说他发生了什么。

A：他的腿被撞伤了。他是被自行车撞伤的。他是被警察送到医院的。

他的胳膊被撞伤了。
他是被小汽车撞伤的。
他是被司机送到医院的。

他的腿被撞伤了。
他是被同学撞伤的。
他是被老师送到医院的。

她的头被砸伤了。
她是被小朋友砸伤的。
她是被父母送到医院的。

她的脖子被撞伤了。
她是被朋友撞伤的。
她是被朋友送到医院的。

3 **我最倒霉的一天**

为了激起学生的表达欲望，教师可适当提醒。如：

（1）你被雨淋过吗？

（2）你被小偷偷过吗？你的什么东西被偷走了？

（3）你被骗过吗？为什么？

（4）你被老师批评过吗？为什么？

（5）你被妈妈批评过吗？为什么？

课后练习

一、听一听，选择正确答案。🎧

1. A. 安娜的自行车坏了。　　　　　　B. 我的自行车坏了。
   C. 安娜被汽车撞伤了。　　　　　　D. 安娜被自行车撞伤了。

2. A. 我的杯子被狗打碎了。　　　　　B. 猫的杯子被打碎了。
   C. 他的杯子被猫打碎了。　　　　　D. 猫把我的杯子打碎了。

3. A. 大卫把他的汉语书借给了我。　　B. 我借了大卫的字典。
   C. 我把我的汉语书借给了大卫。　　D. 我的字典被大卫借走了。

4. A. 我的书包被偷走了。　　　　　　B. 我的钱包被偷走了。
   C. 我的钱包被借走了。　　　　　　D. 我的书包被借走了。

二、用提示词语完成对话。

1. A：你的手机呢?

   B：＿＿＿＿＿＿＿＿＿＿＿（摔坏）

2. A：安娜怎么哭了?

   B：＿＿＿＿＿＿＿＿＿＿＿（老师批评）

3. A：我的杯子呢?

   B：＿＿＿＿＿＿＿＿＿＿＿（打碎）

4. A：我的帽子呢?

   B：＿＿＿＿＿＿＿＿＿＿＿（大风刮跑）

三、把所给词语放在合适的位置。

1. A 草莓 B 苹果 C 压坏了 D。　　　　　　　　　　　（被）
2. A 我的电脑 B 被 C 偷走 D。　　　　　　　　　　　（没有）
3. A 他 B 雨 C 淋湿了 D。　　　　　　　　　　　　　（叫）
4. A 他的腿 B 被 C 撞伤了 D。　　　　　　　　　　　（可能）
5. A 蛋糕 B 弟弟 C 吃完了 D。　　　　　　　　　　　（让）

固定格式

越来越……（二级）

本体知识

固定短语"越来越"表示某种性质的程度随着时间的推进而变化。

格式： **S + 越来越 + Adj / V心**

（1）她越来越漂亮。

（2）我越来越喜欢中文。

常见偏误

1 * 因为现在的中国越来越发展，所以将来需要能说汉语的人。

改为：因为现在的中国发展越来越快，所以将来需要能说汉语的人。

* 我觉得静音环境越来越减少了。

改为：我觉得安静的环境越来越少了。

* 人们的生活水平越来越提高。

改为：人们的生活水平越来越高。

* 现在医疗技术越来越发展。

改为：现在医疗技术越来越发达。

* 我们国家也是这样的情况，抽烟的人越来越没有。

改为：我们国家也是这样的情况，抽烟的人越来越少。

* 现代人跟自然越来越离开。

改为：现代人离自然越来越远。

分析："越来越"后面一般加形容词或心理动词，不加一般动词。但二语学习者常常将一般动词加在"越来越"的后面。

2 * 我越来越很喜欢中文。

改为：我越来越喜欢中文。

* 在现在社会，人越来越太随便了。

改为：现在的社会，人越来越随便了。

分析："越来越"本身表示程度，后面的形容词不能再受其他程度副词的修饰。

3 * 我越来越对历史感兴趣。

改为：我对历史越来越感兴趣。

分析：介词短语和"越来越"都是状语，多项状语孰先孰后，有一个语义制约问题，"越来越"和后面的"感兴趣"语义关系更近，二者应该紧挨着。

4 * 现在北京越来越暖和起来了。

改为：现在北京越来越暖和。/ 现在北京暖和起来了。

分析："越来越"表示程度逐渐加深，但肯定已经开始，而趋向补语"起来"表示开始并继续，二者语义矛盾。

5 * 现在社会生活水平比以前越来越高。

改为：现在社会生活水平越来越高。

分析："越来越"本身就蕴含着和过去相比，不需要再用"比以前"。

6 * 随着社会的发展，人们对自己生命健康也重视了。

改为：随着社会的发展，人们对自己的生命健康也越来越重视了。

分析："随着……"结构表示随着时间推移，后面需要用"越来越"的变化意义，与前面呼应。

7 * 越来越女生的条件好了。

改为：女生的条件越来越好了。

分析："越来越"应放在形容词或者心理动词前。

教学提示

1 "越来越"本身表达程度高，所以后面的形容词不能再受程度副词"很、非常、太"等的修饰。

2 "越来越"后面跟形容词、心理动词或者能愿动词，不跟一般动词，这一点尤其需要让学生注意，特别是当学生想表述"越来越多 / 少 / 高 / 低"，经常说成："* 越来越增加 / 减少 / 提高 / 降低"。这些动词并非心理动词或能愿动词，且动补式合成词本身表示随着时间的推移而变化的一种趋势，与"越来越"的意义重复。

教学案例

▶ **第一步：学习"S + 越来越 + Adj"**

📖 **案例1：动作演示法**

1. 导入和讲解

师：（展示空杯子，用一个瓶子往杯子里倒水，边做边说）杯子里原来没有水，现在慢慢地，越来越多了。

（继续倒水）杯子里的水越来越多。（板书，齐读）

瓶子里的水呢？

生：瓶子里的水越来越少。（板书，齐读）

（教师板书时可以故意把字写得越来越大或者越来越小）

师：老师的字有什么变化？

生：老师的字越来越大/小。（板书，齐读）

师：（根据例句总结格式）

S＋越来越＋Adj

2. 操练

操练1：你做我说

一个人做动作，另一个人说句子。

如：动作——把书一本本从书包里拿出来放在桌子上

句子——书包里的书越来越少了。/桌子上的书越来越多了。/书包越来越轻了。/桌子上的
物品越来越重了。

动作——把水杯里的水一口一口喝光

句子——水杯里的水越来越少了。/同学的肚子越来越大了。/同学身体里的水越来越多了。

动作——把黑板上的字一点儿一点儿擦干净

句子——黑板上的字越来越少了。/黑板越来越干净了。

动作——把椅子一点儿点儿拖离桌子

句子——椅子离桌子越来越远了。

操练2：天气预报员

根据手机上的天气预报说一说所在城市的天气变化。

如：玛丽在北京

　　根据天气预报，下午到晚上，温度越来越低了。／今天到后天，天气越来越冷了。／周二到周四，天气越来越暖和了。／周二到周四，温度越来越高了。／今天到后天，云越来越多了。／周二到周日，云越来越少了。／今天到后天，天气越来越阴了。／周二到周日，天气越来越好了。／周二到周日，天气越来越晴朗了。

📖 案例 2：图片法

1. 导入和讲解

师：（出示图片）夏天到冬天，有什么变化？

生：（可能会说）天气慢慢变冷了。树叶变黄了。树叶变少了。

师：对，天气变冷了，我们可以说：<u>天气越来越冷了。温度越来越低了。树上的叶子越来越黄。树上的叶子越来越少了。</u>（板书，齐读）

师：（根据例句总结格式）

　　S＋越来越＋Adj

2. 操练

操练 1：看图说话

①  ②  ③

④ 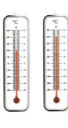 ⑤  ⑥

操练 2：连连看

连线并说出完整的句子。

越来越多　　越来越少　　越来越胖　　越来越瘦　　越来越黄　　越来越小

▶ **第二步：学习"S＋越来越＋V$_{心}$"**

📖 **案例 3：情景举例法**

1. 导入和讲解

师：老师觉得你们的汉语越来越好了。你们以前害怕用汉语聊天儿，现在还害怕吗？

生：不害怕了。

师：对，你们的汉语越来越好，所以你们越来越不害怕说汉语，越来越喜欢说汉语了。（板书，齐读）你们刚来北京时不习惯北京的生活，后来习惯一点儿，现在很习惯，怎么说呢？

生：我们越来越习惯北京的生活。（板书，齐读）

师：你原来不喜欢吃中国菜，现在呢？

生 1：我越来越喜欢吃中国菜。（板书，齐读）

师：你呢？

生 2：……

师：（根据例句总结格式）

　　　S＋越来越＋V$_{心}$

2. 操练

操练 1：谈变化

用"越来越……"说一说自己、家人、朋友最近的喜好变化。然后问一问你的同桌。

如：我最近越来越喜欢学汉语。/ 我的爸爸最近越来越喜欢做饭。/

我的妈妈最近越来越喜欢跑步。/ 我的朋友越来越讨厌洗衣服。

操练 2：找共同点

由教师起头，说出最近的一个喜好变化，然后让学生接龙回答自己有没有这种变化，并且说出一个自己的变化。

如：

师：我越来越喜欢冬天了。

玛丽：我也越来越喜欢冬天了。我越来越喜欢下雪。

大卫：我没有越来越喜欢下雪。我越来越讨厌早起。

安妮：我没有越来越讨厌早起。我越来越喜欢午睡。

📖 案例 4：图片法

1. 导入和讲解

师：（出示图片）大家看这个女孩儿的表情，她的心情有什么变化？

生：她的心情越来越好了。她的心情越来越差了。

师：对，（出示图片）那我们来看看，是什么让她的心情变化了。

我们可以说：她越来越喜欢开车了。（板书，齐读）

生：她越来越喜欢开车了。

师：（出示图片）那这个怎么说呢？

生：她越来越不喜欢跑步了。/ 她越来越讨厌跑步了。（板书，齐读）

师：你最近越来越喜欢什么？

生 1：我越来越喜欢打羽毛球。（板书，齐读）

师：你呢？

生 2：……

师：（根据例句总结格式）

S + 越来越 + V

2. 操练

看图说话

**课堂
活动**

1 看看你的小时候

提前让学生准备自己小时候的照片，互相交换，猜一猜照片里是哪位同学，然后说一说这位同学从小到大发生了什么变化。学生也可以说说自己长大后的喜好有没有什么变化。

如：玛丽越来越漂亮。/大卫越来越高。/安妮越来越瘦。/我越来越喜欢跑步。/

我越来越讨厌吃胡萝卜。

2 猜猜我夸的是谁

教师以随意叫学号的方式决定谁第一个站在前面夸某个人，一定要用上"他越来越……，他的……越来越……"等，然后别的学生要轮流猜他夸的是谁，并且要说出这么猜的理由，比如"我觉得谁越来越……"等，猜不对就接着往下猜，猜对的学生站在前面接着夸下一个学生。

**课后
练习**

一、听一听，连一连。

| 越来越瘦 | 越来越喜欢打球 | 越来越漂亮 | 吃得越来越少 | 越来越喜欢画画儿 |

| 安东 | 玛利亚 | 大卫 | 安娜 |

| 越来越胖 | 吃得越来越多 | 越来越可爱 | 越来越聪明 | 越来越帅 |

二、看图说话。

三、用"越来越……"回答问题。

1. 现在学汉语的人多吗？

_____

2. 你们国家的东西贵吗？

_____

3. 你们国家的年轻人喜欢旅游吗？

_____

4. 你的口语水平怎么样？

_____

5. 你现在习惯北京的生活吗？

_____

6. 你最近有什么新的爱好？

_____

四、把"越来越"放在合适的位置。

1. A 他的 B 中文 C 好 D 。　　　　　　　　　　　（　　　）

2. A 我 B 习惯 C 大学的生活 D 。　　　　　　　（　　　）

3. A 我 B 现在 C 想家 D 。　　　　　　　　　　（　　　）

4. 我 A 不 B 喜欢 C 坐 D 出租车了。　　　　　　（　　　）

5. A 她 B 讨厌 C 玩 D 电脑游戏了。　　　　　　（　　　）

6. 我 A 认识 B 的 C 汉字 D 多。　　　　　　　　（　　　）

固定格式

02 越……越……（三级）

本体知识

"越……越……"表示人或事物的数量或程度随着情况的发展而变化，前者是后者的条件和根据。

格式：　**1** **一个主语**：S + 越 + V + 越 + Adj / V心

　　　　　　　S + 越 + Adj1 + 越 + Adj2

（1）她越吃越胖。

（2）我们越学越喜欢。

（3）朋友越多越好。

2 **两个主语**：S1 + 越 + Adj/V，S2 + 越 + Adj / V心

（1）天气越阴，大卫心情越糟糕。

（2）老师越讲，我们越不明白。

常见偏误

1 * 读了这篇短文后我想到人口问题，越人多越贫穷。

改为：读了这篇短文后我想到人口问题，人越多越贫穷。

分析："越……越……"格式中，第一个主语要放在第一个"越"的前面。

2 * 他越说，越我生气。

改为：他越说，我越生气。

　* 人越多，越那个工作容易完成。

改为：人越多，那个工作越容易完成。

　* 互相依靠的人越多，越国家衰弱。

改为：互相依靠的人越多，国家越衰弱。

　* 这三个和尚告诉我们，人越多，越喝水方便。

改为：这三个和尚告诉我们，人越多，喝水越方便。

分析："越……越……"格式中，第二个主语要放在第二个"越"的前面。

3 * **越长大，我的心情越改变。**

　　改为：越长大，我的心情改变得越多。

* **这种朋友，年龄越大越增加。**

　　改为：这种朋友，年龄越大，增加得越多。

　　分析："越……越……"格式中，第二个"越"的后面不能跟普通动词。

教学提示

1 "越……越……"本身表达程度高，所以"越"后面的形容词不能再受程度副词"很、非常、太"等的修饰。

2 "越……越……"的第二个"越"后面要跟形容词、心理动词，一般动词不可以。

3 如有两个主语，注意第二个主语应该放在第二个"越"的前面。

教学案例

▶ **第一步：学习一个主语的形式**

📖 **案例1：情景举例法**

1. 导入和讲解

师：（在黑板上写字，故意把字写得越来越大/小/漂亮/难看）老师写的字怎么样？大吗？漂亮吗？（指着第一个）这个怎么样？（指着最后一个）这个呢？

生：老师写的字越来越大，越来越漂亮。

师：这些字越来越大，越来越漂亮。我们可以说：老师的字越写越大，越写越漂亮。（板书，齐读）

生：老师的字越写越大，越写越漂亮。

师：刚开始学习汉语的时候，你觉得汉语怎么样？

生：（可能是多种答案）很有意思/没有意思/很难/很容易/很喜欢/不喜欢……

师：现在觉得怎么样？

生：容易/很难/更有意思/更喜欢/没有意思……

师：（根据学生的回答灵活处理）那我们可以说：汉语越学越容易。/汉语越学越难，但越学越有意思。/我们越学越喜欢。（板书，齐读）

生：汉语越学越容易。/汉语越学越难，但越学越有意思。/我们越学越喜欢。

师：汉语学到现在，你的汉字有什么变化？

生：我的汉字越写越好看/漂亮。

师：（根据例句总结格式）

　　　S＋越＋V＋越＋Adj/V。

师：你们觉得有多少钱好啊？

生：很多钱。

师：那我们可以说：钱越多越好。（板书，齐读）

生：钱越多越好。

师：你觉得女孩子怎么样漂亮/可爱？男孩子怎么样帅/有吸引力？

生：女孩子越瘦越漂亮/越白越漂亮/越胖越可爱……

　　　男孩子越高越帅/越聪明越有吸引力/越幽默越有吸引力……

师：（根据例句总结格式）

　　　S＋越＋Adj1＋越＋Adj2

2. 操练

操练1：连连看

连一连并说出完整的句子。

汉语听力	雨	汉语	钱	小明	老师的字

越学越好	越跑越快	越练越好	越下越大	越多越好	越写越大

操练2：根据实际情况完成句子

（1）我的饭＿＿＿＿＿＿＿＿＿＿＿

（2）我的乒乓球＿＿＿＿＿＿＿＿

（3）我的身材＿＿＿＿＿＿＿＿＿

（4）我的胃口＿＿＿＿＿＿＿＿＿

（5）我的听力水平＿＿＿＿＿＿＿

（6）我的汉字＿＿＿＿＿＿＿＿＿

（如：越做越好吃、越打越厉害、越运动越苗条、越吃越好、越练越高、越写越好）

📖 案例 2：图片法

1.导入和讲解

师：（出示图片）这是什么？

生：这是小树。

师：小树最开始的时候高吗？

生：不高。

师：长大以后呢？

生：变高了。

师：我们可以说：小树越长越高。（板书，齐读）

生：小树越长越高。

师：（根据例句总结格式）

S＋越＋V＋越＋Adj

师：大家觉得，小树高点儿好还是矮点儿好？

生：高点儿好。

师：那我们可以说：小树越高越好。（板书，齐读）

生：小树越高越好。

师：（根据例句总结格式）

S＋越＋Adj1＋越＋Adj2

2.操练

看图说话

①  ②  ③

④

⑤  ⑥

▶ **第二步：学习两个主语的形式**

📖 **案例3：情景举例法**

1.导入和讲解

师：这个语法原来你们会一点儿，老师讲了以后有点儿糊涂，现在更糊涂了。怎么说呢？

生：（可能会说错）老师越讲，越我们糊涂。

师：我们应该说：<u>老师越讲，我们越糊涂。</u>（板书，齐读）

生：老师越讲，我们越糊涂。

师：一个学生考试考得不好，妈妈有点儿生气，这个学生说是因为妈妈，妈妈更生气了。怎么说？

生：<u>他越说，妈妈越生气。</u>（板书，齐读）

师：大卫很喜欢太阳，晴天大卫心情很好，阴天大卫心情不太好，下雨天大卫心情就会变得更不好，可以怎么说呢？

生：<u>天气越不好，大卫的心情越糟糕。</u>（板书，齐读）

师：（根据例句总结格式）

$$S1 + 越 + Adj/V，S2 + 越 + Adj / V。$$

2.操练

我做你说

一个人做动作，另一个人说句子。

如：动作——把水杯里的水一口一口喝光

　　句子——玛丽越喝，水杯里的水越少。

　　动作——把黑板上的字一点儿一点儿擦干净

　　句子——大卫越擦，黑板越干净。

　　动作——把桌子一点儿点儿推离自己

　　句子——安妮越推，桌子离她越远。

📖 **案例4：图片法**

1.导入和讲解

师：（出示图片）大家看，图片中黄色箭头指的是越南女孩贤香，这是她刚来中国的照片，照片中她有几个好朋友？

生：两个。

师：（出示图片）现在她来中国半年了，她有几个好朋友？

生：五个。

师：我们可以说：<u>贤香在中国的时间越长，交到的好朋友就越多。</u>
（板书，齐读）

生：贤香在中国的时间越长，交到的好朋友就越多。

师：（出示图片）你们刚学汉语时不认识这些汉字，但是现在你们
大部分都认识了，可以怎么说？

生：<u>我们学汉语的时间越长，认识的汉字越多。</u>（板书，齐读）

师：（根据例句总结格式）

S1 ＋越＋Adj1，S2 ＋越 ＋ Adj2

2. 操练

根据实际情况问答

（1）汉语考试的成绩会对你的心情有什么影响？

（2）你们认识的汉语词汇数量会对汉语考试成绩有什么影响？

（3）天气会对你的心情有什么影响？

（4）你们学习汉语的时间会对认识的汉字数量有什么影响？

（5）你们来到中国的时间会对认识的汉字数量有什么影响？

（6）做练习会对考试成绩有什么影响？

课堂活动

1 玛丽的变化

教师提前印好表示"动作"和"动作引起的变化"的图片，随机发放给学生。教师展示关于"玛丽的变化"句子，拿到对应图片的两个学生找到对方并共同说出句子。

如："玛丽越跑越瘦。""玛丽的中文越说越好。""玛丽做饭越做越好吃。"

2 我最近的变化 / 我家乡的变化

两人一组，分别谈一谈自己最近的变化或者自己家乡的变化。

课后练习

一、听一听，判断对错。🎧

1. 大卫的汉字越写越好看。 （　　）
2. 安妮越长越漂亮。 （　　）
3. 乔治跑步退步了。 （　　）
4. 安妮听了妈妈的话不想出去了。 （　　）
5. 玛丽在减肥，但是却越吃越胖。 （　　）

二、用"越……越……"描述下列图片。

水怎么样了？

她发生了什么变化？

这座城市有什么变化？

妈妈怎么了？

学生怎么了？

三、改正下列句子。

1. 她的身材越锻炼越改变。

2. 老师越说，越我们明白。

_____

3. 他的汉字越写越很好。

_____

4. 妈妈越反对，越他想出去。

_____

5. 他一直在参加训练，越训练越跑。

_____

四、用"越……越……"改写下列句子。

1. 大卫本来跑得就快，现在跑得更快了。

_____

2. 安娜和妈妈唱反调，妈妈让她学习，她偏不想学习。

_____

3. 安妮觉得学汉语现在变得很容易。

_____

4. 现在学汉语的人比以前多了。

_____

5. 乔治和别人吵架了，回家之后他想了想今天发生的事，更生气了。

_____

五、用"越……越……"描述自己或称赞别人最近发生的变化。

固定格式

又……又……（二级）

本体知识

"又……又……"表示两种或两种以上的性质、动作等同时存在，既可以连接形容词，也可以连接动词。如：

（1）他又高又帅。

（2）外面又刮风又下雨，怎么出去啊。

格式： **1** S + 又 + Adj1 + 又 + Adj2　　**2** S + 又 + V1（O1）+ 又 + V2（O2）

（1）她又聪明又可爱。　　　　　（1）我们又唱又跳。

（2）这件衣服又好看又便宜。　　（2）他又做饭又洗碗。

（3）她的房间又干净又整齐。　　（3）她又喜欢唱歌又喜欢跳舞。

常见偏误

1 * 我又累又饿死了。

改为：我又累又饿。

* 她又很漂亮又非常聪明。

改为：她又漂亮又聪明。

* 姚明又很高又很帅。

改为：姚明又高又帅。

分析："又……又……"格式中形容词前后都不能加表示程度的副词或补语。

2 * 我又开心又佩服她。

改为：我很开心，也很佩服她。

分析："又……又……"格式中前后应该是对称的词语，即同为形容词或同为动词。"开心"是形容词，"佩服她"是动词短语，不可用于该格式。

3 * 又朋友又老师。

改为：又是朋友，又是老师。

分析："又……又……"格式中"又"后面不能直接带名词，此句应加上"是"组成动宾结构。

4 * 又好吃又贵。

改为：又好吃又便宜。/ 又难吃又贵。/ 很好吃但很贵。

分析："又……又……"连接的形容词性成分应该是同向的，即要么都是褒义的，要么都是贬义的。

教学提示

1 "又……又……"一般连接单个动词或动宾结构，但不是偏正结构。

2 "又……又……"连接的形容词应该是同向的。

3 "又……又……"连接的形容词前后不能再加表示程度的副词或补语。

4 "又……又……"是并列结构，结构要保持对称。

教学案例

▶**第一步：学习"S + 又 + Adj1 + 又 + Adj2"**

📖 **案例 1：图片法**

1. 导入和讲解

师：（出示图片）这件衣服怎么样？

生：很好看。

师：99 块钱便宜吗？

生：很便宜。

师：把"好看"和"便宜"放在一起，我们可以说：<u>这件衣服又好看又便宜。</u>（板书，齐读）

生：这件衣服又好看又便宜。

师：（出示图片）长城怎么样？

生：<u>长城又高又长。</u>（板书，齐读）

师：（根据例句总结格式）

S + 又 + Adj1 + 又 + Adj2

99 元

2. 操练

操练 1：看图回答问题

①
你觉得这间教室怎么样？

②
这只小狗怎么样？

③
这个女孩儿怎么样？

你觉得这个西瓜怎么样？

这个公园怎么样？

这个盘子怎么样？

操练 2：连连看

连线并说出完整的句子。

又香又辣   又甜又脆   又甜又好吃   又开心又热闹   又苦又烫

苹果

四川菜

吃火锅

巧克力

咖啡

📖 案例 2：情景举例法

1. 导入和讲解

师：我们的学校漂亮吗？

生：很漂亮。

师：干净吗？

生：也很干净。

师：那我们可以说：<u>我们的学校又漂亮又干净。</u>（板书，齐读）

生：我们的学校又漂亮又干净。

师：我们的教室很大，也很干净，怎么说？

生：<u>我们的教室又大又干净。</u>（板书，齐读）

师：（根据例句总结格式）

S + 又 + Adj1 + 又 + Adj2

2. 操练

操练 1：接龙

以接龙的形式，让学生用"又……又……"说一说自己的一个好朋友、一个地方、一种菜、一种水果等。

如：我的好朋友又好看又活泼。/ 故宫又大又美。/ 土豆又便宜又好吃。/ 草莓又贵又酸。

操练2：夸一夸

（1）我的老师＿＿＿＿＿＿＿＿＿＿＿＿＿　　（2）我的衣服＿＿＿＿＿＿＿＿＿

（3）学汉语＿＿＿＿＿＿＿＿＿＿　　　　　　（4）我的家乡＿＿＿＿＿＿＿＿＿

（5）我的学校＿＿＿＿＿＿＿＿＿＿＿　　　　（6）我的同学＿＿＿＿＿＿＿＿

（如：又温柔又负责、又便宜又好看、又容易又有趣、又美丽又温暖、又漂亮又干净、又热
情又开朗）

▶第二步：学习"S＋又＋V1（O1）＋又＋V2（O2）"

📖 案例3：图片法

1. 导入和讲解

师：（出示图片）大家看，他们在干什么？

生：唱歌。/ 跳舞。

师：对，他们在唱歌，也在跳舞。我们可以说：他们又唱（歌）又跳（舞）。（板书，齐读）

　　　大家看图片中最左边的男人在干什么？

生：他又唱歌又弹吉他。

师：对，他又唱歌又弹吉他。/ 他又唱又弹。（板书，齐读）

师：（根据例句总结格式）

　　　S＋又＋V1（O1）＋又＋V2（O2）

2. 操练

操练1：看图说话

① 　　② 　　③

④ 　　⑤

操练2：挑一挑

以接龙的形式，从所给的四组图片中挑选自己会做的两件事情或喜欢做的两件事情并用"又……又……"组成完整的句子。

运动类：

才艺类：

生活类：

饮食类：

如：我又喜欢篮球又喜欢排球。／我又唱歌又跳舞。／我又做饭又洗衣服。／我又喝茶又喝咖啡。

📖 案例4：情景举例法

1. 导入和讲解

师：大卫，你喜欢什么运动？

大卫：我喜欢打球，也喜欢游泳。

师：<u>大卫又喜欢打球又喜欢游泳。</u>（板书，齐读）

生：大卫又喜欢打球又喜欢游泳。

师：麦克，你呢？

麦克：我又喜欢篮球又喜欢足球。

师：麦克又喜欢篮球又喜欢足球。（板书，齐读）

生：麦克又喜欢篮球又喜欢足球。

师：（根据例句总结格式）

　　S＋又＋V1（O1）＋又＋V2（O2）

2 操练

用"又……又……"回答问题

（1）你会什么语言？

（2）你喜欢吃什么水果？

（3）你喜欢什么运动？

（4）你有什么爱好？

（5）你喜欢喝什么饮料？

（6）你喜欢吃哪国菜？

课堂活动

1 猜一猜

　　让学生用"又……又……"描述班里的一名同学或一位任课老师，其他学生猜，猜对有奖励。

2 吹牛大赛

　　两人一组，夸夸自己的房间，用"我的房间又……又……"来造句。看哪个小组造的句子又多又好。

课后练习

一、听一听，判断对错。🎧

　　1. 杨松又高又帅。　　　　　　　　　　　　　　　　（　　）

　　2. 杨松又喜欢打篮球又喜欢踢足球。　　　　　　　　（　　）

　　3. 杨松又会说汉语又会说英语。　　　　　　　　　　（　　）

二、用"又……又……"描述下面的图片。

三、用"又……又……"改写下列句子。

1. 我喜欢英语。我喜欢汉语。

_____

2. 这个蛋糕很好看。这个蛋糕很好吃。

_____

3. 我的房间很整齐。我的房间很干净。

_____

4. 我会打篮球。我会踢足球。

_____

5. 他们唱歌。他们跳舞。

_____

四、连一连。

1. 杨松又想买篮球   a. 又跳

2. 小明又唱   b. 又安静

3. 我常去的公园又漂亮   c. 又善良

4. 我的朋友又大方   d. 又想买足球

固定格式

一……就……（二级）

**本体
知识**

"一……就……"可以表示前后两个动作或情况在时间上紧接着发生。如：

（1）她一到北京就去了天安门。

（2）她一拿到钱就去买东西了。

"一……就……"还可以表示当具备某种条件时就一定会出现某种结果，前一动作是条件和原因，后一动作是结果。如：

（1）她的腿一到冬天就疼。

（2）他一吃海鲜就过敏。

前后两个动作的主语可以相同也可以不同。

格式： **1** S + 一 + V1/Adj + 就 + V2/Adj / 一 + V1/Adj，S + 就 + V2/Adj

（1）她一出门就给朋友打电话。/ 一出门，她就给朋友打电话。

（2）他一考试就紧张。/ 一考试，他就紧张。

（3）她一紧张就出汗。/ 一紧张，她就出汗。

2 S1 + 一 + V1/Adj，S2 + 就 + V2/Adj

（1）老师一讲，学生就懂了。

（2）他俩一吵架，我就头疼。

（3）孩子一难过，妈妈就想办法逗她开心。

**常见
偏误**

1 * 这个公园一开放就大家很高兴。

改为：这个公园一开放大家就很高兴。

* 一看电影就时间过得很快。

改为：一看电影，时间就过得很快。

分析：主语应该放在"就"的前面。

2 * 我们一开始暑假就去旅行了。

改为：暑假一开始我们就去旅行了。

分析："开始"的主语是"暑假"，"旅行"的主语是"我们"，前后两个主语不同时，格式为："S1 + 一 + V1/Adj，S2 + 就 + V2/Adj"。

3 * 他一到国外学习交了很多朋友。

改为：他一到国外学习就交了很多朋友。

分析："一 + V1 + 就 + V2"可以表示前后两个动作行为紧接着发生，间隔的时间非常短，甚至中间没有停顿，"就"不能省略。

教学提示

1 前后两个动作的主语不同时，要注意语序，特别是"就"应放在第二个主语之后，而不要放在第二个主语之前。

2 有些词语在不同的组合中可以担任不同的句法成分，学生在使用时，应注意词语的搭配情况，找准主语。

3 "一……就……"是一个常用的固定格式，一般不能随意省略某一个部分。

教学案例

📖 案例 **1**：情景举例法

▶第一步：学习一个主语的情况

1. 导入和讲解

师：（刚进教室就让学生考试）我们刚才做什么了？

生：我们考试了。

师：老师进来以后马上就让你们考试了，对吗？我们可以说：老师一进来就让我们考试。（板书，齐读）

生：老师一进来就让我们考试。

师：考试的时候，你紧张吗？

大卫：紧张。

师：每次考试，大卫都很紧张。我们可以说：大卫一考试就紧张。（板书，齐读）

生：大卫一考试就紧张。

师：大卫一考试就紧张，一紧张就出错。（板书，齐读）

生：大卫一考试就紧张，一紧张就出错。

师：去超市的时候，你们买东西吗？

生：买东西。

师：去了超市，一定会买东西吗？

生：不一定。/ 一定。

师：（找回答"一定"的学生）玛丽去超市一定会买东西，是吗？

玛丽：是的。

师：玛丽一去超市就买东西。（板书，齐读）

生：玛丽一去超市就买东西。

师：（根据例句总结格式）当我们要表达同一个主语做了两个动作，这两个动作紧接着发生的时候，或者第一个动作发生，第二个动作一定发生的时候，可以说：

S + 一 + V1/Adj + 就 + V2/Adj

也可以说：

一 + V1/Adj，S + 就 + V2/Adj

2. 操练

抽纸条

纸条上有"一进教室就看表""一出教室就开始哭""一出教室就开始笑""一看到师就打招呼""一坐下就开始看书""一坐下就睡觉""一坐下就打开书包""一打开书就开始背课文""一背课文就头疼"等。让学生抽纸条表演，其他学生说句子。

▶ 第二步：学习两个主语的情况

1. 导入和讲解

师：刚才老师说"考试"的时候，你们怎么想的？

生：我很害怕。/ 我很高兴。/ 我很讨厌。/ 我很紧张。

师：那么我们可以说：老师一说考试，我们就害怕 / 高兴 / 讨厌 / 紧张。（板书，齐读）

生：老师一说考试，我们就害怕 / 高兴 / 讨厌 / 紧张。

师：（根据例句总结格式）当我们要表达两个不同的主语分别做出不同的动作，第二个主语的动作紧接着第一个主语的动作出现，可以说：

S1 + 一 + V1/Adj，S2 + 就 + V2/Adj

2. 操练

问答

师：这个语法不难，对吧？老师讲了以后你们马上就明白了，怎么说？

生：老师一讲，我们就明白了。

师：你们都明白了，那好，我们现在就考试，你们紧张吗？

生：老师一说考试，我们就紧张。

师：小时候，妈妈生气的时候，你怎么办？

生：……

师：妈妈表扬你的时候，你会怎么样？

生：……

📖 案例2：图片法

▶ 第一步：学习一个主语的情况

1. 导入和讲解

师：（出示图片）它怎么了？

生：它闭上眼睛，然后睡着了。

师：它闭上眼睛，立刻睡着了，非常快。我们可以说：它一闭上眼睛就睡着了。（板书，齐读）

生：它一闭上眼睛就睡着了。

师：（出示图片）这是什么？

生：这是咖啡。

师：你们喝咖啡吗？

生：喝。/ 不喝。

师：你们喝了咖啡，睡得着觉吗？

生：睡得着。/ 睡不着。

师：大卫喝了咖啡，睡不着觉，是吗？

大卫：是。

师：每次喝咖啡都睡不着觉，是吗？

大卫：是。

师：我们可以说：大卫一喝咖啡就睡不着。（板书，齐读）

生：大卫一喝咖啡就睡不着。

师：（根据例句总结格式）当我们要表达同一个主语做了两个动作，这两个动作紧接着发生的时候，或者第一个动作发生，第二个动作一定发生的时候，可以说：

S＋一＋V1/Adj＋就＋V2/Adj

也可以说：

一＋V1/Adj，S＋就＋V2/Adj

2. 操练

操练1：顶真问

给学生一些时间，想一想"谁一考试就紧张？""谁一到冬天就不舒服？""谁一有钱就买东西？""谁一喝咖啡就睡不着？"等。让学生进行顶真问，问问题的学生可随意选择问题。

生1：谁一考试就紧张？

生2：我一考试就紧张。谁一到冬天就不舒服？

生3：我爷爷一到冬天就不舒服。……

操练2：看图说话

▶ 第二步：学习两个主语的情况

1. 导入和讲解

师：（出示图片）闹钟响了，她立刻／马上／很快就起床了。闹钟响和她起床时间间隔很短。我们可以说：闹钟一响她就起床了。（板书，齐读）

生：闹钟一响她就起床了。

师："S1＋一＋V1，S2＋就＋V2"（板书）表示前面的事和后面的事时间间隔很短，你们明白了吗？

生：明白了。

师：老师刚讲完，你们马上就明白了吗？

生：老师刚讲完，我们马上就明白了。

师：老师一讲完，你们就明白了。你们真聪明！

我们可以说：老师一讲完，我们就明白了。（板书，齐读）

生：老师一讲完，我们就明白了。

师：那我们现在考试。

师：老师说考试的时候，你们什么感觉？

生：我很紧张 / 我很高兴……

师：我们可以说：老师一说考试，我就紧张 / 高兴……（板书，齐读）

生：老师一说考试，我就紧张 / 高兴……

师：（根据例句总结格式）

S1 + 一 + V1 / Adj，S2 + 就 + V2 / Adj

2. 操练

拼句子

教师准备纸条，纸条上有很多小句，请学生把能组成一个句子的小句组合起来。

如："妈妈一到门口""旅行团一到动物园""我就看到她了""他一说吃烤鸭""游客就去看熊猫了""我就同意了""作业一布置""老师一说完""大卫就开始写了""同学们就明白了""我一做好饭""他就坐到餐桌边了"等。

课堂活动

1 想象接龙

教师随便说一个事物 / 地方 / 人，如"美国"，第一个学生要用"老师一说到……我就想起……"，如"老师一说到美国，我就想起麦当劳"，第二个学生要接着说"XX一说到麦当劳，我就想起汉堡包"，第三个学生要接着往下说。

2 看谁说得多

教师提前准备一些词语卡片。如：

老虎、狮子、恐龙……

榴莲、西瓜、草莓……

成龙、妈妈、老师……

学生随便抽取一张，然后根据抽到的词语展开想象，并用"一看到……我就……"尽量多地说句子，看谁说得多。

如：一看到狮子我就害怕。一看到狮子，我就紧张。一看到狮子，我就想起电影《狮子王》。

3 不听指令

教师下指令，学生们做相反的动作，在完成四个指令后，可以找学生说句子。如"老师一说向上看，我们就向下看""老师一说坐下，我们就站起来""老师一说打开书，我们就合上书"等。

课后练习

一、听一听，选择正确答案。

1. A. 我到家以后看到妈妈在等我。　　B. 我没回家的时候就知道妈妈在等我。
   C. 妈妈今天没有等我。　　　　　　D. 我还没回家。

2. A. 她喜欢吃芒果。　　　　　　　　B. 她对芒果过敏。
   C. 她没吃过芒果。　　　　　　　　D. 她不喜欢吃芒果。

3. A. 爸爸上飞机以前就给我打电话。
   B. 爸爸没给我打电话。
   C. 爸爸下飞机后马上给我打电话。
   D. 爸爸下飞机后想给我打电话。

二、看图说话。

1. 用"S + 一 + V1 / Adj + 就 + V2 / Adj"说一说。

2. 用"S1 + 一 + V1 / Adj，S2 + 就 + V2 / Adj"说一说。

三、用"一……就……"完成句子。

1. 小王今天不用加班，＿＿＿＿＿＿＿＿＿。（下班　回家）

2. 学生们很聪明，＿＿＿＿＿＿＿＿＿＿。（学　会）

3. 大卫很久没见家人了，＿＿＿＿＿＿＿＿。（见面　想哭）

4. 玛丽很喜欢好看的裙子，＿＿＿＿＿＿＿。（看到　想买）

5. 孩子不想离开妈妈，＿＿＿＿＿＿＿＿＿。（离开　哭）

固定格式

该……了（二级）

本体知识

固定格式"该……了"表示时间到了该做某事。如：

12 点，该下课了。

"该……了"还可以表示估计情况应该如此。如：

爸爸知道，又该生气了。

"该"也用作动词，表示轮到。如：

我说完了，该你了。

格式： **该……了**

（1）11 点多了，该睡觉了。

（2）天一凉，就该加衣服了。

（3）我唱完了，该你了。

常见偏误

1 *** 这个夏天我该回国。**

改为：这个夏天我该回国了。

* 6 月 20 日你们就停课了，该准备考试。

改为：6 月 20 日你们就停课了，该准备考试了。

* 一转眼，我已经成人了，也该上大学。

改为：一转眼，我已经成人了，也该上大学了。

分析："该……了"为固定格式，表示时间到了该做某事，"了"不能遗漏。

2 *** 该休息的时间了。**

改为：该休息了。

分析：表示时间到了该做某事，"该……了"中间一般是动词。

教学提示

1 "该……了"应该作为构式进行整体教学。

2 格式中后面的"了"不能不用。

教学案例

📖 **案例：情景举例法**

▶ **第一步：学习"该＋V＋了"**

1. 导入和讲解

师：8点了，<u>该上课了</u>。（板书，齐读）

生：该上课了。

师：好，现在开始上课，我们昨天学了第几课？

生：我们昨天学了第5课。

师：<u>我们该学第6课了</u>。（板书，齐读）

生：我们该学第6课了。

师：（根据例句总结格式）

按照时间应该做某事，我们可以说：

该＋V＋了

2. 操练

下面的时间，你觉得该做什么了？

（1）早上7点

该起床了。

（2）早上8点

该吃饭了。

该上课了。

（3）中午12点

该吃饭了。

该休息了。

（4）晚上11点

该睡觉了。

（5）12月

该放假了。

▶第二步：学习"该＋某人＋了"

1. 导入和讲解

师：8点了，请每个同学说一下该做什么了？

大卫：8点了，该上课了。

师：（按照顺序）大卫说完了，该安娜了。（板书，齐读）

生：该安娜了。

安娜：8点了，该起床了。

师：安娜回答完了，该谁了？

……

师：（根据例句总结格式）按照一定的顺序做事情，我们可以说：

该＋某人＋了

2. 操练

按照下面的表演顺序，说一说每天该谁表演，该做什么了。

周一	周二	周三	周四	周五
玛丽	山本	大卫	珍妮	简
唱歌	弹吉他	打篮球	跳舞	弹钢琴

师：这是我们节目表演的顺序。今天是周四，该谁了？

生：今天该珍妮了。

师：珍妮该做什么了？

生：珍妮该跳舞了。

课堂活动

1 后面该谁了

　　三人一组，每人抽取序号为1、2、3的标签。每个小组抽一个关键词，如"回答、唱歌、考试、介绍"等，引导学生练习"该＋某人＋了"，如"今天玛丽回答，明天该我了""这节课大卫唱歌，后面该我了"等。

2 我的一天

　　随机提问，请学生用"该……了"描述自己的一天，如："7点了，我该起床了""7点半了，我该吃饭了"等。

课后练习

一、用"该……了"将句子补充完整。

1. 大学毕业了，＿＿＿＿＿＿＿＿。

2. 快考试了，＿＿＿＿＿＿＿＿。

3. 我头发太长了，＿＿＿＿＿＿＿＿。

二、用"该……了"看图说话。

①

＿＿＿＿＿＿＿＿＿＿＿＿＿＿＿＿

＿＿＿＿＿＿＿＿＿＿＿＿＿＿＿＿

②

＿＿＿＿＿＿＿＿＿＿＿＿＿＿＿＿

＿＿＿＿＿＿＿＿＿＿＿＿＿＿＿＿

③

＿＿＿＿＿＿＿＿＿＿＿＿＿＿＿＿

＿＿＿＿＿＿＿＿＿＿＿＿＿＿＿＿

④

＿＿＿＿＿＿＿＿＿＿＿＿＿＿＿＿

＿＿＿＿＿＿＿＿＿＿＿＿＿＿＿＿

固定格式

要 / 快……了（二级）

本体知识

固定格式"要 / 快……了"表示在很短的时间内就要出现某种情况或某种状态。该格式中可包含动词、形容词、数量、名词（时间、节令）等。如：

（1）粉笔要用完了，再去拿几只吧。

（2）树叶快红了。

（3）我们相处快两年了。

（4）马上要中午了。

句中有表示具体时间的词语作状语时不能用"快……了"。如：

* 下个月我快回国了。

固定格式"要 / 快……了"中包含语气助词"了₂"。语气助词"了₂"指的是用在句尾，表示到某一时刻为止出现了新情况的"了"。有关语气助词"了₂"的具体内容请参考语气助词"了₂"。

格式： **1** **S + 要 / 快 + V + 了**

饭快做好了。

2 **S + 要 / 快 + Adj + 了**

天要黑了。

3 **要 / 快 + 时间名词 / 数量 + 了**

（1）快中午了。

（2）他来中国快两个月了。

常见偏误

1 * **快到了学校。**

改为：快到学校了。

分析："要 / 快……了"中，语气助词"了"应该放在句子的最后。

2 * **我快来中国两个月了。**

改为：我来中国快两个月了。

分析："快"的位置问题。"快"并非修饰"来"这个动词，而是表示"来中国"即将两个月了。

144

3 * **我现在也有点儿怕，期中考试了，但是我一点儿也没准备。**

改为：我现在也有点儿怕，要 / 快期中考试了，但是我一点儿也没准备。

分析："要 / 快……了"表示在很短的时间内就要出现某种情况，句中期末考试还未发生，应使用"要 / 快……了"。

4 * **准备洗手吧，饭快好。**

改为：准备洗手吧，饭快好了。

分析：语气助词"了"缺失。表示事情即将完成，要用语气助词"了"。

教学提示

1 "要 / 快……了"在说明某一情况即将出现时，往往是客观陈述，即所描述的这种情况之后一定会发生，如"天快黑了"。而当"要 / 快……了"用来描述一种状态在短时间内即将发生时，往往有一定的主观性，会不会达到这一状态是无法确定的，还要受语境等因素的制约，如"医生说他快好了"。

2 "要 / 快……了"应该作为构式进行整体教学。

教学案例

📖 **案例 1：情景举例法**

1. 导入和讲解

师：现在几点了？

生：10 点半了。

师：我们 10 点 40 上课，现在上课了吗？

生：还没有。

师：我们可以说：<u>我们快上课了。</u>（板书，齐读）

生：我们快上课了。

师：我们还可以说：<u>我们要上课了。</u>（板书，齐读）

生：我们要上课了。

师：下个月我们放假，我们可以说……

生：我们快 / 要放假了。

师：我们还可以说：<u>我们下个月就要放假了。</u>（板书，齐读）

生：我们下个月就要放假了。

师：大卫下个月毕业，我们可以说……

生：大卫下个月就要毕业了。

师：大卫毕业以后准备回国，我们可以说……

生：大卫要回国了。

师：我们还可以说：大卫毕业后就要回国了。（板书，齐读）

生：大卫毕业后就要回国了。

师：（根据例句总结格式）虽然还没有发生某个变化，但我们知道马上就要发生，可以说：

S＋（就）要/快＋……＋了

如果句中有"时间点"，我们可以说：

时间点＋（就）要＋……＋了

不能说：

＊时间点＋快＋……＋了

＊我们下个月快放假了。

2. 操练

看图说话

下个月

7:50

案例 2：图片法

1. 导入和讲解

师：（出示图片）比赛 9 点开始，现在几点了？

生：8 点 50 了。

师：我们可以说：比赛快开始了。（板书，齐读）

生：比赛快开始了。

师：我们还可以说：比赛要开始了。（板书，齐读）

生：比赛要开始了。

师：（出示图片）比赛还有 10 分钟结束，我们可以说……

生：比赛快结束了。

师：我们还可以说……

生：比赛要结束了。

师：（出示图片）这是现在红队和蓝队的比分，哪一队快赢了？

生：红队快赢了。

师：哪一队要输了？

生：蓝队要输了。

师：他们下个月还有一场篮球赛，我们可以说：他们下个月就要比赛了。（板书，齐读）

生：他们下个月就要比赛了。

师：（根据例句总结格式）虽然还没有发生某个变化，但我们知道马上就要发生，可以说：

S +（就）要 / 快 + …… + 了

如果句中有"时间点"，我们可以说：

时间点 +（就）要 + …… + 了

不能说：

* 时间点 + 快 + …… + 了

* 他们下个月快比赛了。

2. 操练

操练 1：接龙

学生接龙说出今天或最近要发生的事情，注意要用到"要 / 快……了"。

如：快下课了。 快端午了。

要放学了。 我快过生日了。

要中午了。 我就要回国了。

要考试了。 我弟弟快来中国了。

快放假了。 ……

操练 2：翻看日历

教师给出自己的时间安排表，带学生翻看日历，指出某个时间，学生说出包含"快 / 要……了"的句子。

时间安排：

1 月 1 日	过年
1 月 15 日	同学聚会
2 月 14 日	姐姐结婚
3 月 5 日	自行车大赛
3 月 22 日	自己的生日
4 月 5 日	去云南
6 月 1 日	去找弟弟玩
7 月 1 日	出国
……	

如：教师指 1 月 10 日，学生要说出"就要同学聚会了"。

📖 案例 **3**：图片法

1. 导入和讲解

师：（出示图片）下雨了。

（指着第一幅图片）下雨了吗?

生：没有下雨。

师：（指着乌云）<u>马上就要下雨了</u>。（板书，齐读）

生：马上就要下雨了。

师：这个时候，我们也可以说：<u>快下雨了</u>。（板书，齐读）

生：快下雨了。

师：（根据例句总结格式）

虽然还没有发生某个变化，但我们知道马上就要发生变化，就可以说：

（就）要 / 快 + …… + 了

2. 操练

看图说话

①

②

③  ④  ⑤

⑥  ⑦

课堂 活动

1 你想到了什么

教师给学生一些提示，如时间或者情景，学生用"快 / 要……了"说说看到这些提示能想到什么。

早上 6:00　　早上 7:50　　上午 11:30　　下午 1:30　　下午 5:00　　下午 7:00

6 月 5 日（6 月 7 日考试）

大年初一前几天

比赛前几天

跑步比赛最后 50 米

手机电量 10%

吃了一碗饭

电影最后的几分钟

离家只剩 100 米

如：早上 6:00 →天快亮了。

电影最后的几分钟→电影快结束了。

2 赶时间的大卫

学生两人一组，说说很爱赶时间的大卫一天的行程。注意要用到"要/快……了"。

如：早上 7:50，大卫要迟到了，他跑向学校。

早上 7:59，要上课了，大卫终于跑到了教室。

上午 10:00，快下课了，大卫觉得有点儿饿。

大卫的水快喝完了。

上午的课大卫不喜欢，他在课上快睡着了。

……

3 快速反应

学生轮流选择屏幕上的数字，每个数字点开后是一张图片，学生根据图片快速造句，注意句子中要包含"要/快……了"。

4 我是生活小百科

请学生用"要/快……了"句式说说自己知道的生活常识，看谁知道的多。如"阴天了，要下雨了"。

课后练习

一、听一听，选择正确答案。🎧

1. 大卫怎么了？
   A. 大卫迟到了。　　　　　B. 大卫快迟到了。　　　　　C. 大卫没迟到。

2. 大卫的手机怎么了？
   A. 他的手机快没电了。　　B. 他的手机关机了。　　　　C. 他的手机没电了。

3. 大卫到超市了吗？
   A. 他没去超市。　　　　　B. 他到超市了。　　　　　　C. 他快到超市了。

4. 大卫赢了吗？
   A. 他快赢了。　　　　　　B. 他快输了。　　　　　　　C. 他赢了。

二、连词成句。

1. 睡着　快　了　他

   _____

2. 开始　了　要　比赛

   _____

3. 做好　快　晚饭　了

   _____

4. 没电　手机　了　快

   _____

5. 要　马上　了　过年

   _____

三、把所给词语放在合适的位置。

1. A 火车 B 到站 C 了。　　　　　　　　　　　　（快）

2. 他 A 快 B 迟到 C。　　　　　　　　　　　　　（了）

3. 手机 A 马上 B 关机 C 了。　　　　　　　　　　（要）

4. 天 A 马上要 B 黑 C。　　　　　　　　　　　　（了）

5. A 比赛 B 结束 C 了。　　　　　　　　　　　　（快）

四、用"要……了"造句。

1. 8:30 上课，起床时已经 8:25 了。

_____

2. 我们 9:00 出发，现在 8:50。

_____

3. 现在 5:00，商店 5:30 关门。

_____

4. 我们下个星期考试。

_____

5. 我明年毕业。

_____

6. 7 月 15 日放假，今天 7 月 13 日。

_____

7. 8 月 5 日姐姐结婚，今天 8 月 2 日。

_____

8. 明天是妈妈的生日。

_____

固定格式

07 除了……（以外），……还/也/都……（三级）

"除了……（以外），……还/也/都……"可以用在三种不同的格式中，表示三种不同的意思。

1. 表示在某个特定的范围内，排除其中一部分，其他的都有相同的情况。A 和 B、C、D 不同。如：

除了榴莲以外，别的水果都很好吃。（榴莲不好吃，别的水果都很好吃。）

可图示如下：

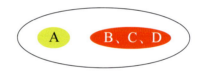

2. 表示排除已经知道的特定对象，补充说明别的。A 和 B、C、D 相同，通常是动作的发出者或行为的主体。如：

（1）除了班长以外，我也去了。（我和班长都去了。）

（2）除了蛇以外，老鼠和蚯蚓也很可怕。（蛇、老鼠、蚯蚓都很可怕。）

可图示如下：

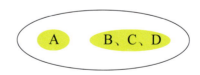

3. 表示排除已经知道的特定对象，补充说明别的。A 和 B、C、D 相同，通常是动作或动作的接受者。如：

（1）除了游泳，我们还散了会儿步。

（2）除了蛇以外，我还怕老鼠。（我怕蛇和老鼠。）

可图示如下：

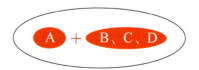

格式：

1 **除了 A（以外），B、C、D 都……**

除了安娜以外，别的同学都去了。

2 **除了 A（以外），B、C、D 也……**

除了安娜以外，大卫也没来上课。

3 **除了 A（以外），S + 还 + B、C、D / S 除了 A（以外），还 + B、C、D**

（1）除了西瓜以外，我还喜欢吃草莓。

（2）他们除了唱歌以外，还跳了舞。

**常见
偏误**

1 *** 回到家里，我除了要洗衣服外，要给爸爸妈妈做饭做菜。**

改为：回到家里，我除了要洗衣服外，还要给爸爸妈妈做饭做菜。

* 在他心里面，除了英语重要外，其他科目不重要。

改为：在他心里面，除了英语重要外，其他科目都不重要。

分析："除了……以外"后面要根据表达的内容用"还、也、都"搭配呼应。

2 *** 除了大卫以外，也托尼喜欢游泳。**

改为：除了大卫以外，托尼也喜欢游泳。

分析："也"应该放在主语的后面。

3 *** 除了游泳以外，都别的运动我喜欢。**

改为：除了游泳以外，别的运动我都喜欢。

* 他从小生活在美国，除了去过中国以外，都没有去过别的国家。

改为：他从小生活在美国，除了去过中国以外，别的国家都没有去过。

分析：副词"都"应该放在总括的范围之后，不能放在总括的词语之前。当然，"都"也不能放在动作的发出者之前。既有总括的对象又有动作的发出者时，"都"不仅应该放在总括的对象之后，而且要放在动作的发出者之后。

4 *** 但是除了历史剧以外，我都喜欢电视剧。**

改为：但是除了历史剧以外，别的电视剧我都喜欢。

分析："除了 A，B 都……"中，B 不应该包括 A，所以应该改为"别的电视剧"。另外"都"应该放在总括的对象的后面。

教学提示

1 根据表达需要选用不同的格式，即选择哪一格式取决于说话人要表达什么意思。

2 副词"都、也、还"的位置要用格式化的办法加以强调。

3 "以外"可以省略不说。

教学案例

📖 **案例1：图片法**

▶ **第一步：学习"除了A（以外），B、C、D都……"（A和B、C、D不一样）**

1. 导入和讲解

师：（出示图片）这些都是什么？

生：苹果、草莓、樱桃、白菜。

师：这里只有白菜是蔬菜，其他的都是水果（用圆圈把它们三个划为一类）。

那我们可以说：除了白菜以外，这些都是水果。（板书，齐读）

生：除了白菜以外，这些都是水果。

师：只有白菜不能直接吃，其他的都能直接吃。我们应该怎么说？

生：除了白菜以外，这些都能直接吃。（板书，齐读）

师：它们都是红色的吗？

生：（可能会直接说）除了白菜以外，其他的都是红色的。（板书，齐读）

师：（根据例句总结格式）

除了A（以外），B、C、D都……（A和B、C、D不一样）

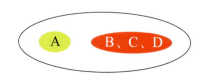

2. 操练

操练1：看图回答问题

他们都是男孩子吗？

这些城市你都去过吗？

这些动物你都害怕吗？

这些球类你都会吗？

操练2：改写句子

（1）李明今天迟到了，其他同学都没有迟到。

（2）周三下雨了，但是周四和周五都是晴天。

（3）东方明珠在上海，故宫、长城和颐和园在北京。

（4）我们周末不上学，其他时候都上学。

▶第二步：学习"除了A（以外），B、C、D也……"（A和B、C、D一样）

1. 导入和讲解

师：（仍然出示第一步所用的图片）这里只有苹果是水果吗？

生：不是，草莓和樱桃也是水果。

师：很好，那么我们可以说：除了苹果以外，草莓和樱桃也是水果。（板书，齐读）

生：除了苹果以外，草莓和樱桃也是水果。

师：这里只有苹果是红色的吗？

生：不是，樱桃和草莓也是红色的。

师：对，那么我们可以说：除了苹果以外，樱桃和草莓也是红色的。（板书，齐读）

生：除了苹果以外，樱桃和草莓也是红色的。

师：（根据例句总结格式）

除了A（以外），B、C、D也……（A和B、C、D一样）

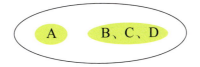

2. 操练

操练1：看图说话

大卫　　　　　　　　　玛丽

玛丽　　　　　　　安娜和南希

大卫　　　　　　其他人

操练2：口语交际

两人一组，讨论下列问题。

（1）我们可以怎么去大连？

除了坐飞机，坐火车和坐轮船也可以。

（2）怎么提高汉语水平呢？

除了上课，多看、多听、多练习也能提高汉语水平。

（3）哪些水果是黄色的？

除了香蕉，芒果和柠檬也是黄色的。

（4）哪些动物生活在水里？

除了鱼以外，螃蟹、水母和海龟也生活在水里。

▶ 第三步：学习"除了A（以外），S＋还＋B、C、D"（A和B、C、D一样）

1. 导入和讲解

师：（继续出示第一步所用的图片）这四个，我喜欢苹果，我还喜欢草莓和樱桃，我就可以这么
说：除了苹果以外，我还喜欢草莓和樱桃。（板书，齐读）

生：除了苹果以外，我还喜欢草莓和樱桃。

师：安娜，你喜欢什么？

安娜：我喜欢苹果、草莓和白菜。（或者只喜欢其中的两个；如果都不喜欢，可让她说自己喜欢的
水果或蔬菜）

师：好，安娜除了苹果以外，还喜欢草莓和白菜。（板书，齐读）

（继续问其他学生）

师：（根据例句总结格式）

S + 除了 A（以外），还 + B、C、D

除了 A（以外），S + 还 + B、C、D

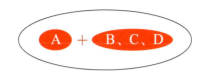

2. 操练

操练 1：看图说话

教师展示一些食物、动物等图片，问学生喜欢哪些、不喜欢哪些。

操练 2：口语交际

四人一组，讨论彼此的兴趣爱好，讨论结束后在班级分享。

如：除了唱歌，我还喜欢跳舞和画画儿。

案例 2：情景举例法

▶ 第一步：学习"除了 A（以外），B、C、D 都……"（A 和 B、C、D 不一样）

1. 导入和讲解

师：我们班只有维克多是意大利人，其他同学都是韩国人，可以说：

除了维克多以外，我们都是韩国人。（板书，齐读）

生：除了维克多以外，我们都是韩国人。

师：维克多是欧洲人，我们都是亚洲人，怎么说？

生：除了维克多以外，我们都是亚洲人。（板书，齐读）

师：维克多没有去过韩国，但是你们都去过，怎么说？

生：除了维克多以外，我们都去过韩国。（板书，齐读）

师：（根据例句总结格式）

除了 A（以外），B、C、D 都……（A 和 B、C、D 不一样）

2. 操练

操练 1：找不同

（1）

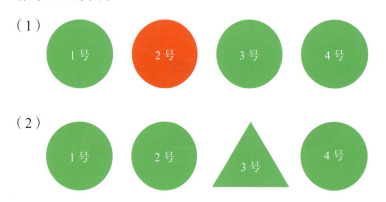

（2）

操练 2：口语交际

四人一组，讨论自己的日常生活，如乘坐的交通工具、作息时间等，看看彼此有哪些相同点和不同点，并用"除了 A（以外），B、C、D 都……"造句。

如：除了玛丽，我们都坐公交车上学。

▶第二步：学习"除了 A（以外），B、C、D 也……"（A 和 B、C、D 一样）

1. 导入和讲解

师：大卫喜欢打球，维克多也喜欢打球。可以说：

<u>除了大卫以外，维克多也喜欢打球。</u>（板书，齐读）

生：除了大卫以外，维克多也喜欢打球。

师：李明害怕蛇，张森也害怕蛇。怎么说？

生：<u>除了李明以外，张森也害怕蛇。</u>（板书，齐读）

师：安娜很刻苦，玛丽也很刻苦。怎么说？

生：<u>除了安娜以外，玛丽也很刻苦。</u>（板书，齐读）

师：（根据例句总结格式）

除了 A（以外），B、C、D 也……（A 和 B、C、D 一样）

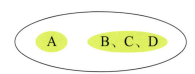

2. 操练

操练 1：说句子

根据所给句子，用"除了 A（以外），B、C、D 也……"说句子。

（1）小鸟会飞。

　　除了小鸟，大雁和老鹰也会飞。

（2）故宫在北京。

　　除了故宫，长城和圆明园也在北京。

（3）我会骑自行车。

　　除了我，山姆和大卫也会骑自行车。

（4）星期三有汉语课。

　　除了星期三，星期一和星期四也有汉语课。

操练 2：口语交际

两人一组，根据教室内的人或物品进行问答。如：

A：除了黑板是长方形的以外，还有什么是长方形的？

B：除了黑板以外，书桌也是长方形的。

A：除了墙是白色的，还有什么是白色的？

B：除了墙以外，草稿纸和粉笔也是白色的。

A：除了安娜是长头发，还有谁是长头发？

B：……

▶第三步：学习"除了 A（以外），S ＋ 还 ＋ B、C、D"（A 和 B、C、D 一样）

1. 导入和讲解

师：李明去过美国，也去过英国。可以说：<u>除了美国以外，李明还去过英国。</u>（板书，齐读）

生：除了美国以外，李明还去过英国。

师：李明怕蛇，也怕老鼠。怎么说？

生：<u>除了蛇以外，李明还怕老鼠。</u>（板书，齐读）

师：大卫喜欢打篮球，也喜欢打排球。怎么说？

生：<u>大卫除了打篮球以外，还喜欢打排球。</u>（板书，齐读）

师：（根据例句总结格式）

　　S ＋ 除了 A（以外），还 ＋ B、C、D

　　除了 A（以外），S ＋ 还 ＋ B、C、D

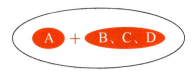

159

2. 操练

操练1：改写句子

（1）张华去过北京。他还去过天津、上海和重庆。

（2）我周六去看电影，还要跟朋友吃饭和逛街。

（3）我喜欢吃苹果。我还喜欢吃香蕉和芒果。

（4）大卫喜欢看京剧，他还喜欢下象棋。

操练2：口语交际

两人一组，选择一个方面（如日常生活、兴趣爱好等）进行讨论，讨论结束后教师邀请小组在班级分享。

如：除了游泳，我还喜欢跑步和跳绳。

除了钢琴，我还会弹古筝和琵琶。

课堂活动

1 小调查

小组讨论周末都去哪儿了、和谁去的、做了什么等，完成表格，并进行汇报。

成员	地点	人物	事件	交通方式
1 （示例）	电影院 餐厅	安娜 玛丽	看电影 吃爆米花 吃饭	出租车 地铁
2				
3				
4				

我周末出去玩了。除了我，安娜和玛丽也去了。除了电影院，我们还去了餐厅。在电影院，我们除了看电影，还吃爆米花了。……

2 手机的用处

看新闻　网购　聊天儿　打电话　上课　拍照

3 找朋友

　　每个学生在纸上写下自己的生日、爱好等信息，教师收集信息后提问。信息相同的学生站起来，用"除了……（以外），……还 / 也 / 都……"说出完整的句子。

　　如教师抽到纸条说"安娜的生日在二月"，相同信息的学生说"除了安娜，我的生日也在二月""除了安娜和山姆，我的生日也在二月"等。

课后练习

一、听一听，选择正确答案。🎧

1. A. 她只喜欢吃葡萄。　　　　　　B. 她不喜欢吃葡萄。
   C. 所有的水果她都喜欢。　　　　D. 所有的水果她都不喜欢。

2. A. 他不怕妈妈。　　　　　　　　B. 他只怕妈妈。
   C. 他怕妈妈和奶奶。　　　　　　D. 他只怕奶奶。

3. A. 只有安娜喜欢看京剧。　　　　B. 安娜和大卫都喜欢看京剧。
   C. 只有大卫喜欢看京剧。　　　　D. 安娜和大卫都不喜欢看京剧。

4. A. 我们家只有爸爸喜欢喝茶。　　B. 我们家只有爸爸不喜欢喝茶。
   C. 我们家都不喜欢喝茶。　　　　D. 我们家都喜欢喝茶。

5. A. 只有李明不会打网球。　　　　B. 只有李明会打网球。
   C. 我们班都会打网球。　　　　　D. 我们班都不会打网球。

二、写出下列图片的名字和类别，并且用"除了……（以外），……还 / 也 / 都……"造句，每张图片至少造三个句子。

① 　② 　③ 　④

三、两人一组，根据课表回答问题。

	周一	周二	周三	周四	周五
上午	汉语	数学	数学	汉语	数学
	物理	汉语	英语	物理	英语
下午	英语	地理	历史	体育	汉语

1. 你们每天都有体育课吗？

2.你们每天都有汉语课吗？

_____

3.你喜欢什么课？

_____

4.你们只有星期一有物理课吗？

_____

5.请你根据课表提出一个问题，然后让对方回答。

_____

四、用"除了……（以外），……还/也/都……"改写下列句子。

1.我们班只有大卫没有去过上海。

_____

2.我们昨天去了书店，还去了图书馆。

_____

3.在我们班大卫喜欢唱歌，安娜也喜欢唱歌。

_____

4.我们班只有安娜有那本书。

_____

5.在我们班，维克多喜欢语法，麦克也喜欢语法。

_____

6.在中国我想学习汉语，还想到处看看。

_____

五、小调查。

调查的内容根据本班学生的爱好而定，比如：是否看世界杯、喜欢哪个足球队等。三至四人一组，调查完毕后每组由一人向全班汇报。

固定格式

一……都／也＋没／不……（三级）

本体知识

"一……都／也＋没／不……"用来强调完全否定，意思是"完全没……"或者"完全不……"。如果修饰具体的可数名词，"一"的后面通常用量词；如果修饰抽象的或者不可数名词，或者没有名词，"一"的后面通常用"点儿"。如：

（1）他一口水都没喝就走了。

（2）杯子里一滴水都没有。

（3）她一点儿想法也没有。

（4）我一点儿也不累。

"一＋量词＋名词"在句中作主语，具有周遍性，表示所说没有例外。

该句式为完全否定的句式，句中"都"和"也"可以互换。如：

（1）他一口水也没喝就走了。

（2）杯子里一滴水也没有。

（3）她一点儿想法都没有。

（4）我一点儿都不累。

本教学设计仅涉及"一＋量词（＋名词）＋都／也＋没／不……"。

格式：　一　＋　M（＋N）　＋　都／也＋　没／不……

一	本	（书）	都／也	没	买。
一	个	（人）	都／也	没	来。
一	个	（同学）	都／也	不	参加。
一	件	衣服	都／也	不	买。
一	分	钱	都／也	没	有。

常见偏误

1 * 他一句也没说话。

改为：他一句话也没说。

* 特别是对中国文化一点儿都没有知识的话，就学不好汉语。

改为：特别是一点儿中国文化知识都没有的话，就学不好汉语。

分析："一＋量词＋名词"必须作为一个整体出现在"都／也"之前，作周遍性主语，不能把量词和名词分开并将名词置于动词之后。

2 * 我一钱也没有。

改为：我一分钱也没有。

分析：名词可以省略，但量词不可以省略。

教学提示

1 完全否定句式有强调的作用。

2 名词不应放在动词之后，而应该放在量词之后，"一＋量词＋名词"整体作周遍性主语。

教学案例

📖 **案例 1：情景举例法**

1. 导入和讲解

师：（故意把水杯倒空）杯子里有水吗？

生：没有。

师：（故意倒几次）真的没有。我们可以说：杯子里一滴水都没有了。／杯子里一滴水也没有了。（板书，齐读）

生：杯子里一滴水都没有了。／杯子里一滴水也没有了。

师：（故意把自己书包里的书全部掏出来）书包里有书吗？

生：没有。（可能会有学生说出）书包里一本书都没有。／书包里一本书也没有。（板书，齐读）

师：你们都记住了吗？我来考考你们，听写、默写、背书、考试，你们喜欢哪个？

生：我都不喜欢。

师：全部都不喜欢，我们可以说：我一个都不喜欢。／我一个也不喜欢。（板书，齐读）

生：我一个都不喜欢。／我一个也不喜欢。

师：（根据例句总结格式）当我们要强调完全没有，或者完全不做什么的时候，可以说：

一＋M（＋N）＋都＋没／不……

一＋M（＋N）＋也＋没／不……

2. 操练

操练 1：回答问题

（1）广东话你听得懂吗？

（2）你去过上海 / 广州 / 深圳吗？

（3）你看过中文的数学书吗？

（4）今天早上你喝茶 / 咖啡了吗？

（5）你会中国功夫吗？

操练 2：看图回答问题

①

房间里有床 / 人吗？

②

文具盒里有多少支笔？

③

这棵树有叶子吗？有花吗？树上有鸟吗？

④

路上有人吗？有车吗？

📖 案例 **2**：体验法

1. 导入和讲解

（播放一段学生听不懂的语言 / 方言的音频）

师：这段录音你们听懂了吗？

生：没听懂。

师：完全没听懂。我们可以说：<u>一句话都没听懂。/ 一句话也没听懂。</u>（板书，齐读）也可以说：<u>一个字都没听懂。/ 一个字也没听懂。</u>（板书，齐读）

师：（出示图片）这些字大家认识几个？

生：都不认识。

师：一个字也不认识吗？

生：<u>一个字也不认识。/ 一个字都不认识。</u>（板书，齐读）

师：（根据例句总结格式）当我们要强调完全没有，或者完全不做什么的时候，可以说：

一＋M（＋N）＋都＋没／不……

一＋M（＋N）＋也＋没／不……

2. 操练

看图说话

桌子上有书／笔吗？

黑板上有字吗？

地上有垃圾吗？

他买了很多衣服吗？

他带书了吗？

她还可以继续跑吗？

他有钱吗？

这里有树／草／水吗？

课堂活动

1 试运气

　　准备几张图片，每张图片对应一个数字、颜色或者最近刚学过的某类词语，让学生自由选择，并描述对应图片的内容。看谁说的句子多。

　　如：一片叶子也没有，一朵花也没有，一个人也没有，一滴水也没有，一点儿雨也没下……

　　地上一片纸也没有，墙上一幅画也没挂……

2 你会怎么样

让一个学生站在前面，别的学生告诉他：你生病了。这个学生要根据这个话题用"一……都 / 也＋没 / 不……"描述这种情况。

如：我一口饭都不想吃，我一口水也不能喝，我一页书也没看，我一个生词也没记，我一步都不想走……

参考话题：你生病了、你生气了、你伤心了，下雨了、下雪了，在公共汽车上，要考试了……

3 说句子

教师给出一些学过的词语，学生从中选择合适的词语组成新的句子。分组比赛，看哪组组成的正确句子最多，最多的组获胜。

量词：个、件、杯、口、支、句、本

名词：衣服、牛奶、话、字、笔、水、书、苹果

动词（短语）：买、写、听、有、了解、知道、想吃、想喝、听懂、听见、看见

课后练习

一、听一听，选择正确答案。

1. A. 我家离学校很近。　　　　　B. 我家离学校很远。
   C. 我家离学校有点儿远。　　　D. 我家离商店一点儿也不近。

2. A. 操场上没有人。　　　　　　B. 操场上有一个人。
   C. 操场上有人在跑步。　　　　D. 学校里一个人都没有。

3. A. 我们班很多人参加了比赛。　B. 我们班举办了比赛。
   C. 我们班没有人参加比赛。　　D. 我们班有一个人参加了比赛。

4. A. 我带了一点儿钱。　　　　　B. 我没有买书。
   C. 我买了几本书。　　　　　　D. 我没带钱，但我买了一本书。

二、看图回答问题。

电影院人多吗？

冰箱里有东西吗？

他有头发吗？

车里有人吗?

教室里有桌子吗?

大卫的作业做完了吗?

三、用"一……都 / 也 + 没 / 不……"回答问题。

1. 大卫只有 50 块钱，他刚刚买了一本 50 块钱的书，大卫现在还有钱吗?

2. 这里有很多照片，但是你都没见过，你会说什么?

3. 放假了，同学们还有课吗?

4. 下课后我们都出去了，教室里还有人吗?

四、用"一……都 / 也 + 没 / 不……"完成下列句子。

1. 放假了，_____。（学校）

2. 他说的是上海话，_____。（听懂）

3. 他做的题都对了，_____。（做错）

4. 今天书店没有开门，_____。（买到）

5. 我今天牙疼，_____。（吃）

固定格式

一点儿 + 都 / 也 + 没 / 不……（三级）

本体知识

本教学设计仅涉及"一点儿 + 都 / 也 + 没 / 不……"。

格式：**1　一点儿 + N + 都 / 也 + 没有**

一点儿兴趣都 / 也没有。

2　一点儿 + N + 都 / 也 + 没 / 不 + V

（1）一点儿水都没喝。

（2）一点儿道理也不懂。

3　一点儿 + 都 / 也 + 不 + Adj / V

（1）一点儿都不漂亮。

（2）他一点儿也不理解我。

4　一点儿 + 都 / 也 + V + 不 +……

他说的是上海话，我一点儿都 / 也听不懂。

常见偏误

1 * 他一点儿也没来。

改为：他一次 / 趟也没来。

分析：量词用错。"来"的动量词应该是"次 / 趟"。

2 * 对历史我不懂一点儿。

改为：对历史我一点儿都 / 也不懂。

分析：说话人要表达的是"完全不懂历史"，所以应该用表示强调的句型："一点儿 + 都 / 也 + 不……"。

3 * 我们一点儿话也不说。

改为：我们一句话也不说。

分析："一点儿"后面如果要出现名词，应为不可数名词或抽象名词。"话"的量词应该是"句"。

4 * 他一点儿也没喝水。

改为：他一点儿水也没喝。

分析："一点儿＋水"整体作周遍性主语，不应分开。

5 * 您让我从小学音乐，当时我觉得一点儿也没感兴趣。

改为：您让我从小学音乐，当时我一点儿也不感兴趣。

分析：其实是"不"和"没"没掌握好造成的偏误。"一点儿"的后面确实需要否定结构，但只有强调没有发生变化或者强调动作没有实现时才用"没"，"感兴趣"只是一种状态，不强调变化或实现，应用"不"。

6 * 但是我的汉语水平我觉得一点儿也不进步了。

改为：但是我的汉语水平我觉得一点儿也没进步。

分析：强调没有发生变化，应该用"没"。

7 * 我一点儿也不听懂收银员说的。

改为：我一点儿也听不懂收银员说的话。／我一点儿也没听懂收银员说的话。

分析：若要强调没有听懂的可能性，应用"一点儿也听不懂"；若要强调事实上完全没听懂，应用"一点儿也没听懂"。

8 * 如果她这样可爱的话，我觉得一点儿也不看腻。

改为：如果她这样可爱的话，我觉得一点儿也看不腻。

分析：当强调没有发生某行为的可能性时，"一点儿"后面应跟可能补语的否定形式。

教学提示

1 名词不应放在动词之后，而应该放在量词之后，数量短语放在名词的前面。

2 应注意该格式中"不"和"没"的使用。

教学案例

📖 **案例1：情景举例法**

1. 导入和讲解

师：（故意把杯子里的水倒空）杯子里有水吗？

生：没有水了。

师：真的没有了吗？还有一点儿吧？

生：真的没有了。

师：真的没有了，我们可以说：<u>一点儿水都没有了。／一点儿水也没有了。</u>（板书，齐读）

师：（把黑板擦干净）黑板还脏吗？

生：不脏。

师：黑板不脏，非常干净，我们可以说：<u>一点儿都不脏。/ 一点儿也不脏。</u>（板书，齐读）

师：把书合上，我们现在听写。你们想听写吗？

生：不想。

师：真的很不想，我们可以说：<u>我一点儿也不想听写。/ 我一点儿都不想听写。</u>（板书，齐读）

师：（根据例句总结格式）

  一点儿＋N＋都 / 也＋没有

  一点儿＋都 / 也＋不＋Adj / V

2. 操练

回答问题

（1）刚来中国的时候，你会说汉语吗？

（2）你听得懂上海话吗？

（3）你担心期末考试吗？

（4）坐在教室里，你冷 / 热吗？

（5）你现在饿吗？

（6）你会做北京烤鸭吗？

（7）你最近忙吗？ / 你最近有时间吗？

📖 案例2：图片法

1. 导入和讲解

师：（出示图片）他生病了，他想吃饭吗？

生：不想，他不想吃饭。

师：对，他不想吃米饭，不想吃肉，也不想吃蔬菜。我们可以说：

  <u>他一点儿东西都不想吃。/ 他一点儿东西也不想吃。</u>（板书，齐读）

师：妈妈想了各种办法让他吃饭，他都不吃。妈妈现在已经没有任何办法了，我们可以怎么说呢？

生：妈妈没有办法了。

师：我们可以说：<u>妈妈一点儿办法都没有了。/ 妈妈一点儿办法也没有了。</u>（板书，齐读）

师：他饿吗？

生：他不饿。

师：他真的不饿，真的不想吃东西，怎么说？

生：<u>他一点儿都不饿。/ 他一点儿也不饿。</u>（板书，齐读）

师：（根据例句总结格式）

一点儿＋N＋都／也＋没有

一点儿＋都／也＋不＋Adj／V

2. 操练

看图回答问题

坐公交车舒服吗？

这个房间热吗？

这个包贵吗？

他的作业简单吗？

她胖吗？衣服丑吗？

房间干净吗？她开心吗？

酒后开车安全吗？

还有饭吗？

他喜欢上班吗？

手机还有电吗？

她有时间吗？

课堂活动

1 唱反调

两人一组，A抽卡片表演，B用"一点儿＋都／也＋没／不……"描述相反的情况。如：A表演很累，B说"你一点儿也不累"。每组一分钟，看哪组说得又多又好。

参考词语：累、冷、热、伤心、高兴、紧张、担心、好吃、难吃……

2 卡片游戏

抽卡片，并用"一点儿＋都／也＋没／不……"说句子。每人一分钟，看谁说的句子又多又好。

参考词语：紧张、担心、会、简单、难、喜欢、讨厌、学过、听过、想学、想吃……

卡片：明天考试、北京烤鸭、饺子、咖啡、水果、吃药、唱歌、跳舞、跑步、踢足球、打篮球、学习、法语、韩语、日语……

课后练习

一、看图回答问题。

他买了很多东西吗？

她讨厌吃面条吗？

箱子很重吗？

谁在外面？看得清吗？

他喜欢吃蔬菜吗？

300 元

这件衣服便宜吗？

二、用"一点儿 + 都 / 也 + 没 / 不……"回答问题。

1. 如果你刚刚吃了一个面包、一个苹果、一根香蕉，你现在还饿吗？
2. 考试的时候你紧张吗？
3. 你会唱粤语歌吗？
4. 北京的春天热吗？
5. 你的家乡离北京近吗？

三、用"不"或"没"完成下列句子。

1. 我一点儿也（　　　）喜欢这部电影。
2. 我一点儿也（　　　）饿。
3. 作业我一点儿也（　　　）做。
4. 这件事我一点儿也（　　　）知道。
5. 我一点儿也看（　　　）懂。
6. 我一点儿也（　　　）吃饱。

固定格式

疑问代词 + 都 / 也……（三级）

汉语的疑问代词除了有表示疑问的功能以外，还有一些非疑问用法，即任指、虚指等用法。

任指：所谓"任指"也叫"泛指"，比如"谁"可以泛指任何人，"什么"泛指任何事物，"怎么"泛指任何方式和方法，"哪儿"泛指任何地方等。表示泛指的疑问代词通常与"都""也"搭配使用。这类句子也叫"周遍性主语句"。如：

（1）烤鸭很好吃，我们班谁都吃过烤鸭。（谁＝每个人）

（2）妈妈做的菜我什么都想吃。（什么＝任何食物）

（3）他第一次来北京，哪儿都想去看看。（哪儿＝任何地方）

（4）这个菜怎么做都好吃。（怎么＝任何方法）

（5）班长说，我们什么时候去他家都可以。（什么时候＝任何时候）

另一种表示任指的方法是用两个相同的疑问代词在句中前后呼应，分别指称同一个人、同一个事物、同一个地方或同一种方式等。前一个疑问代词表示任指，后一个疑问代词特指前一个疑问代词所指的人或事物。如：

（1）明天的活动谁想去谁去。

（2）什么有用我们就学什么。

（3）哪儿热闹去哪儿玩呗。

（4）什么时候写完作业什么时候吃饭。

（5）怎么省钱怎么来。

第三种任指的方法是前后两个相同的疑问代词指称不同的人，一般有"相互"之意，前后两个分句或短语之间通常用"也""都"连接。如：

（1）他们谁也不爱谁了。

（2）考试的时候谁都不能帮助谁。

虚指：所谓"虚指"是指当说话人不知道或者虽然知道但不想说出来的时候，用疑问代词指代。如：

（1）我好像在哪儿见过她，但记不起来了。

（2）谁说过这事，后来没人再提了。

本教学设计仅涉及周遍性主语句。

格式： **1** 肯定形式：**谁 / 什么 / 怎么 / 哪儿 / 什么时候等 + 都……**

（1）我们班谁都喜欢他。

（2）什么都想要，肯定是不行的。

（3）怎么做都行，都听你的。

（4）这种东西很常见，哪儿都有卖的。

（5）你什么时候来都行。

2 否定形式：**谁 / 什么 / 怎么 / 哪儿 / 什么时候等 + 都 / 也 + 不 / 没……**

（1）他是新生，我们班谁也不认识他。

（2）他病了，什么也不想吃。

（3）他怎么也不说话。

（4）他刚来中国，哪儿都没去过。

（5）什么时候都不能忘记帮助过我们的人。

常见偏误

1 * **我朋友身体特别好，什么运动也喜欢。**

改为：我朋友身体特别好，什么运动都喜欢。

分析：肯定句中只能用"都"和疑问代词呼应，不能用"也"；否定句无限制。

2 * **昨天的生词太多了，我用了很多方法，什么也记不住。**

改为：昨天的生词太多了，我用了很多方法，怎么也记不住。

分析：虽然单看"什么也记不住"也是对的，但上文谈到的是方法，应该用"怎么"指代。

3 * **烤鸭特别好吃，我们班谁喜欢吃烤鸭。**

改为：烤鸭特别好吃，我们班谁都喜欢吃烤鸭。

分析：周遍性主语句中疑问代词后面必须搭配使用"都"。

4 * **他病得很厉害，医生什么都用了办法，还是治不好。**

改为：他病得很厉害，医生什么办法都用了，还是治不好。

分析：周遍性主语句中，要强调的对象通过疑问代词来体现，"什么N"放在一起作主语，不能分开。

教学提示

1 提醒学生格式中后面的"都 / 也"的使用，避免遗漏。

2 肯定句中只能用"都"，否定句中既可用"都"也可用"也"。

教学案例

📖 **案例 1：图片法**

1. 导入和讲解

师：（出示图片）这是什么？

生：饺子。

师：你们每个人都知道这是饺子，我们可以说：<u>我们谁都知道这是饺子。</u>（板书，齐读）

生：我们谁都知道这是饺子。

师：你们都喜欢吃饺子吗？

生：我们都喜欢吃饺子。

师：你们每个人都喜欢吃饺子，我们可以说：<u>我们谁都喜欢吃饺子。</u>（板书，齐读）

生：我们谁都喜欢吃饺子。

师：（出示图片）你们喜欢吃什么馅儿的饺子？

肉馅儿的

生：（可能答案不一样，但总有一个学生都喜欢，随机应变灵活处理）我们都喜欢。

师：很好！肉馅儿的你们喜欢，蔬菜馅儿的也喜欢。我们可以说：<u>什么馅儿我们都喜欢。</u>（板书，齐读）

蔬菜馅儿的

生：什么馅儿我们都喜欢。

师：饺子和菜一起吃很好吃，只吃饺子也很好吃。我们可以说：<u>饺子怎么吃都好吃。</u>（板书，齐读）

生：饺子怎么吃都好吃。

师：（出示图片）大家看，这是什么？

生：（可能会说）豆浆？牛奶？

师：都不对，我们每个人都不知道它是什么，这时候我们可以说：<u>我们谁都不知道它是什么。</u>（板书，齐读）

生：我们谁都不知道它是什么。

师：我们还可以说：<u>我们谁也不知道它是什么。</u>（板书，齐读）

生：我们谁也不知道它是什么。

师：要注意否定句中既可用"都"也可用"也"。肯定句中，只能用"都"。

师：这个是豆汁儿，有的北京人很爱喝。你们喝过豆汁儿吗？

生：没喝过。

师：我们可以说：<u>我们谁都没喝过豆汁儿。／我们谁也没喝过豆汁儿。</u>（板书，齐读）

生：我们谁都没喝过豆汁儿。／我们谁也没喝过豆汁儿。

师：咱们班，每个老师都不爱喝豆汁儿，我们可以说：<u>老师们谁都不爱喝豆汁儿。</u>（板书，齐读）

生：老师们谁都不爱喝豆汁儿。

师：学校的餐厅里，哪个餐厅卖豆汁儿呢?

生：都不卖。没见过。

师：我们可以说：<u>学校里哪儿都不卖豆汁儿。</u>（板书，齐读）

生：学校里哪儿都不卖豆汁儿。

师：我们还可以说：<u>学校里哪儿也不卖豆汁儿。</u>（板书，齐读）

生：学校里哪儿也不卖豆汁儿。

师：（根据例句总结格式）当我们要表达每一个人、每一个事物或者任何时间都怎么样的时候，

　　可以说：

　　谁／什么／怎么／哪儿／什么时候等＋都……

　　当我们要表达每一个人、每一个事物或者任何时间都不怎么样的时候，可以说：

　　谁／什么／怎么／哪儿／什么时候等＋都／也＋不／没……

2. 操练

操练 1：接龙

根据已给的句子，学生接龙说出这些人可能会怎么样。

（1）大卫刚来中国。

（2）南希来中国很久了。

（3）安娜性格很好。

（4）大卫很爱生气。

（5）山本病了。

（6）山本病刚好。

如：（1）大卫刚来中国。　　　　　　　（2）南希来中国很久了。

　　　　他哪儿都没去过。　　　　　　　　我们班她谁都认识。

　　　　他什么中国菜都没吃过。　　　　　我们谁都喜欢她。

　　　　他什么也听不懂。　　　　　　　　她什么中国菜都吃过。

　　　　他谁都不认识。　　　　　　　　　她什么都能听懂。

　　（3）安娜性格很好。

　　　　我们谁都喜欢她。

　　　　怎么样她都不生气。

　　　　什么时候她都很温柔。

操练 2：情景表达

教师给出一些情景，让学生用新学的格式说句子。注意肯定形式和否定形式都要练习。

（1）我们班每个同学都考得很好。

（2）我们班每个同学都爱吃中国菜。

（3）我们班每个同学都不会说阿语。

（4）大卫是新来的，大家不认识他。

（5）他脾气很好，永远都不生气。

（6）妈妈说，任何时候都不可以说假话。

（7）那家商店的东西都很便宜。

（8）她一直在哭，每个人都劝她，她还是在哭。

案例 2：情景举例法

1. 导入和讲解

师：我们班长又聪明又善良，你们喜欢他吗？

生：我们都喜欢他。

师：我们每个人都喜欢他，我们可以说：我们谁都喜欢他。（板书，齐读）

生：我们谁都喜欢他。

师：你们怕班长吗？

生：我们都不怕他。

师：那我们可以说：我们谁都 / 也不怕他。（板书，齐读）

生：我们谁都 / 也不怕他。

师：班长会生气吗？

生：不，他性格很好，不生气。

师：他什么时候都 / 也不生气。（板书，齐读）

生：他什么时候都 / 也不生气。

师：班长特别喜欢旅游，北京每一个景点他都去过，我们可以说：他哪儿都去过。（板书，齐读）

生：他哪儿都去过。

师：我们去班长家做客，可以怎么去呢？

生：坐公交车 / 坐地铁 / 骑车 / 打车 / 步行。

师：我们可以说：去班长家很方便，我们怎么去都可以。（板书，齐读）

生：去班长家很方便，我们怎么去都可以。

师：（根据例句总结格式）当我们要表达每一个人、每一个事物或者任何时间都怎么样的时候，可以说：

谁 / 什么 / 怎么 / 哪儿 / 什么时候等＋都……

当我们要表达每一个人、每一个事物或者任何时间都不怎么样的时候，可以说：

谁 / 什么 / 怎么 / 哪儿 / 什么时候等＋都 / 也＋不 / 没……

2. 操练

看图回答问题

①

你喜欢什么水果？

哪种水果好吃？

②

这个问题大家都会吗？

③

谁可以在这儿抽烟？

④

谁有电话？谁很开心？

⑤

谁喜欢熊猫？

⑥

下雨天谁打伞？

⑦

她能去哪儿？

⑧

他爱吃蔬菜吗？

⑨

她爱吃蔬菜吗？

1 我们班

说说我们班同学的共性和个性，看谁发现的最多。如："安娜特别聪明，什么都会""大卫特别善良，谁遇到困难，他都会帮"。

2 我来介绍

用今天学的语法给大家介绍你的偶像或者你的宠物，你为什么喜欢他 / 她 / 它。要求用上"谁 / 什么 / 怎么 / 哪儿 / 什么时候等 + 都 / 也……"。

3 挑剔的男 / 女朋友

学生两人一组，其中一人扮演挑剔的男 / 女朋友。根据教师所提供的关键词进行对话，注意要用到"谁 / 什么 / 怎么 / 哪儿 / 什么时候等 + 都 / 也……"。如：

男朋友：我们今天的作业分组，你想和谁一组？

女朋友：咱们班谁都行。

男朋友：大卫？

女朋友：他的汉语不好。

男朋友：玛丽？

女朋友：我最近和她吵架了。

男朋友：我说的谁也不行。你到底想和谁一组？

女朋友：咱们班谁都可以。

4 我是这样的人

学生抽卡片，根据卡片上的提示词说出卡片上描述的人应该是什么样子的，注意要用到今天所学的语法。

提示词：爱生气、脾气好、中文好、爱吃中国菜、爱旅游、刚生病、病刚好、挑食、不挑食……

如：刚生病

我病了，什么都吃不下。

我病了，哪儿也去不了。

课后练习

一、听一听，选择正确答案。🎧

1. A. 我们班所有人都喜欢班长。　　B. 我们班所有人都不喜欢班长。
   C. 班里没人喜欢班长。　　D. 只有一个人喜欢班长。

2. A. 桌子上的菜都很好吃。　　B. 桌子上的菜都不好吃。
   C. 桌子上只有一道菜好吃。　　D. 桌子上没有菜。

3. A. 春节的时候大街上人很多。　　B. 春节的时候大家都在家。
   C. 春节的时候大街上很热闹。　　D. 春节的时候大卫在街上。

4. A. 大家都喜欢看这部电影。　　B. 没有人喜欢看这部电影。
   C. 大卫喜欢看这部电影。　　D. 大卫不喜欢看这部电影。

5. A. 他不知道这件事。　　B. 他知道这件事。
   C. 他只知道一点儿。　　D. 他和别人说了这件事。

二、用"谁 / 什么 / 怎么 / 哪儿 / 什么时候等 + 都 / 也……"回答下列问题。

1. 北京语言大学的世界文化节有你们国家的展位吗？
2. 世界文化节你去看哪个国家的展位了？
3. 你喜欢吃蔬菜吗？
4. 你怎么去学校？
5. 大家这次考试考得怎么样？
6. 这次聚餐的饭菜，大家满意吗？
7. 你们喜欢老师布置作业吗？
8. 你生病的时候会吃东西吗？
9. 我们班谁喜欢猫？
10. 你能听懂汉语吗？

三、用"谁 / 什么 / 怎么 / 哪儿 / 什么时候等 + 都 / 也……"改写下列句子。

1. 他们寝室永远都不会安静下来。

_____

2. 我们班的同学都喜欢吃火锅。

_____

3. 我们班的同学都不喜欢考试。

_____

4. 我们班的同学明天都要早起上课。

_____

5. 他很挑食，今天的饭菜都不合他胃口。

_____

6. 他性格很好，永远都不生气。

_____

7. 他们都想要去参加比赛。

_____

8. 我们班的同学都喜欢上口语课。

_____

9. 这个便利店 24 小时都开着门。

_____

10. 坐地铁、打车、坐公交车都能去学校。

_____

固定格式

11 谁……谁……（三级）

本体知识

　　本教学设计仅涉及"谁……谁……"，该格式中的前后两个"谁"指称不同的人，整体有"互相"之意。

格式：

1 **谁 + 都 / 也 + 不 / 没 + V + 谁**

　　他们两个谁都 / 也不认识谁。

2 **谁 + 都 / 也 + 不 / 没 + V + 谁的 N**

　　他们谁都 / 也不理解谁的意思。

3 **谁 + 都 / 也 + 不 / 没 + Prep + 谁 + V**

　　他们谁都 / 也不跟谁说话。

常见偏误

1 * **谁也不让步谁。**

　　改为：谁也不给谁让步。

　　分析："让步"为不及物动词，不能带宾语，"谁"应该通过介词"给"引入。

2 * **刚开始的时候，我谁也不认识谁，但一个小时以后，我跟大家都交了朋友。**

　　改为：刚开始的时候，我谁都 / 也不认识，但一个小时以后，我跟大家都交了朋友。

　　分析：根据上下文，可以知道说话人要表达的是"任何人"都不认识，应该用任指用法的"谁都 / 也不……"，而不应该用表示"互相"义的"谁……谁……"。

3 * **妻子说，跟他的父母住在一起感到很尴尬，因为谁也干涉谁。**

　　改为：妻子说，跟他的父母住在一起感到很尴尬，因为他们互相干涉。

　　分析：表示"互相"义的"谁……谁……"一定用在否定结构中，即"谁 + 都 / 也 + 不 / 没 + V + 谁"，不能用在肯定句中。

4 * **他们谁不给谁让一步。**

改为：他们谁都／也不给谁让一步。

分析：表示"互相"义的"谁……谁……"中一定要有"都／也"。

5 * **小丽跟大卫闹矛盾了，谁也不理。**

改为：小丽跟大卫闹矛盾了，谁也不理谁。

分析：两个"谁"连用表示"互相"义，两个"谁"应该同时出现。

教学提示

1 两个疑问代词连用表示"互相"义的结构一定用在否定句中，不能用在肯定句中。

2 注意该格式中的动词，如果是及物动词，偏误率不高，但如果是不及物动词，偏误比较多，应注意用介词引入后一个"谁"。

3 该格式中的疑问代词一定是成对使用，不能只用一个。

教学案例

案例：图片法

1. 导入和讲解

师：（出示图片）这是小明和小红，他们是在大学认识的。上大学之前小明认识小红吗？小红认识小明吗？

生：小明不认识小红，小红也不认识小明。

师：我们可以说：他们谁也不认识谁。（板书，齐读）

师：（出示图片）后来他们两个谈恋爱了，然后结婚了，那个时候他们很爱对方。小明离不开小红，小红也离不开小明。我们可以怎么说？

生：他们谁也离不开谁。（板书，齐读）

师：（出示图片）但是结婚以后，他们经常吵架。吵架的时候，他们会听对方的解释吗？

生：（可能会说错）他们谁也不听谁。

师：我们可以说：他们谁也不听谁的解释。（板书，齐读）

师：（出示图片）他们说话吗？

生：（可能会说错）他们谁也不说话谁。

师：我们可以说：他们谁也不跟谁说话。（板书，齐读）

师：（出示图片）最后，他们离婚了。他们想看见对方吗？

生：他们谁也不想看见谁。（板书，齐读）

师：（根据例句总结格式）当我们要说两个人或者多个人互相不怎么样的时候，可以说：

谁 + 都 / 也 + 不 / 没 + V + 谁

谁 + 都 / 也 + 不 / 没 + V + 谁的 N

谁 + 都 / 也 + 不 / 没 + Prep + 谁 + V

A ←—— ✕ ——→ B

请注意，只能说互相不怎么样，而不能说互相怎么样。

2. 操练

看图说话

① 他们爱对方吗？

② 他们听得懂对方的语言吗？

③ 他们可以互相帮助吗？

课堂活动

1 最美的相遇

说说你和好朋友是怎么成为朋友的。

如：一开始，我们谁也不认识谁。因为我们喜欢同一个乐队，所以一起聊天儿。

　　到最后，我们关系很好，谁也离不开谁。

2 **代沟**

说说小时候和父母吵架的经历。

如：小时候，妈妈不让我在晚上吃零食，我和妈妈谁也不想跟谁说话。

3 **交友原则**

说说好朋友之间应该做哪些事情，不应该做哪些事情。

如：考试的时候，谁也不能帮助谁。

**课后
练习**

一、听一听，判断对错。 🎧

1. 他们谁也不想谁。　　　　　　　　　　　（　　）

2. 他们谁也不怕谁。　　　　　　　　　　　（　　）

3. 他们以后还会见面。　　　　　　　　　　（　　）

二、用"谁……谁……"回答下列问题。

1. 恋人之间吵架了会怎么样？

_____

2. 陌生人之间会怎么样？

_____

3. 一对夫妻离婚了，为什么？

_____

4. 考试的时候，同学之间应该怎么样？

_____

5. 在图书馆学习的时候，同学之间应该怎么样？

_____

三、用"谁……谁……"改写句子。

1. 刚开始的时候，他们两个互相不喜欢。

_____

2. 上周吵架后，他们不理对方了。

_____

3. 上课的时候，你们不要讨论。

_____

4. 考试的时候，你们别互相帮助。

_____

5. 火车开走了，直到我们看不到对方了，他才坐下来。

_____

四、一日班主任。

如果你是班主任，你会让学生别做什么？

如：上课的时候，谁也别和谁聊天儿。

固定格式

疑问代词……疑问代词……（三级）

本体知识

　　本教学设计仅涉及两个相同的疑问代词在句中前后呼应，分别指称同一个人、同一个事物、同一时间、同一个地方或同一种方式等。前一个疑问代词表示任指，后一个疑问代词的所指依前一个疑问代词而确定。句中常用"就"连接。

格式：

1 **谁……谁…… / 谁……，……谁**

谁有时间谁去。/ 谁漂亮，他喜欢谁。

2 **什么……，……什么**

什么便宜，买什么。

3 **哪儿……，……哪儿**

哪儿安静，就去哪儿。

4 **什么时候……，什么时候……**

什么时候方便，什么时候去。

5 **怎么……，怎么……**

怎么方便，就怎么办。

常见偏误

1 * **第一个和尚提出一个方法，谁年纪最小，就去山下抬水。**

改为：第一个和尚提出一个方法，谁年纪最小，谁就去山下抬水。

* **周边有什么好吃的，我们就吃吧。**

改为：周边有什么好吃的，我们就吃什么吧。

分析：两个疑问代词连用，前一个表任指，后一个指向前一个。两个疑问代词应该同时出现。

2 * **什么东西好吃就吃那个。**

改为：什么东西好吃就吃什么。

* **什么便宜，我就买哪个。**

改为：什么便宜，我就买什么。/ 哪个便宜，我就买哪个。

分析：两个疑问代词连用，前一个表任指，后一个指向前一个。两个疑问代词应该相同。

3 * 你说怎么，我就做怎么。

改为：你怎么说，我就怎么做。

* 长辈什么说，年轻人应该什么听。

改为：长辈说什么，年轻人就应该听什么。

分析："怎么"表示动作方式，在句中作状语，应该放在动词前面，不能放在动词后面；"什么"作宾语，应放动词后。

教学提示

应采用构式的观念进行教学。

教学案例

📖 案例：情景举例法、图片法

1. 导入和讲解

师：（出示图片）如果明天有一个朋友要来，你们想给朋友做饭，会去哪儿买菜？

生：去超市 A，因为那儿的菜很便宜。

师：老师也觉得要看哪儿便宜。我们可以说：哪儿便宜去哪儿。（板书，齐读）

师：你们谁做饭呢？

生 1：老师，我想起来了，我明天要去签证中心，没有时间。

生 2：我有时间。

师：（出示图片）很好，我们要看谁有时间，谁有时间谁做饭。（板书，齐读）

师：（出示图片）你们想给朋友做什么呢？

生：老师，我想做简单的，比如西红柿炒鸡蛋。

师：很好，我们要看什么简单，那连起来可以怎么说？

生：什么简单做什么。（板书，齐读）

师：你们明天什么时候起床？你们可以早点儿起床去买菜做饭。

生：老师，我们可以睡醒了再起床，因为买菜、做饭只用两个小时。

师：（出示图片）要看你们什么时候睡醒，对吗？

生：是的，我们什么时候睡醒什么时候起床。（板书，齐读）

师：老师这里有一些很好喝的茶，送给你们，你们请朋友喝茶吧。

生：谢谢老师！

师：不客气。（出示图片）我们知道，中国人有很多喝茶的方法，有的人拿很多茶具泡茶，有的人只拿一个杯子泡茶。你们会怎么喝？你们觉得怎么方便？

生：我会拿一个杯子泡茶，因为一个杯子更方便。

师：很好，那我们连起来可以怎么说？

生：<u>怎么方便怎么喝。</u>（板书，齐读）

师：老师这里还有一个漂亮的杯子，也可以送给你们。老师该送给谁呢？

生1：老师，我想要。

生2：老师，我也想要。

师：（出示图片）你们玩"石头剪刀布"吧。

（学生玩石头剪刀布）

师：谁赢了？

生1：老师，我赢了。送给我吧！

师：我们连起来可以怎么说？

生：<u>谁赢了送给谁。</u>（板书，齐读）

师：（根据例句总结格式）当我们问一个问题，想得到最好的答案，而这个最好的答案又和另一个问题有关系，比如"谁有时间""谁赢了""什么简单""哪儿便宜""怎么方便""什么时候睡醒"，我们就可以连起来说：

谁……谁……/ 谁……，……谁

什么……，……什么

哪儿……，……哪儿

怎么……，怎么……

什么时候……，什么时候……

2. 操练

看图回答问题

①	②	③	④	⑤

怎么去上班？	早上吃什么？	跟谁合作？	去哪儿买衣服？	什么时候去考 HSK？

课堂活动

1 **完美的旅行**

说说怎么样才能有完美的旅行。

如：哪儿好玩就去哪儿，什么好吃就吃什么，什么时候最便宜什么时候去。

2 **唱歌比赛**

下周有个唱歌比赛，说说选谁去参加比赛、选什么歌曲、什么时候练习、在哪儿练习等等。

如：谁唱得好谁去，什么歌好听选什么歌，什么时候有空什么时候练习。

3 **我的学习习惯**

说说自己在学汉语的时候有哪些学习习惯，比如喜欢学什么、和谁学、什么时候学、在哪儿学等等。

如：什么难我就学什么，什么时候有空我就什么时候学。

课后练习

一、听一听，判断对错。🎧

1. 大卫决定什么便宜买什么。 （　　）

2. 玛丽不喜欢骄傲的人。 （　　）

3. 老师决定让安妮参加比赛。 （　　）

4. 乔治喜欢去安静的地方，哪儿安静就去哪儿。 （　　）

二、连词成句。

1.有用　什么　学　我们　什么

_____

2.写　什么　时候　完　出去　什么　时候　作业

_____

3.有　谁　时间　参加　谁

_____

4.省钱　怎么　来　怎么

_____

三、用"疑问代词……疑问代词……"改写句子。

1.我想去热闹的地方旅游。

_____

2.我想买质量好的衣服。

_____

3.你方便的时候我再来找你吧。

_____

4.想看电影的人应该去买票。

_____

5.我想快速写完作业。

_____

四、我是老板。

如果你是公司的老板，你会招什么样的员工？

如：谁的汉语好我招谁，谁工作努力我要谁。

固定格式

13 不A不B（三级）

"不A不B"是现代汉语口语中使用频率较高的一种对举格式。A和B主要为语义相对或相关的单音节形容词或语素，如"不早不晚、不真不假、不多不少、不长不短、不慌不忙"；也可以是单音节动词或语素，如"不吃不喝、不吵不闹、不知不觉"。能进入该格式的词语一般是带有口语色彩的词语。该格式在句中经常充当谓语，也可以作定语、状语等。

该格式语义非常丰富，大体可以总结为五种：

1. 表示既不A也不B，适中，即程度刚好。如：

（1）初秋的北京天气一直很好，不冷不热的。

（2）这些桌椅不多不少，正好！

2. 表达一种不满意的中间状态。如：

（1）他对我总是不冷不热，让我不知道怎么做。

（2）看到他那不男不女的样子，就让人生气。

3. A和B为意义相关的动词时，表示A和B两个动作都不做。如：

爷爷这几天不吃不喝，让我们很担心。

4. 表示否定，多为一个形容词拆开，如"不慌不乱、不慌不忙、不急不躁、不清不楚、不骄不躁"。如：

（1）中国队沉着坚定，不慌不乱，连续扳回三局，反败为胜。

（2）他说得不清不楚的，我们都没听明白。

5. 表示假设，凝固型更强。如：

（1）不见不散

（2）不去不行

初级阶段主要涉及表示程度适中的用法，即第一种用法。

格式：不 + A + 不 + B

（1）今天天气很好，不冷不热。

（2）这鸡蛋不咸不淡，正合我口味！

常见偏误

1 * 我会不知不觉悟地回答"绿色食品比较重要"。

改为：我会不知不觉地回答"绿色食品比较重要"。

* 我口语不难不容易，我说得很慢。

改为：我认为口语不难也不容易，我说得很慢。

分析：A 和 B 应为意义相对或相关的单音节词或语素，如音节不一致不能进入该格式。

2 * 这些活动不多不少都会影响到孩子的知识面。

改为：这些活动多多少少都会影响到孩子的知识面。

分析："不多不少"意思是"刚好"。而该句要表达的是"多多少少"或者"或多或少"。

3 * 我们国家的气温很好，一年都不冷不暖。

改为：我们国家的气温很好，一年都不冷不热。

分析：在表达正合适时，A 和 B 应为一对反义词。"冷"的反义词是"热"，而非"暖"。

教学提示

1 作为口语格式，"不 A 不 B"对能进入其中的词语限制较多，并非任何满足单音节、口语、意义相对或相反的词语都可以进入，如可以说"不冷不热"，不能说"不冷不暖"。所以最好采取构式教学理念，把常用的"不 A 不 B"整体教给学生，避免学生自由发挥出现偏误。

2 作为固定格式，"不 A 不 B"往往具有特殊含义，是无法从字面意义推导出来的，如"不冷不热"用于说明某人对别人的态度不热情也不是特别冷淡，令人猜不透。所以在教学过程中应作为个案，讲清楚其语义和语用。

教学案例

📖 **案例 1：情景举例法**

1. 导入和讲解

师：大家看，老师这件衣服怎么样？合适吗？

生：很合适。

师：老师的衣服不大不小。（板书，齐读）

生：老师的衣服不大不小。

师：也不长也不短，可以怎么说？

生：不长不短。（板书，齐读）

师：我们班 15 个同学，有 15 张桌子，正好，我们可以怎么说？

生：桌子不多不少。（板书，齐读）

师：（根据例句总结格式）当我们要表示既不 A 也不 B，正好、正合适的时候，可以说：

不 + Adj1 + 不 + Adj2

不多不少	不长不短	不胖不瘦	不高不矮
不冷不热	不早不晚	不咸不淡	不深不浅
不凉不热	不浓不淡	不软不硬	不远不近

2. 操练

操练 1：看图回答问题

❶

和其他人比，她的头发怎么样？

❷

三人分三套餐具，餐具的数量怎么样？

❸

今天天气怎么样？

❹

8 楼怎么样？

❺

和他们比，穿西装的小伙子身材怎么样？

❻

第三条牛仔裤怎么样？

操练 2：用"不 A 不 B"完成句子

（1）这条裙子我特别喜欢，_____。

（2）这个女孩子真漂亮，个子_____，头发_____。

（3）你今天化的妆真好看，_____。

（4）这天气就适合出去玩，_____。

（5）这张桌子孩子用正好，_____。

（6）这个沙发坐起来很舒服，_____。

（7）今天游乐场人刚好，_____。

（8）这碗汤真好喝，_____。

案例 2：图片法

1. 导入和讲解

师：（出示图片）你们看，玛丽之前很胖，后来她瘦了。

但是玛丽现在不胖不瘦（板书），刚刚好。

玛丽现在怎么样？

生：玛丽现在不胖不瘦。

师：（出示图片）这是她以前买的裤子，有点儿紧。

（出示图片）这是新买的裤子，既不紧，也不松。我们可以怎么说？

生：这条裤子不松不紧。（板书，齐读）

师：这条裤子既不长，也不短，我们可以怎么说？

生：这条裤子不长不短。（板书，齐读）

师：（根据例句总结格式）当我们要表示既不 A 也不 B，正好、正合适的时候，可以说：

不 + Adj1 + 不 + Adj2

不多不少	不长不短	不胖不瘦	不高不矮
不冷不热	不早不晚	不咸不淡	不深不浅
不凉不热	不浓不淡	不软不硬	不远不近

2. 操练

操练 1：根据情景说句子

（1）小明过生日，加上他一共有 8 个人，于是小明将蛋糕切成了 8 份。

（2）妈妈煲汤很好喝，我很喜欢。

（3）今天游乐场人不多，但也不冷清。

（4）这条裤子小明去年穿还嫌长，今年正好。

（5）图书馆离宿舍不远，步行 10 分钟就到了。

（6）这栋楼一共有 8 层，我家住在 4 层。

操练 2：唱反调

教师说一句话，学生用"不 A 不 B"说出与该句意思相反的句子。

（1）师：北京的秋天很热。

　　生：北京的秋天不冷不热，很舒服。

（2）师：我到教室的时间太晚了，老师已经开始上课了。

　　生：我到教室的时间不早不晚，老师刚要上课。

（3）师：这个字写得太小了，看不清。

　　生：这个字写得不大不小，正好。

（4）师：这杯水太烫了，不能喝。

　　生：这杯水不冷不热，刚刚好。

课堂活动

1 我最喜欢的……

　　每个学生介绍自己最喜欢的人或者东西，并且用"不 A 不 B"说出自己喜欢的原因。如"我最喜欢这件衬衫，不大不小，不长不短，正合适"。

2 画画儿小能手

　　教师先说一个句子，学生在纸上画出内容，看看谁画得好。画得好的学生可以说出一个句子，让其他学生继续画。如"他的个子不高不矮""他的嘴唇不大不小，不厚不薄，很好看"。

3 买东西

　　分组角色扮演。两人一组，一人扮演顾客，一人扮演售货员。两人用"不 A 不 B"进行交流，如"这条裙子很好看，不长不短""这件衣服很合适，不大不小""这支铅笔不长不短，刚刚好"等。在所有组表演结束后，教师请几组学生上台表演。

课后练习

一、听一听，判断对错。🎧

1. 大卫很高、很瘦，看起来很精神。 （　　）
2. 妈妈给我买的这件衣服很合适。 （　　）
3. 哥哥给我的钱不多不少。 （　　）
4. 北京的秋天不冷不热。 （　　）
5. 他女朋友有点儿胖。 （　　）

二、用"不 A 不 B"改写下列句子。

1. 秋天不热。秋天也不冷。

　　_____

2. 这个面包既不硬，也不软。

　　_____

3. 我家离学校不近，但也不远。

　　_____

4. 小明说话的时候不着急，但也不慢。

　　_____

5. 玛丽今天的妆化得不浓，但是也不淡，很好看。

　　_____

三、用"不 A 不 B"将句子补充完整。

1. 这场考试要考一个半小时，_____。
2. 玛丽今天去染了头发，_____。
3. 大卫坚持锻炼，成功减肥了，_____。
4. _____，在她脸上正合适。

四、小作文。

写一篇小短文，结合上课讨论的内容，描述一下你喜欢的事物。

都……了（三级）

本体知识

　　"都……了"表示说话人认为已经到了某一时间、某一阶段、某一数量、某一程度等，用于强调已经很晚、很多、很快，或者建议做该阶段应该做的事情，或者抱怨做了不应该在该阶段做的事情。如：

（1）都 12 点了，该去吃饭了。

（2）你都研究生了，这点儿道理都不懂。

（3）都 40 岁了，还不工作。

（4）苹果都红透了，快摘了吧！

格式： ■1 **都 + V + 了**

（1）都毕业了，真是太快了！

（2）都退休了，还是闲不下来。

（3）人都死了，说这些还有什么用。

（4）嗓子都哭哑了，别再哭了。

■2 **都 + N / 数量 + 了**

（1）都秋天了，怎么还这么热！

（2）都 5 个多小时了，他还没从里面出来。

■3 **都 + Adj + 了**

（1）都熟了，快吃了吧！

（2）都软了，不能吃了。

常见偏误

■1 ＊ **都你上大学了。**

改为：你都上大学了。

分析：副词"都"要放在主语后、动词前。

■2 ＊ **我离开家都 10 年。**

改为：我离开家都 10 年了。

* 她好像都忘掉。

改为：她好像都忘掉了。

分析："了"的遗漏。"都……了"作为一个整体，"都十年了"强调"时间很长"，"都忘掉了"强调"不应该忘掉"。

3 * 他刚用两年时间，用汉语交流没问题了。

改为：他刚用两年时间，用汉语交流都没问题了。

分析："都"的遗漏。这里的"都……了"作为一个整体，强调"学习汉语进步很快"。

**教学
提示**

初级阶段"都……了"应该作为一个整体进行教学，方便学生理解。

**教学
案例**

▶**第一步：学习"都＋N/数量＋了"**

📖 **案例1：图片法**

1. 导入和讲解

师：（出示图片）他晚上10点多还在做作业，大家觉得晚吗？

生：很晚。

师：我们可以说：<u>都10点了，他还没做完。</u>（板书，齐读）

生：都10点了，他还没做完。

师：（出示图片）她在干什么呢？夜里两点她还没有睡觉，还在玩手机，妈妈会怎么说？

生：都两点了，还在看手机！/都两点了，还不睡！

师：可以说：<u>都半夜/两点了，该睡觉了。</u>（板书，齐读）

生：都半夜/两点了，该睡觉了。

师：（根据例句总结格式）当我们表达"已经……了"，应该怎么样，或者抱怨没怎么样的时候，可以说：

都＋N/数量＋了

2. 操练

操练 1：看图说话

操练 2：你会对他说什么

（1）一个人上午 10 点还在睡觉。

　　　都 10 点了，你还不起床。

（2）一个人 40 岁了还不出去工作。

　　　都 40 岁了，还不出去工作。

（3）一个人 30 岁了，还不独立。

　　　都 30 岁了，还不独立。

（4）一个大学生不会自己洗衣服。

　　　都大学生了，还不会自己洗衣服。

（5）一个人冬天穿短裤。

　　　都冬天了，还穿短裤。

▶ 第二步：学习"都 + V/Adj + 了"

📖 案例 **2**：情景举例法

1. 导入和讲解

师：你们什么时候毕业？

生 1：明年。

生 2：今年。

生 3：我去年就毕业了。

师：啊？你都毕业了。（板书）你为什么还在学校？

生 3：我现在想学汉语，所以还会来学校。

师：你们知道我们学校的校名是谁写的吗？

生：不知道。

师：都快毕业了（板书，齐读），还不知道校名是谁写的。你们毕业后第一件事是做什么？

生 1：出国旅游。

生 2：找工作。

生 3：……

师：老师很美慕你们，我都这么大了（板书，齐读），还没出国旅游过。

师：（根据例句总结格式）当我们表达"已经……了"，应该怎么样，或者抱怨没怎么样的时

　　候，可以说：

　　　都 + V/Adj + 了

2. 操练

操练1：你会对他说什么

（1）一个退休的人，还天天忙。
　　　都退休了，就休息休息吧。

（2）两个要结婚的人又吵架了。
　　　都要结婚了，就别吵架了。

（3）下雪了，一个人还穿短裤。
　　　都下雪了，多穿点儿吧。

（4）要睡觉了，孩子要吃冰激凌。
　　　都要睡觉了，不能吃冰激凌了。

（5）病了，还在工作。
　　　都病了，别工作了。

（6）冰激凌化了，快吃了吧！
　　　冰激凌都化了，快吃吧！

（7）饭凉了，孩子还在玩游戏。
　　　饭都凉了，你快吃饭吧。

（8）面包长毛了，不能吃了。
　　　面包都长毛了，不能吃了。

（9）当爸爸的人还经常玩游戏，不好好工作。
　　　都当爸爸了，还不好好工作。

（10）肉臭了，扔了吧！
　　　　肉都臭了，扔了吧！

操练2：看图说话

课堂活动

1　懒人的一生

一般人：7点起床　　12点吃午饭　　18岁上大学　　25岁工作
　　　　30岁事业成功……

懒人：10点还躺在床上　　12点还没吃早饭　　18岁上初中　　25岁刚上大学
　　　40岁还没工作……

每个学生选择一个人生阶段介绍这个懒人的生活。

2　时间管理大师

教师准备一些写有时间的卡片，如"下午5点""3个小时"等，学生随机抽取卡片，用"都……了"造句，如"都下午5点了，他还没有开始工作""他都学习3个小时了"。

课后练习

一、听一听，判断对错。🎧

1. 说话人夸他学习很好，考上大学了。 （　　）

2. 说话人觉得爷爷身体特别棒。 （　　）

3. 说话人认为"你"应该独立了。 （　　）

4. 说话人认为他出门的时间正合适。 （　　）

5. 说话人认为妈妈做饭太晚。 （　　）

6. 说话人认为"你"说话不应该这么随便。 （　　）

二、连一连。

1. 都 21 世纪了，	a. 还这么忙？
2. 都研究生了，	b. 快起床！
3. 都当妈妈了，	c. 还有人没见过火车！
4. 都毕业了，	d. 还没去过学校图书馆。
5. 都退休了，	e. 这个问题都想不明白！
6. 都 12 点了，	f. 还像个小女孩儿，动不动就哭！

三、为下列句子中的"都"选择正确的意思。

A 全部　　　　　B 已经

1. 我们都去看电影了。 （　　）

2. 你都大孩子了，得替父母做点儿事情了。 （　　）

3. 这些花都开了才漂亮。 （　　）

4. 花都开了，真是春天到了。 （　　）

5. 一转眼都春天了！ （　　）

6. 都 12 点了，还不去吃饭？ （　　）

固定格式

X 就 X（点儿）吧（三级）

本体
知识

"X 就 X（点儿）吧"主要用来表达说话人接受了某一状态、事物或行为，虽然不太满意，但是在主观上可以接受，或者受客观环境影响而被迫接受。其中 X 可以是数词、名词、形容词、动词等。该格式常用在对话中，X 在上文已被提及。如：

（1）A：最少800块，再少就不卖了！

　　　 B：800就800吧！

（2）A：食堂只有面条了。

　　　 B：面条就面条吧！能吃饱肚子就行。

（3）A：这个字写得有点儿大。

　　　 B：大就大点儿吧，不想再写了。

（4）A：来不及了，咱们打车去吧。

　　　 B：打车就打车吧。

格式：

1 N 就 N吧

A：明天只能去食堂吃。

B：食堂就食堂吧。

2 Num 就 Num 吧

A：这件衣服最少 300 块。

B：300就 300 吧。

3 V 就 V 吧

A：对不起，杯子被我打破了。

B：打了就打了吧。

4 Pro 就 Pro 吧

A：只能派他去了，别人没时间。

B：他就他吧。

5 Adj 就 Adj（点儿）吧

A：这件衣服有点儿大。

B：大就大（点儿）吧。

常见
偏误

1 老师：我用用你的笔好吗？

　＊学生：用就用吧。

改为：您用吧！

分析：如果仅仅从结构形式上来看，并没有问题，但从语用上来看则不合适。"X 就 X（点儿）吧"表达无可奈何地同意或接受。该句中学生对老师用自己的笔应该是乐意的，并没有无可奈何之意，所以语用有误，不宜使用"X 就 X（点儿）吧"。

2 * **阳光就阳光吧。**

　* **人口就人口吧。**

　分析：大多数普通名词能够自由进入"X 就 X（点儿）吧"格式，但是专有名词、集合名词、抽象名词大多不能进入这个格式。

3 * **绿油油就绿油油吧。**

　分析：进入"X 就 X（点儿）吧"格式的形容词大多为性质形容词，状态形容词和区别词不能进入该格式。

教学提示

1 该格式在结构上没有太多难点，难点在于设置合适的情景让学生明白其语用条件：无可奈何地同意或接受。

2 该格式一般要有相关上文，即上文中要么明确提到了 X，要么暗示了 X。

3 X 一般尽可能要短，如"*骑车去博物馆就骑车去博物馆吧"，在一定的语境下一般会说"骑车就骑车吧"或者"骑车去就骑车去吧"。

教学案例

案例 **1**：体验法

1. 导入和讲解

师：你们喜欢讨价还价吗？

大卫：我不喜欢。

安娜：我喜欢。

师：那你们会不会讨价还价呢？我们现在来试试。我是房东，我有一个房子要租出去，安娜要租我的房子。看看我们怎么讨价还价。

安娜：请问这房子每个月多少钱？

师：5000。

安娜：太贵了，能便宜一点儿吗？

师：你说多少？

安娜：3000。

师：3000 太少了，不行。

安娜：那 3500 怎么样？

师：3500 也太少了，再加点儿。

安娜：我觉得 3500 不少了，如果你不同意，我就去找别的看看。

师：唉，3500 就 3500 吧。

师：大家觉得我同意 3500 租给安娜了吗？

生：同意了。

师：对，我同意了，但是不太高兴。这时候，我们可以说：3500 就 3500 吧。（板书，齐读）

生：3500 就 3500 吧。

师：讨价还价有意思吗？

大卫：没意思，浪费时间。

安娜：很有意思，可以练习中文。

师：那我们买些东西帮安娜装饰房子吧。你们觉得去哪儿买呢？

大卫：去超市，不用讨价还价。

安娜：超市太远了。

大卫：远就远吧。（板书，齐读）我们还要买吃的，去那儿最好。

安娜：那儿就那儿吧。（板书，齐读）

师：你们想什么时候去呢？

大卫：今天晚上。

安娜：不行，今天晚上我没有时间，明天吧。

大卫：唉，明天就明天吧。（板书，齐读）怎么去？

安娜：走路吧。

大卫：啊？走路太累了，能骑车吗？

安娜：好吧，骑车就骑车吧。（板书，齐读）

师：（根据例句总结格式）

$$
X 就 X（点儿）吧
\begin{cases}
N 就 N 吧 \\
V 就 V 吧 \\
Adj 就 Adj（点儿）吧 \\
Num 就 Num 吧 \\
Pro 就 Pro 吧
\end{cases}
$$

2. 操练

操练 1：完成对话

（1）A：你想吃什么水果？

　　B：我想吃葡萄。

　　A：这儿只有苹果。

B：苹果就苹果吧。

（2）A：你想怎么去？

　　B：我想坐出租车去。

　　A：但是这儿打不到车，只能走路。

　　B：走路就走路吧。

（3）A：这个字写得太小了。

　　B：小就小吧，我不想重新写了。

（4）A：老板，我要 10 块钱的西红柿。

　　B：一共 12 块，可以吗？

　　A：12 就 12 吧。

操练 2：小组练习

两人一组讨论下列事情。

（1）买东西：去哪儿？买什么？怎么去？什么时候去？……

（2）周末外出：去干什么？去哪儿？怎么去？什么时候去？和谁一起去？……

📖 案例 2：情景举例法

1. 导入和讲解

师：周末我们要出去旅游，你们想去哪儿？

大卫：天津。

安娜：我想去广州。

师：那我们举手决定去哪儿。

（学生们举手表决后）

师：安娜，大家都想去天津，怎么办啊？

安娜：天津就天津吧。（板书，齐读）

师：我们需要一个小导游，谁想当？

安娜：我想当，我去过天津。

师：大卫，安娜怎么样？

大卫：好吧，她就她吧。（板书，齐读）

师：那我们怎么去呢？

安娜：我想坐飞机。

大卫：天津这么近，高铁只要半小时，坐高铁吧。

安娜：坐高铁就坐高铁吧。（板书，齐读）

师：学校会给大家 500 块钱补贴。

大卫：500 太少了吧。

师：安娜，你说呢？

安娜：<u>500 就 500 吧</u> / <u>少就少吧</u>（板书，齐读），总比没有好。

师：（根据例句总结格式）

$$X 就 X（点儿）吧 \begin{cases} N 就 N 吧 \\ V 就 V 吧 \\ Adj 就 Adj（点儿）吧 \\ Num 就 Num 吧 \\ Pro 就 Pro 吧 \end{cases}$$

2. 操练

操练 1：情景对话

两人一组，根据所给图片和主题，设置情景并完成对话。

（1）今天早饭吃什么

A：今天早上吃汤圆吗？

B：我买了包子。

A：包子就包子吧。

（2）买文具

A：我要买两支笔。

B：再买一支吧。/ 一支就够了吧。

A：好，三支就三支。/ 好吧，一支就一支。

（3）吃苹果

A：你想吃苹果吗？给你三个。

B：三个太多了吧。

A：多就多吧。

（4）爬长城

A：我们明天去爬长城怎么样？

B：长城太远了。

A：远就远吧，我还没去过呢，你和我一起吧。

B：行，爬就爬吧。

操练 2：小组练习

两人一组，每组至少要用三次"X 就 X（点儿）吧"来商量，完成下列任务。

（1）买手机：老板和顾客。

（2）订机票：订票员和顾客。

（3）订房间：（电话）前台服务员和旅客。

课堂活动

1 过新年

小组活动，每组三至四人。新年快到了，大家一起商量要不要扔掉旧的物品、购买一些新的，如何装饰自己的房子，以及给家人买什么礼物等。要求至少用三次"X 就 X（点儿）吧"。

2 找工作

小明要找工作，两人一组，请帮他选择一份合适的工作。可以考虑公司的位置、工作内容、工作环境及同事、薪资等。要求至少用三次"X 就 X（点儿）吧"。

	A 公司	B 公司
公司位置	离家较近，骑车 20 分钟，周围基础设施和娱乐场所较少。	离家远，市中心，周围基础设施齐全，娱乐场所较多。
工作内容	与专业一致，但是工作没意思。	与专业不太符合，但有创新性。
公司环境	工作舒适，同事友好。竞争性小。	环境好，但竞争激烈。
薪资	5000 元 / 月，有奖金。	8000 元 / 月，每月补贴 500 元。

课后练习

一、听一听，判断对错。

1. 她买了一条蓝色的连衣裙。　　　　　　　　　　　　（　　）
2. 明天小明坐公交车回家。　　　　　　　　　　　　　（　　）
3. 今天要写两篇作文。　　　　　　　　　　　　　　　（　　）
4. 周末我们要去天津。　　　　　　　　　　　　　　　（　　）
5. 玛丽和苏珊下课之后要去图书馆。　　　　　　　　　（　　）

二、完成下列对话。

老师：同学们，下周我们要举办运动会，你们想参加吗？

安娜：不想参加，太热了。

大卫：1. ＿＿＿＿＿＿＿＿＿＿，一年就一次。

安娜：那你想参加什么项目？

大卫：我想参加 800 米。

老师：800 米只能女生参加，男生只能参加 1000 米。

大卫：好吧，2. ＿＿＿＿＿＿＿＿＿＿＿＿。

老师：还有其他人想参加吗？

麦克：老师，我们三个人想参加接力跑。

老师：接力跑要四个人，你们还差一个人。

麦克：3. ＿＿＿＿＿＿＿＿＿，我们再找一个。大卫，你还想参加接力跑吗？

大卫：我已经报名跑 1000 米了，但是 4. ＿＿＿＿＿＿＿＿＿。

老师：好，那你们四个人可以一起参加接力跑。

三、根据下图编写对话，最后你花了 500 元买到这条裙子。要求至少用两次"X 就 X（点儿）吧"。

900 元

四、请你和同学设计一下暑假旅游计划，然后把设计的过程写出来。要求至少用三次"X 就 X（点儿）吧"。

固定格式

X 什么（啊）（三级）

本体知识

　　"X 什么（啊）"是一个表示否定的口语格式，一般用在对话中。说话人用来表示上文所述事件不存在，用于反驳或者劝阻；也可对别人给自己的夸赞表示谦虚客气。X 可以由形容词、动词、叹词等充当。

格式：X 什么（啊）

（1）A：你这件衣服真好看。

　　　B：好看什么啊！土老帽！

（2）A：谢谢啦！

　　　B：谢什么啊！

（3）A：买点儿冰激凌吧！

　　　B：大冬天的，吃什么冰激凌啊！

（4）A：唉！

　　　B：你"唉"什么啊！问题肯定会解决的。

常见偏误

1　A：谢谢你帮了我！

　　*B：客什么气啊！

　　改为：客气什么啊！

　　分析："客气"不是离合词，不需要分开，不要把"什么"嵌入其中。

2　A：这苹果真便宜，我们买点儿吧！

　　*B：什么便宜啊！

　　改为：便宜什么啊！

　　分析："X 什么（啊）"，反驳的内容放在"什么"前面。

3　老师：谢谢小麦，你真是帮了我的大忙！

　　*小麦：谢什么啊！

　　改为：老师，您太客气了，不用谢。

　　分析："X 什么（啊）"因为有反驳的意味，一般不用于下对上的交际场景，否则不礼貌。

教学提示

1 该格式在口语非正式场合使用，有反驳意味，一般不能对长辈或上级使用，仅用于上级对下级、平级对平级的关系中。

2 动宾式的离合词要分开，把"什么"放在中间，如"游什么泳啊"。

教学案例

一 学习反驳或劝阻的用法

📖 案例 **1**：情景举例法

1. 导入和讲解

师：今天的作业是：书上第 45 页的 1 ~ 8 题、一篇 150 字的作文、一个 3 分钟的采访。（故意要比平时多很多）

生：老师，作业太多了。

师：<u>多什么啊！</u>（板书）一个小时就能写完。

生：真的很多，因为今天的语法很难。

师：<u>难什么啊！</u>（板书）都是以前学过的。

生：哎呀！老师，我们累死了。

师：<u>哎呀什么啊！</u>（板书）

师：（根据例句总结格式）如果别人说的话你不同意，就可以说：

X 什么（啊）

但要注意一般不对父母、老师等长辈说。

2. 操练

两人一组，根据图片和提示对话。

❶ 20元/斤	❷ 18岁以上才能考取驾照	❸ 臭豆腐

二　学习反驳或劝阻的用法（动宾式）

📖 案例 2：情景举例法

1. 导入和讲解

师：快 12 点了，我们一起出去吃饭吧，你们想去吃什么？

生 1：我们去吃烤鸭吧！

师：<u>吃什么烤鸭啊！</u>（板书）太油了！

生 2：那我们去吃汉堡和薯条吧！

师：<u>吃什么汉堡和薯条啊！</u>（板书）不健康。

生：那我们别去吃饭了，我们去唱歌吧！

师：<u>唱什么歌啊！</u>（板书）下午还要上课呢。

师：（根据例句总结格式）不同意某一说法，我们就可以说：

　　V 什么 O（啊）

　　但要注意一般不对父母、老师等长辈说。

2. 操练

两人一组，根据图片和提示对话。

多喝热水

三　学习客套的用法

📖 案例 3：情景举例法

1. 导入和讲解

师：大卫，可以借一支铅笔给我吗？

大卫：好的，老师。

师：<u>谢谢你借我铅笔！</u>（板书）

大卫：<u>不客气。</u>（板书）

（教师给学生准备一些奖品，发给学生）

生：谢谢老师给我们奖品！（板书）

师：谢什么啊！（板书）别客气。

师：同学们注意，老师刚才说的是"谢什么啊"，但是大卫说的是"不客气"。那你们觉得大卫可以对老师说"谢什么啊"吗？

生：可以。/不可以。

师：大卫不能对老师说"谢什么啊"。

师：（根据例句总结格式）我们想表达客套就可以用：

X 什么（啊）

但注意不能用在下对上的关系里，比如大卫不能对老师这样说，但老师可以对大卫这样说。

2. 操练

正确回应别人的夸奖。

（1）师：玛丽，你的字写得真好看。

　　生：＿＿＿＿＿＿。

　　A. 谢谢老师

　　B. 好看什么啊

（2）生：老师，您的字写得真好看。

　　师：＿＿＿＿＿＿。老师好久没练字了。

　　A. 谢谢

　　B. 好看什么啊

（3）老板：小李，这个月工作很努力啊。

　　小李：＿＿＿＿＿＿。

　　A. 谢谢老板

　　B. 努力什么啊

（4）张阿姨：王姐，你的房子真大啊！

　　王阿姨：＿＿＿＿＿＿。

　　A. 谢谢小张

　　B. 大什么啊

课堂活动

1 不合时宜的邀请

朋友发出了邀请，但你觉得非常不合适，请你表达强烈的不同意，并说明原因。如：

生1：我们去散步吧。

生2：外面那么冷，散什么步啊！

生1：一起去游泳吧。

生2：游什么泳啊！我要写作业。

生1：咱们打篮球去吧。

生2：打什么篮球啊！我的手受伤了。

生1：你想看电影吗？

生2：看什么电影啊！我太困了，现在就想睡觉。

生1：我们去逛街吧。

生2：逛什么街啊！我的钱都花光了。

2 惊人的文化差异

用"X什么（啊）"说说让你吃惊的文化差异。如：

（1）在我的国家70分是很不错的分数，但中国人说"70分，好什么啊"，中国人觉得90分以上才算好成绩。

（2）在中国高中生不能化妆，老师会对学生说"学生化什么妆啊"，中国人觉得大学生才能化妆，但在我的国家中学生也能化妆。

（3）中国人太努力了！周末还要工作。在我的国家，我们会说"周末了，上什么班啊"。

3 拒绝不文明行为

课后练习

一、用"X什么（啊）"完成对话。

1. A：我们去外面跑步吧！

   B：现在已经开始下雨了，＿＿＿＿＿＿＿＿。

2. A：这个游戏特别好玩，你想不想一起玩？

   B：专心点儿，上课呢！＿＿＿＿＿＿＿＿。

3. A：叫服务员给我们点一个家庭套餐吧。

   B：＿＿＿＿＿＿＿＿，我们两个人根本吃不完那么多。

4. A：我想吃牛排。

   B：＿＿＿＿＿＿＿＿，晚上12点了，牛排店都关门了。

5. A：明天几点考试？

   B：＿＿＿＿＿＿＿＿，明天放假，不用来学校。

二、跨时空对话。

你会对10年前的自己说哪些批评的话和鼓励的话？请用"X什么（啊）"来表达。

如：不要害怕别人的看法，怕什么啊！做自己喜欢的事情就好。

喝什么可乐啊！吃什么汉堡啊！少吃点儿垃圾食品，多吃点儿健康的食物。
不要觉得每天熬夜打游戏很好玩，好玩什么啊！多看看书吧。

三、良言一句三冬暖。

你的朋友遇到了困难，请你用"X什么（啊）"去安慰并鼓励朋友。

如：1. 朋友：我真的害怕我没办法通过这次面试。

你：怕什么啊！你这么努力，这么聪明，肯定会被录取的。

2. 朋友：我很担心这次手术会不成功。

你：乱想什么啊！你一直都很幸运。

3. 朋友：我的同事会不会讨厌我？

你：讨厌什么啊！你是个友好又优秀的人，他们一定会喜欢你的。

复 句

一边……，一边……（一级）

本体知识

　　"一边……，一边……"表示两个动作同时发生或进行。"一边"中的"一"可以省略，省略"一"后，"边"同单音节动词组合时，中间不停顿。如：

　　（1）我们一边走，一边说。

　　（2）我们边走边说。

格式：S + **一边** + V1 + **一边** + V2

　　我们一边唱歌，一边跳舞。

常见偏误

1 * 轮到我了，我一边唱着，一边跳着，大家拍手叫好。

　　改为：轮到我了，我一边唱，一边跳，大家拍手叫好。

　　分析："一边……，一边……"本身就表示动作在进行，所以动词后不需要再加"着"。

2 * 我们俩一边打扫，一边玩玩，搞得教室里越来越乱。

　　改为：我们俩一边打扫，一边玩，把教室搞得越来越乱。

　　分析："一边……，一边……"表示两个动作同时进行，不能用动词重叠形式，因为动词重叠表示动作进行了很短的时间。

3 * 这种方式可以一边休闲一边能提高自己的能力。

　　改为：这种方式既休闲又能提高自己的能力。

　　分析："一边……，一边……"前后都应该是表示动作的动词，不能用形容词、名词或者不表示动作的动词。

4 * 他喜欢一边写作业一边去花园。

　　改为：他喜欢一边听音乐，一边写作业。/ 他喜欢在花园写作业。

　　* 那个孩子一边哭一边笑。

　　改为：那个孩子一会儿哭一会儿笑。

分析："一边……，一边……"表示两个动作同时进行，"写作业"和"去花园"、"哭"和"笑"不是能同时进行的动作，所以不能使用"一边……，一边……"。

5 * 她一边躺着一边看书。

改为：她躺着看书。

分析："躺着"只是"看书"的方式，所以不能用"一边……，一边……"。

6 * 最近你们对我一边满意一边不满意。

改为：最近你们对我一半满意一半不满意。

分析："一边……，一边……"连接同时进行的两个动作，而"满意"和"不满意"不是同时进行的两个动作。这个句子应该用"一半……，一半……"结构。

7 * 既能一边见到你们又能一边帮助你们。

改为：既能见到你们又能帮助你们。

分析："既……又……"和"一边……，一边……"都表示并列关系，在同一个句子中，两者不能同时使用。

8 * 一边为了不伤害他的心，一边相信他的决定。

改为：一方面为了不伤害他的心，一方面相信他的决定。

分析："不伤害他的心"和"相信他的决定"表示两个相互关联的事件并存，应该用"一方面……，一方面……"来连接。

9 * 她一边还债教育我们的子女。

改为：她一边还债，一边教育我们的子女。

分析："一边……，一边……"表示两个动作同时进行，"还债"和"教育我们的子女"这两个动作可以同时实现，这个句子应将漏掉的"一边"放在动词"教育"的前边。

教学提示

1 注意"一边 + V1 + 一边 + V2"和"V1 + 着 + V2"的区别："一边 + V1 + 一边 + V2"这一结构中两个动作是平等的，都很重要；"V1 + 着 + V2"这一结构中 V2 表示的动作是重要的，V1 表示的动作只是后一个动作的方式，如"躺着看电视"。

2 前后两个动作必须是同时进行的动作，动词不能重叠或者带动态助词。

教学案例

📖 案例1：动作演示法

1. 导入和讲解

师：大家看老师在做什么？（一边翻书一边喝水）

生1：老师在看书。

生2：老师在喝水。

师：老师是先看书再喝水，还是一起做的？

生：一起做的。

师：这种情况，我们可以说：老师一边看书，一边喝水。（板书，齐读）

　　我们也可以说：老师边看书边喝水。（板书，齐读）

师：（一边说一边在黑板上写本节课的题目）大卫，老师现在在做什么？

大卫：老师一边说一边写。（板书，齐读）

师：很好。安娜，我们还可以怎么说？

安娜：老师边说边写。（板书，齐读）

师：你们呢？你们在做什么？

生1：我们一边听一边写。

生2：我们边听边写。

师：（根据例句总结格式）当我们要表示同时做两个动作的时候，可以说：

　　一边 + V1 + 一边 + V2

　　边 + V1 + 边 + V2

师：大家注意看老师现在在做什么，能用"边……边……"说吗？（坐在椅子上看书）

生：（可能会说错）老师边坐边看书。

师：大家注意，这句话不能说。"一边……，一边……"是说同时做两件事情，两件事情没有先后和主次；刚刚老师主要是在看书，"坐着"是老师看书的方式，我们可以说"老师坐着看书"。

2. 操练

操练1：看图说话

操练2：你做我猜

　　教师提前准备写有句子的纸条，一个学生抽纸条并做动作，下一个学生猜他做了什么，猜不出来的话，两个学生一起表演一个小节目。

如：（1）一边看手机一边走路

　　（2）一边唱歌一边洗澡

　　（3）一边看书一边听音乐

　　（4）一边写作业一边打电话

　　（5）一边弹吉他一边唱歌

　　（6）一边吃东西一边写作业

📖 案例2：图片法

1. 导入和讲解

师：（出示图片）她在做什么？

生1：她在吃薯片。

生2：她在看电视。

师：她是不是同时在做这两件事？

生：是。

师：很好，这个时候我们可以说：她一边吃薯片，一边看电视。（板书，齐读）也可以说：她边吃薯片边看电视。（板书，齐读）

师：（出示图片）玛丽，他们在做什么？

玛丽：他们一边听音乐，一边跑步。（板书，齐读）

师：麦克，还可以怎么说？

麦克：他们边听音乐边跑步。（板书，齐读）

师：（根据例句总结格式）当我们要表示同时做两个动作的时候，可以说：

一边 + V1 + 一边 + V2

边 + V1 + 边 + V2

师：（出示图片）大家注意看这张图片，可以怎么说？

生：（可能会说错）她一边躺一边看书。

师：大家注意，这句话不能说。"一边……，一边……"是说同时做两件事情，两件事情没有先后和主次；这个人主要是在看书，"躺着"是她看书的方式，我们可以说"她躺着看书"。

2. 操练

操练 1：看图说话

操练 2：根据实际情况回答

（1）你常常一边吃饭一边做什么？

（2）你常常一边看电视一边做什么？

（3）你常常一边写作业一边做什么？

（4）你常常一边听音乐一边做什么？

（5）你常常一边走路一边做什么？

（6）你常常一边打电话一边做什么？

（7）你常常一边打扫房间一边做什么？

（8）你常常一边上网一边做什么？

课堂活动

1 **比比谁更牛**

两个学生一组，上讲台轮流用"我可以一边……一边……"说出自己的本事，其他学生做裁判，看谁更牛。

2 **找找你的朋友**

全班学生在纸上用"一边……，一边……"写五个句子，然后自由采访，问问其他人"你常常一边做什么一边做什么"，找找谁和自己一样，没找到朋友的学生上讲台表演一个小节目。

课后练习

一、听一听，连一连。🎧

1. 大卫	a. 一边看书一边吃东西
2. 安娜	b. 一边走路一边看书
3. 玛丽	c. 一边看书一边拍桌子
4. 萨沙	d. 一边看书一边听音乐

二、用"一边……，一边……"完成句子。

1. 他刚刚和我说话的时候在看报纸。

_____

2. 小张喜欢跑步的时候听音乐。

_____

3. 爸爸经常在洗澡的时候唱歌。

_____

4. 我喜欢吃饭的时候看电视。

_____

5. 我能在唱歌的同时也跳舞。

_____

三、小作文。

写写自己和家人的生活习惯，要用到"一边……，一边……"这个句式。

复 句

先……，然后 / 再……（二级）

本体知识

"先……，然后 / 再……"表示某一动作行为或事件发生在前，另一动作行为或事件发生在后，两个动作行为或两件事前后连贯。如：

（1）我先去上课，再去图书馆。

（2）我先去上课，然后去图书馆。

格式：

1 先 + V1……，然后 / 再 + V2……

（1）我先去图书馆借书，然后去银行换钱。

（2）明天下了课，我先回宿舍，再去食堂吃饭。

2 S1 + 先 + V，然后 + S2（+ 再）+ V

（1）你先说，然后我（再）说。

（2）你们先出发，然后我马上出发。

常见偏误

1 * **先你获得经验，然后你可以开自己的公司。**

改为：你先获得经验，然后可以开自己的公司。

分析：主语位置错误。两个动作是一个主语时，第一个主语放在"先"的前面，第二个主语可以省略。

2 * **我的看法是先在别人的公司工作，然后才自己创业。**

改为：我的看法是先在别人的公司工作，然后再自己创业。

分析："再"和"才"误用。"再"表示一个动作结束以后另一动作发生，"才"强调事情或状态发生、出现得晚。另外，与"然后"搭配的应是"再"。

3 * **她首先看了看，然后她选了一条裙子。**

改为：她先看了看，然后选了一条裙子。

分析：混淆了"首先"和"先"。"首先"表示多项事情中的第一步或第一项，"先"表示动作发生在前；此处仅表示动作的先后顺序，应用"先"。

223

4 * **父母先了解子女的思想，了解子女的生活，以后才能解决代沟问题。**

改为：父母先了解子女的思想，了解子女的生活，然后才能解决代沟问题。

分析：混淆了"以后"和"然后"，二者的区别如下：

	词性	意义	用法	例句
以后	名词	比现在或某个时间晚的时间	以后的 N； V / N + 以后	（1）以后的事情以后再说。 （2）下课以后我去找你。 （3）三点以后我有时间。
然后	连词	表示先后顺序	先……，然后……	我先上课，然后给她打电话。

教学提示

1 "先……，然后 / 再……"虽然都可以表示一件事在另一件事之后发生，但"然后"既可以用于过去，也可以用于将来，而"再"用于未实现的动作，一般不能用于过去的事情。

2 "然后"经常和其他"～后""然～"类词语发生混淆，需注意辨析。

教学案例

▶ **第一步：学习主语相同的情况**

📖 **案例1：情景举例法**

1. 导入和讲解

师：你们早上几点起床？

生：七点。

师：起床以后呢？做什么？

生：刷牙、洗脸。

师：很好，那我们可以说：我先起床，然后刷牙、洗脸。（板书，齐读）

生：我先起床，然后刷牙、洗脸。

师：刷牙、洗脸以后呢？

生：吃早饭。

师：我先刷牙、洗脸，然后吃早饭。（板书，齐读）

生：我先刷牙、洗脸，然后吃早饭。

师：吃完早饭你们要去干什么？

生：去学校。

师：那我们可以说：<u>我早上先吃早饭，再去学校。</u>（板书，齐读）

生：我早上先吃早饭，再去学校。

师：（根据例句总结格式）当我们要说接连发生的事情的时候，可以用：

先 + V1……，然后 / 再 + V2……

2. 操练

操练1：我的一天

用"先……，然后 / 再……"说说你的一天。

操练2：看图说话

▶第二步：学习主语不同的情况

📖 案例2：情景举例法

1. 导入和讲解

师：昨天老师给你们留的口语作业还记得吧？

生：记得。

师：好，<u>我们先报告，然后老师再总结点评。</u>（板书，齐读）

生：我们先报告，然后老师再总结点评。

师：你们注意到了吗？中国人吃饭的时候，<u>一般是长辈先吃，然后孩子才能吃。</u>（板书，
齐读）

生：一般是长辈先吃，然后孩子才能吃。

师：在你们国家怎么样？有这样的要求吗？

生：……

师：（根据例句总结格式）当我们要说一个对象先做什么，另一个对象后做什么的时候，可以用：

S1＋先＋V，然后＋S2（＋再）＋V

2. 操练

回答问题

（1）我们汉语综合课的顺序是怎样的？

（2）口语课的顺序是怎样的？

案例 3：汉字语法结合法

1. 导入和讲解

师：（出示汉字）大家看这个汉字念什么？

生：休。

师："休"怎么写？先写哪个部分？再写哪个部分？

生：先写左边的单人旁，然后再写右边的"木"。（板书，齐读）

师：那怎么写"息"呢？

生：先写上面的"自"，然后再写下面的"心"。（板书，齐读）

师：怎么写"国"呢？你们知道吗？

生：先写外面的部分，然后再写里面的部分，最后再写下面的一横。（板书，齐读）

师：很好，老师先写，然后同学们再写。（板书，齐读）

师：好的，接下来，同学们先写，然后老师再评价。（板书，齐读）

师：（根据例句总结格式）当我们要说接连发生的事情的时候，可以用：

先＋V1……，然后／再＋V2……

说一个人先做什么事情，别的人接着做什么事情时，可以用：

S1＋先＋V，然后＋S2（＋再）＋V

2. 操练

用"先……，然后／再……"总结下列汉字的书写顺序，然后和身边的同学一起写一写，比一比。

十　朋　抱　花　雪　尖　问　回

课堂活动

1 你想去哪儿玩

　　根据图片，学生三至四人一组，制定一条合理的旅游路线，注意使用"先……，然后／再……"。

2 地铁站问路

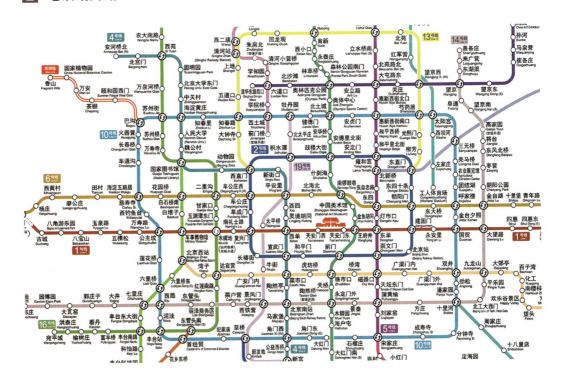

两人一组，选一个或多个目的地，一人问路，另一人用"先……，然后／再……"回答，然后再互换角色练习。

如：

A：请问坐地铁怎么去知春里？

B：你应该先坐地铁4号线，然后（再）坐地铁10号线。

3 班级周末计划

每个人／每组准备两分钟，用"先……，然后／再……"轮流说出一个计划，教师做记录并做汇总，最后大家共同商量出一个周末计划。

4 扫雷

提前准备好游戏纸板和小红旗，学生两人一组，学生A用"先……，然后／再……"下指令，学生B上前移动红旗。如：A说"先向下走两步，然后再向右走一步"，B跟着A的指令移动红旗，到达目标格子后撕开遮盖层，看是否有炸弹。若无炸弹，安全通关；若有炸弹，学生B需要表演一个节目。

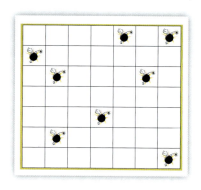

游戏底板

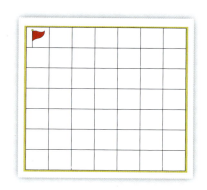

贴上遮盖层，即学生看到的游戏纸板

5 你明天做什么

采访三个同学，问问他们明天的计划。

姓名	先做什么	然后／再做什么

课后练习

一、选词填空。

| 然而　　然后　　以后　　后来 |

1. 遇到不认识的词语，我会先查词典，_____写在本子上。
2. 等女儿回来_____，我会告诉她这个好消息。
3. 先把事情弄清楚，_____我们马上采取行动。
4. 虽然她这么解释，_____我们还是不相信。
5. 我本来要去的，_____觉得不合适，就没去。

二、连词成句。

1. 再　　教　　读音　　汉字　　教　　先　　老师

　　_____

2. 我们　　然后　　先　　上课　　旅游的事　　商量

　　_____

3. 先　　你　　说　　我　　然后　　说

　　_____

4. 先　　我　　写日记　　睡觉　　然后

　　_____

5. 洗手　　吃饭　　你　　先　　然后再

　　_____

三、回答问题。

1. 你是如何把东西放进冰箱里去的？
2. 你能简单介绍一下你最拿手的菜的做法吗？
3. 你能简单介绍一下申请签证的手续吗？
4. 你能简单介绍一下你是怎么洗衣服的吗？
5. 你能简单说说你明天的安排吗？

四、情景应用。

假如你的妈妈要来中国看你，你打算带你的妈妈去哪儿玩呢？

复句

不但……，而且……（二级）

本体知识

"不但……，而且……"表示递进关系。"不但"后面的成分语义轻，"而且"后面的成分语义重。"不但"可以换成"不仅"。如：

（1）他不但聪明，而且勤奋。

（2）不仅妈妈不支持我，而且爸爸也不支持我了。

如果前后两个分句的主语相同，"不但"一般放在第一分句的主语后，第二分句的主语省略。后一分句除了"而且"通常还有副词"也""还"与之相呼应。如：

他不但会打篮球，而且还打得非常好。

如果两个分句的主语不同，则"不但"与"而且"的位置分别在两个主语前，后一分句通常有副词"也"与之相呼应。如：

不但她会唱歌，而且她妹妹也会唱歌。

格式： **1** **S + 不但 + V1 / Adj1，而且 + V2 / Adj2**

（1）姐姐不但聪明，而且很漂亮。

（2）她不但会说中文，而且说得很好。

2 **不但 + S1……，而且 + S2……**

（1）不但姐姐不同意，而且妹妹也不同意。

（2）北京是个旅游的好地方，不但风景美，而且人也很热情。

常见偏误

1 * **所以父母是不但我们的家长，而且我们的老师。**

改为：所以父母不但是我们的家长，而且也是我们的老师。

分析："不但""而且"应该分别放在谓语动词或者形容词的前面。

2 * **价格不但很贵，食品的量而且不多。**

改为：不但价格很贵，而且食品的量也不多。

* **不但我不想去，班长而且不想去。**

改为：不但我不想去，而且班长也不想去。

分析：前后两个小句的主语不同时，"不但"与"而且"应该分别放在前后两个主语的前面。

3 * 他很奇怪，不仅善良而且坏。

改为：他很奇怪，有时候很善良有时候很坏。

分析："不仅"和"而且"连接的两个成分应该是同方向的性质，即要么都是好的，要么都是不好的，"善良"和"坏"性质完全相反。

4 * 我爷爷不但老而且健康。

改为：我爷爷虽然很老了，但很健康。

分析："不但"和"而且"连接的两个成分是递进关系，不是转折关系。

5 * 他们不但在事业上有烦恼，生活上有挫折。

改为：他们不但在事业上有烦恼，而且生活上有挫折。

分析："不但""而且"常搭配使用，可以单独使用"而且"，但不能单独使用"不但"。

教学提示

1 如果两个分句的主语不同，则"不但"与"而且"的位置分别在两个主语前，教学中应有意识设计并格式化呈现，提醒学生。

2 强调"不但……，而且……"表达的是一种递进关系，交际双方所说的话要符合逻辑。

教学案例

📖 **案例1：图片法**

▶ **第一步：学习主语相同的情况**

1. 导入和讲解

师：（出示图片）你们喜欢吃西瓜吗？

生：我喜欢吃西瓜。

师：西瓜好吃吗？

生：很好吃。

师：西瓜便宜吗？

生：很便宜。

师：对，那我们可以说：<u>西瓜不但很好吃，而且很便宜。</u>（板书，齐读）

师：（出示图片）她高吗？

生：她很高。

师：她漂亮吗？

生：她很漂亮。

师：那么我们可以说：她不但很高，而且很漂亮。（板书，齐读）

师：（根据例句总结格式）

S＋不但＋Adj1，而且＋Adj2

师：（出示图片）这个男孩儿喜欢什么运动？

生：他喜欢踢足球，也喜欢打篮球。

师：我们可以说：他不但喜欢踢足球，而且喜欢打篮球。（板书，齐读）

师：（出示图片）他参加了篮球比赛，得了第一名，可以怎么说？

生：他不但参加了篮球比赛，而且得了第一名。（板书，齐读）

师：对，我们也可以说：他不但会打篮球，而且打得很好。（板书，齐读）

师：（根据例句总结格式）

S＋不但＋V1，而且＋V2

2. 操练

看图说话

❶

❷

❸

❹

❺

❻

猜猜这是什么汉字？（休）汉字美吗？

▶ **第二步：学习主语不同的情况**

1. 导入和讲解

师：（出示图片）你们知道他们在做什么吗？

生：他们在打乒乓球。

师：对，他们在打乒乓球。在中国，年轻人喜欢打乒乓球，老人也喜欢打乒乓球。这种情况可以怎么说？

生：年轻人和老人都喜欢打乒乓球。

师：对，我们还可以说：不但年轻人喜欢打乒乓球，而且老人也喜欢打乒乓球。（板书，齐读）你们喜欢打乒乓球吗？中国人喜欢打乒乓球，外国人也喜欢打乒乓球，用"不但……，而且……"怎么说？

生：不但中国人喜欢打乒乓球，而且外国人也喜欢打乒乓球。（板书，齐读）

师：（根据例句总结格式）

不但 + S1……，而且 + S2……

2. 操练

用"不但……，而且……"改写句子。

（1）坐公交车很便宜，坐地铁也很便宜。

（2）我喜欢打篮球，我弟弟也喜欢打篮球。

（3）老人喜欢打太极拳，小孩儿也喜欢打太极拳。

（4）大卫在学汉语，安娜也在学汉语。

（5）同学们想去长城，老师也想去长城。

（6）他不认识我，我也不认识他。

📖 **案例 2：情景举例法**

▶ **第一步：学习主语相同的情况**

1. 导入和讲解

师：老师这件衣服好看吗？

生：好看。

师：这件衣服 30 块钱，便宜吗？

生：这件衣服很便宜。

师：对。那我们可以说：这件衣服不但好看，而且便宜。（板书，齐读）

这件衣服，老师是在淘宝上买的。你们用过淘宝吗？

生：用过。

师：你们觉得在淘宝上买东西方便吗？

生：很方便。

师：对，在淘宝上买东西很方便，也很便宜。我们可以说：<u>在淘宝上买东西不但很方便，而</u><u>且很便宜。</u>（板书，齐读）

师：（根据例句总结格式）

S＋不但＋Adj1，而且＋Adj2

师：在淘宝上可以买穿的，还可以买什么？

生：还可以买吃的。

师：对，我们可以说：<u>在淘宝上不但可以买穿的，而且可以买吃的。</u>（板书，齐读）

师：（根据例句总结格式）

S＋不但＋V1，而且＋V2

2. 操练

回答问题

师：你会／喜欢什么运动？（让学生用"不但……，而且……"轮流回答）

生1：我不但喜欢游泳，而且喜欢打羽毛球。

生2：我不但会游泳，而且游得很好。

生3：我不但喜欢游泳，而且喜欢跳水。

生4：……

▶ 第二步：学习主语不同的情况

1. 导入和讲解

师：安娜喜欢看电影，还有谁喜欢看电影？

大卫：我也喜欢看电影。

师：好，安娜喜欢看电影，大卫也喜欢看电影。我们就可以说：<u>不但安娜喜欢看电影，而且</u><u>大卫也喜欢看电影。</u>（板书，齐读）

师：我们知道大卫会打篮球，还有谁会打篮球？

李明：我也会打篮球。

师：大卫会打篮球，李明也会打篮球，可以怎么说？

生：<u>不但大卫会打篮球，而且李明也会打篮球。</u>（板书，齐读）

师：（根据例句总结格式）

不但＋S1……，而且＋S2……

2. 操练

用"不但……，而且……"改写句子。

（1）北京很大，广州也很大。

（2）安娜的汉语很好，李明的汉语也很好。

（3）麦克会唱中文歌，玛丽也会唱中文歌。

（4）他是我的朋友，李洁也是我的朋友。

课堂活动

1 超级主播

　　每个学生一分钟，用"不但……，而且……"介绍自己觉得好用的物品（好吃的食物），看谁介绍得又多又准确。

　　如：这支笔不但便宜，而且好用。

　　　　这个书包不但很漂亮，而且很实用。

2 我是代言人

　　请每个学生用"不但……，而且……"介绍一下自己的国家或家乡。

3 什么最流行

　　介绍一种在你们国家流行的游戏、食物、衣服、旅游方式等，说说它为什么流行、是怎么流行的。

　　如：

（1）在中国的重庆，火锅很受欢迎。它不但好吃，而且便宜。不但年轻人喜欢，而且老人也喜欢。

（2）在中国，打太极拳很受欢迎。打太极拳不但锻炼身体，而且可以认识新的朋友。不但老人喜欢，而且小孩儿也喜欢。

课后练习

一、听一听，选择正确答案。 🎧

　　1　A. 我不困也不饿。　　　　　　　　B. 我很饿，但是我不困。

　　　　C. 我又困又饿。　　　　　　　　　D. 我很困，但是我不饿。

　　2. A. 只有她参加了比赛。

　　　　B. 不但她参加了比赛，而且大卫也参加了比赛。

　　　　C. 只有大卫没有参加比赛。

　　　　D. 她和大卫都没有参加比赛。

3. A. 她不会画画儿。　　　　　　B. 她画得很不好。

　　C. 她会画画儿，而且画得很好。　D. 她不但会画画儿，而且会跳舞。

4. A. 我和姐姐都听不懂京剧。　　　B. 我和姐姐都听得懂京剧。

　　C. 我和姐姐都会唱京剧。　　　　D. 只有我听不懂京剧。

二、看图写句子。

1. 谁喜欢玩手机？

_____

2. 谁会踢足球？

_____

3. 谁喜欢游泳？

_____

4. 谁在做饭？

_____

5. 这个房间怎么样？

_____

6. 故宫大吗？美吗？

_____

三、用"不但……，而且……"改写下列句子。

　　1. 他会说德语，说得很好。

　　_____

　　2. 他很帅，也很聪明。

　　_____

　　3. 在我们家，我喜欢英语，姐姐也喜欢英语。

　　_____

　　4. 妈妈答应了，而且很高兴地答应了。

　　_____

　　5. 抽烟对自己不好，对别人也不好。

　　_____

四、采访。

　　找三位同学问一问他们的家乡在哪里、有什么特点。然后用"不但……，而且……"介绍一下你采访到的内容，录成视频。

复 句

虽然……，但是……（二级）

本体知识

"虽然……，但是……"表示转折关系。如：

（1）住学校宿舍虽然方便，但是房间太小了。

（2）学习汉语虽然很累，但是很快乐。

格式：

1 **S + 虽然……，但是…… / 虽然 + S……，但是……**

（1）他虽然玩到了半夜，但是依旧很精神。

（2）虽然我的房间不大，但很干净。

（3）他虽然很聪明，但是不努力。

2 **虽然……，但是 + S……**

虽然今天很忙，但是我还是要去跑步。

3 **S1 + 虽然……，但是 + S2……**

她虽然很漂亮，但是我不喜欢她。

4 **虽然 + S1……，但是 + S2……**

虽然她很漂亮，但是我不喜欢她。

常见偏误

1 * 虽然很严格，不爱说话，但是我爱父亲。

改为：虽然父亲很严格，不爱说话，但是我爱父亲。

分析：第一个小句主语缺失。如果前后两个小句的主语不同，前面的主语不能省略。

2 * 我们在韩国的时候虽然大学的同班同学，但是谈不上亲密的朋友。

改为：我们在韩国的时候虽然是大学的同班同学，但是谈不上是亲密的朋友。

分析：缺失动词。"虽然""但是"作为连词，连接的是完整的句子。

3 * 虽然他只有五个部下，但是负责我们单位当中最重要的部分。

　　改为：虽然他只有五个部下，但是他们负责我们单位当中最重要的部分。

　　分析：主语缺失。句中有两个主语，第二个主语不能省略。

4 * 这个公园小了点儿，就是很漂亮。

　　改为：这个公园虽然小了点儿，但是很漂亮。

　　分析："……，就是……"和"虽然……，但是……"的混淆。"……，就是……"前面是积极的、好的方面，后面是不足，整体上有美中不足的感觉；"虽然……，但是……"并没有这样的限制。

教学提示

1 如果前后主语不同，"虽然"既可以放在第一个主语的前面，也可以放在第一个主语的后面。"但是"只能放在第二个主语的前面，不能放在第二个主语的后面。

2 注意"……，就是……"和"虽然……，但是……"的区别。"……，就是……"前面是积极的、好的方面，后面是不足，整体上有美中不足的感觉；"虽然……，但是……"并没有这样的限制。如：

（1）这件衣服好是好，就是有点儿贵。

（2）这件衣服虽然好，但是有点儿贵。

3 "虽然""但是"作为连词，在句中连接的是完整的句子。

教学案例

▶ **第一步：学习一个主语的情况**

📖 **案例1：图片法**

1. 导入和讲解

师：（出示图片）这件衣服好看吗？

生：好看。

师：那你们会买吗？

生：不会买。

师：为什么？

生：太贵了。

师：那我们可以说：虽然这件衣服很好看，但是太贵了。（板书，齐读）

¥899

生：虽然这件衣服很好看，但是太贵了。

师：非常好。我们还可以说：<u>这件衣服虽然很好看，但是太贵了。</u>（板书，齐读）

生：这件衣服虽然很好看，但是太贵了。

师：注意，"虽然"既可以放在主语的前面，也可以放在主语的后面。

师：（出示图片）这件衣服很便宜，安娜，你会买吗？

安娜：不会买。

师：为什么？

安娜：这件衣服不好看。

师：我们可以说：<u>虽然这件衣服很便宜，但是太难看了。</u>（板书，齐读）

生：虽然这件衣服很便宜，但是太难看了。

师：我们还可以说……

生：<u>这件衣服虽然很便宜，但是太难看了。</u>（板书，齐读）

师：（根据例句总结格式）如果前后两个句子的内容不一样、方向相反，就可以用"虽然""但是"来连接这两个句子。可以说：

S＋虽然……，但是……

虽然＋S……，但是……

2. 操练

比一比

①

房间虽然大，但是很乱。

房间虽然小，但是很整齐。

②

食堂的菜虽然便宜，但是不好吃。

饭店的菜虽然好吃，但是很贵。

麦片虽然健康，但是不好吃。

炸鸡虽然好吃，但是不健康。

📖 案例 **2**：情景举例法

1. 导入和讲解

师：上次我们聚餐去的饭店怎么样？

生：很好。

师：那我们可以再去吃，怎么样？

生：（有的会说）好。

生：（有的不赞同）不好。

师：（问不赞同的学生）为什么？

生：太远了。

师：我们可以说：<u>虽然那家饭店很好，但是太远了。</u>（板书，齐读）

生：虽然那家饭店很好，但是太远了。

师：那北语时光（以前去过的店）呢？他家的饭菜好吃吗？

生：好吃。

师：那我们去北语时光怎么样？

生：不好，太贵了。

师：<u>虽然北语时光的饭菜很好吃，但是太贵了。</u>（板书，齐读）

生：虽然北语时光的饭菜很好吃，但是太贵了。

师：那我们去食堂吧，食堂便宜。

生：不好。

师：为什么？

生：<u>虽然食堂的饭菜很便宜，但是不好吃。</u>（板书，齐读）

师：（根据例句总结格式）如果前后两个句子的内容不一样、方向相反，就可以用"虽然""但是"来连接这两个句子。可以说：

S＋虽然……，但是……

虽然＋S……，但是……

241

2. 操练

操练1：回答问题

（1）学校食堂的饭菜怎么样？

（2）北语时光（去过的饭馆）的饭菜怎么样？

（3）出去玩坐什么交通工具？坐地铁？打车？坐公交车？

（4）你喜欢住宿舍吗？

（5）你喜欢住在学校外面吗？

操练2：讨论

教师给出班级活动的地点，让学生用"虽然……，但是……"来讨论最终要去哪里。

大卫：滨河公园虽然很漂亮，但是太小了，我们去森林公园吧。

山本：森林公园虽然很大，但是太远了。

……

▶ 第二步：学习两个主语的情况

📖 案例3：情景举例法

1. 导入和讲解

师：这次考试怎么样啊？难吗？

生：特别难！

师：但是大家考得特别好！我们可以说：<u>虽然考试很难，但是大家考得很好。</u>（板书，齐读）

生：虽然考试很难，但是大家考得很好。

师：我们还可以说：<u>考试虽然很难，但是大家考得很好。</u>（板书，齐读）要注意第一个主语可以放在"虽然"前，也可以放在"虽然"后，第二个主语一定要放在"但是"的后面。

师：昨天的生词作业难吗？

生：很难。

师：大家今天学会了吗？

生：学会了。

师：我们可以说……

生：<u>虽然生词很难，但是我们都学会了。</u>（板书，齐读）

师：非常好，我们还可以说……

生：<u>生词虽然很难，但是我们都学会了。</u>（板书，齐读）

师：（根据例句总结格式）

　　虽然 + S1……，但是 + S2……

　　S1 + 虽然……，但是 + S2……

2. 操练

用"虽然……，但是……"说句子。

（1）跑步很累，大卫坚持下来了。

（2）考试很简单，山本考砸了。

（3）考试很难，玛丽考好了。

（4）作业很多，山本写完了。

（5）很晚了，山本在学习。

课堂活动

1 辩论赛

　　教师给出班级活动的地点，全班分两组，一组支持去森林公园，一组支持去滨河公园，让学生用"虽然……，但是……"来辩论，最后决定要去哪里。（教师可给出提示词）

　　滨河公园：漂亮、距离近、比较小、离饭店远、人多

　　森林公园：很大、距离远、离饭店近、需要爬山、人少

　　如：

　　A：滨河公园虽然很漂亮，但是太小了，我们去森林公园吧。

　　B：森林公园虽然很大，但是太远了。

　　……

2 老师该住哪儿

　　老师想搬家，但是不知道是住宿舍还是租房子。学生分组讨论，用"虽然……，但是……"给老师提建议，可以从以下几个方面考虑。

交通	房间大小	价格	环境

3 卡片游戏

　　全班学生分成两组，教师出示卡片上的提示词，一组学生说出优点，另一组学生说出缺点。说出一点加一分，哪组学生接不上则扣一分，最后分数最高的小组获胜。

提示词：公园、食堂、吃雪糕、快餐、绿色食品……

如：绿色食品

  A 组：绿色食品很健康。

  B 组：绿色食品虽然很健康，但是很难吃。

  A 组：绿色食品虽然很难吃，但是做法简单。

  B 组：绿色食品虽然做法简单，但是……

4   **与你反着来**

  根据所给的图片和提示词，用"虽然……，但是……"说句子。如"牛奶，很多人都爱喝"，学生要说出"虽然很多人都爱喝牛奶，但是老师不爱喝"。

① 很多人都爱喝   ② 便宜   ③ 方便

④ 健康   ⑤ 环保   ⑥ 挤

⑦ 质量好   ⑧ 便宜   ⑨ 不健康

课后练习

一、听一听，判断对错。🎧

  1. 同学们都同意去上次聚餐的饭店。   （   ）

  2. 上次聚餐的饭店菜很便宜。   （   ）

  3. 虽然那家饭店菜很好吃，但是很远。   （   ）

  4. 同学们决定去北语时光吃饭。   （   ）

二、用"虽然……，但是……"改写下列句子。

1.山本想出去玩。山本没有时间。

_____

2.老师会打太极拳。老师太极拳打得不好。

_____

3.玛丽学了一个月汉语。玛丽汉语说得很好。

_____

4.毛笔字很难。我们一定会学会毛笔字的。

_____

5.大卫很晚才睡。大卫很早就起床了。

_____

6.大卫没有认真准备考试。大卫考得很好。

_____

三、把所给词语放在合适的位置。

1.A 这件衣服很 B 好看，C 太贵了 D。　　　　　　　　　　（虽然 / 但是）
2.A 很多人爱喝牛奶，B 安娜 C 不 D 爱喝。　　　　　　　　（虽然 / 但是）
3.A 我想 B 出去玩，C 没 D 有时间。　　　　　　　　　　　（虽然 / 但是）

四、分组讨论下次聚会去哪里玩、怎么去、什么时候去（多用"虽然……，但是……"），然后在班里汇报。

复 句

如果……，就……（二级）

本体知识

　　"如果……，就……"连接两个分句，"如果"后面的分句提出假设，"就"后面的分句表示假设实现后所产生的结果。第二个分句的主语要放在"就"的前面。"如果……，就……"在口语中也可以换成"……的话，就……"。

格式：**1** **如果……，S 就…… ／ ……的话，S 就……**
S 如果……，就…… ／ S……的话，就……
如果 S……，就……

（1）如果努力学习，你就一定能考好。／ 努力学习的话，你就一定能考好。
（2）你如果努力学习，就一定能考好。／ 你努力学习的话，就一定能考好。
（3）如果你努力学习，就一定能考好。

2 **如果 S1……，S2 就……**

（1）如果他不来，我们就走吧。
（2）如果妈妈不同意，我们就不去了。

常见偏误

1 * **如果明天天气很好，就我跟朋友去逛公园。**
改为：如果明天天气很好，我就跟朋友去逛公园。
分析：第二个分句的主语应该放在"就"的前面。

2 * **如果没有爸爸的话，没有我。**
改为：如果没有爸爸的话，就没有我。

* **如果你喜欢的话，随便来看一看。**
改为：如果你喜欢的话，就随便来看一看。

* **如果没有大自然，没有人类。**
改为：如果没有大自然，就没有人类。
分析：都缺"就"。

3 * 如果学生听不懂老师说的话，就一直用汉语再说几遍。

改为：如果学生听不懂老师说的话，老师就用汉语再说几遍。

分析：前后主语不同时，后半句的主语不可省略。

4 * 万一学习偷懒，他看到就批评我们。

改为：如果学习偷懒，他看到就批评我们。

* 万一你们俩之中谁愿意替我去山下抬水，我把它给谁。

改为：如果你们俩之中谁愿意替我去山下抬水，我就把它给谁。

分析："万一"一般指发生的可能性极小。"如果"对发生的可能性大小没有要求，只要是假设就可以。

5 * 三个和尚如果没水喝，就会怎么样呢？

改为：三个和尚如果没水喝，会怎么样呢？

分析："如果"后面的分句提出假设，"就"后面的分句表示假设实现后所产生的结果。"会怎么样呢"不属于假设实现后产生的结果。

6 * 如我考得不好，就骂我，或者限制我看电视的时间等等。

改为：如果我考得不好，你就骂我，或者限制我看电视的时间等等。

分析："如"也可以表示"如果"，但是是书面语用法。

教学提示

注意主语的位置：

（1）如果后一分句有主语，主语要放在"就"的前面。

（2）如果前后分句为同一个主语，主语可以放在前一分句，也可以放在后一分句。如：

如果有时间，我就去。= 我如果有时间就去。

（3）如果前后分句主语不同，前一分句主语应在"如果"的后面。如：

如果老师不同意，我们就不去。

教学案例

▶ **第一步：学习主语相同的情况**

📖 **案例 1：情景举例法**

1. 导入和讲解

师：你们觉得怎样才能学好汉语？

生：努力学习。

师：对，那我们可以说：如果努力学习，你就一定可以学好汉语。（板书，齐读）

也可以说：如果你努力学习，就一定可以学好汉语。（板书，齐读）

也可以说：你如果努力学习，就一定可以学好汉语。（板书，齐读）

师：快考试了，如果大家考得好，我们就一起去玩，好不好？

生：好。

师：我们可以说：如果考得好，我们就一起去玩。（板书，齐读）

师：如果考得好，你们想去哪里玩？

生1：（可能说）去长城。

师：我们可以说：如果考得好，我们就一起去长城。／我们如果考得好，就一起去长城。／如果我们考得好，就一起去长城。（板书，齐读）

生2：（可能说）去故宫。

师：我们可以说：如果考得好，我们就一起去故宫。／我们如果考得好，就一起去故宫。／如果我们考得好，就一起去故宫。（板书，齐读）

师：（根据例句总结格式）

如果……，S就……

S如果……，就……

如果S……，就……

2. 操练

操练1：回答问题

（1）如果你有时间，你会做什么？

（2）如果你没钱了，你怎么办？

（3）如果你考试考得很好，你会做什么？

（4）如果你考得很不好，你怎么办？

（5）如果你能去一个地方旅行，你想去哪里？

操练2：你会对他／她说什么

▶ **第二步：学习主语不同的情况**

📖 案例 **2**：情景举例法

1. 导入和讲解

师：如果你的朋友生病了，你会对他说什么？

生：去医院看看。

师：我们可以说：<u>如果你生病了，我就和你一起去医院。</u>（板书，齐读）

师：如果他想吃面条，你会对他说什么？

生：我给你买。

师：那我们可以说：<u>如果你想吃面条，我就去给你买。</u>（板书，齐读）

师：他生病了，没有来上课，如果他有些地方不懂，你会对他说什么？

生：<u>如果你不懂，我就教你。</u>（板书，齐读）

师：（根据例句总结格式）

　　如果 S1……，S2 就……

2. 操练

操练 1：完成句子

（1）你明天头还疼 → 我帮你请假

（2）爸爸回来了 → 我们出发

（3）老师同意 → 我们回去

（4）你不听话 → 我告诉妈妈

操练 2：看图回答问题

（1）明天安娜做什么？　　　　　　　　　　（2）大卫明天做什么？

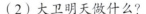

（3）如果明天放假，他／她做什么？

小明

安妮

操练 3：完成句子

（1）如果明天放假，我就……

（2）如果我考试考得好 / 考得不好，爸爸 / 妈妈就……

（3）如果你想去看电影 / 唱歌 / 爬山……，我就……

（4）如果你饿了 / 不开心 / 生病了 / 明天放假，我们就……

课堂活动

1 抽纸条

纸条上写假设的情况，抽到的学生根据纸条内容说句子，每人一分钟，看谁说的句子多。

如果我想学好中文	如果我可以去一个国家
如果我累了 / 困了 / 生病了……	如果我不努力学习
如果我考了第一名	如果我遇到了困难
如果我是老师	如果我有一百万

2 顶真接龙

教师可先给出话题"明天放假"，然后学生开始顶真接龙说句子。如：

A：如果明天放假，我就去看电影。

B：如果明天我去看电影，我就会很开心。

C：如果我很开心，我就去吃蛋糕。

D：……

3 学唱歌曲《幸福拍手歌》

课后练习

一、听一听，判断对错。 🎧

1. 如果明天没课，我们就去商店。 （   ）

2. 因为下午没课，所以我们去买东西。 （   ）

3. 周末天气不好的话，我们就去看电影。 （   ）

4. 我有问题的话，就去问老师。 （   ）

二、看图写句子。

1. 明天我和朋友一起去玩。

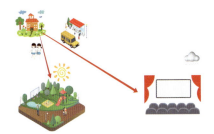

_____

_____

2. 如果明天放假，他 / 她做什么？

大卫

安娜

（1）_____

（2）_____

小王

山本

（3）_____

（4）_____

三、把所给词语放在合适的位置。

1. 如果明天不下雨，A 我 B 去公园。　　　　　　　　　　　　（就）

2. 如果有事，A 就 B 告诉我。　　　　　　　　　　　　　　　（你）

3. A 老板 B 心情不好，我们就会加班。　　　　　　　　　　　（如果）

4. 如果你喜欢，A 我 B 送给你。　　　　　　　　　　　　　　（就）

复句

因为……，所以……（二级）

本体知识

　　"因为……，所以……"表示因果关系，一般前一个分句是原因，后一个分句是结果。前后同一个主语时，主语通常放在句子的最前面，也可以在"因为""所以"的后面；前后主语不一样时，主语在"因为""所以"的后面。也可以单独在后一小句使用"所以"。

格式：

1 S + 因为……，所以…… /

　　因为 + S + ……，所以……

（1）我因为喜欢中国文化，所以学习了中文。/
　　　因为我喜欢中国文化，所以学习了中文。

（2）他因为生病了，所以没来上课。/
　　　因为他生病了，所以没来上课。

2 因为 + S1 + ……，所以 + S2 + ……

（1）因为爸爸要来北京，所以我很高兴。

（2）因为爸爸爱喝茶，所以我给他买了一盒茶叶。

常见偏误

1 * 因为他英语说得很不错，所以他从小就学习英语。

　　改为：因为他从小就学习英语，所以英语说得很不错。

　　分析：因果关系颠倒，"从小就学习英语"是"说得不错"的原因。

2 * 因为我小时候有很多虫牙，而且别人叫我"虫牙大王"。

　　改为：因为我小时候有很多虫牙，所以别人叫我"虫牙大王"。

　　分析：前后为因果关系，关联词用错。

1 注意前后两个分句是否存在因果关系，避免出现不合逻辑或者逻辑混乱的问题。

2 注意前后两个分句的主语是否一致，并根据不同情况调整主语的位置。

案例 **1**：图片法

1. 导入和讲解

师：（出示图片）大家看，他很不高兴。为什么呢？

生：因为他受伤了。

师：对，<u>因为他受伤了，所以很不高兴</u>。（板书，齐读）

生：因为他受伤了，所以很不高兴。

师：他为什么坐在轮椅上呢？

生：<u>因为他受伤了，所以坐在轮椅上</u>。（板书，齐读）

师：他还能来上课吗？

生：（可能会说）不能。

师：（引导学生）他因为……

生：<u>他因为受伤了，所以不能来上课</u>。（板书，齐读）

师：（根据例句总结格式）

因为＋S＋……，所以……

S＋因为……，所以……

2. 操练

看图说话

📖 案例2：情景举例法

1. 导入和讲解

师：（根据上课的具体情况，比如有人没来上课、特殊天气等，设置情景）

今天大卫为什么没来上课？

生：他生病了。

师：<u>因为大卫生病了，所以没来上课。/ 大卫因为生病了，所以没来上课。</u>（板书，齐读）

生：因为大卫生病了，所以没来上课。/ 大卫因为生病了，所以没来上课。

师：大卫生病了，他妈妈会怎么样？

生：<u>因为大卫生病了，所以他妈妈很担心。</u>（板书，齐读）

师：他妈妈为什么要来北京？

生：<u>因为他妈妈很担心，所以要来北京看他。</u>（板书，齐读）

师：（根据例句总结格式）

因为 + S + ……，所以…… / S + 因为……，所以……

因为 + S1 + ……，所以 + S2 + ……

2. 操练

用"因为……，所以……"说明下面的情况。

（1）外面很吵→睡不着→白天上课没精神→没听懂→作业不会做→老师批评→很难过

（2）跑太快→受伤了→去医院→住院→不能去学校→同学去看他→很感动

<table>
<tr><td rowspan="7">课堂
活动</td><td>**1 接龙说句子**</td></tr>
<tr><td>师：因为锁坏了，所以门没关。</td></tr>
<tr><td>生1：因为门没关，所以小猫跑出去了。</td></tr>
<tr><td>生2：因为小猫跑出去了，所以大卫很伤心。</td></tr>
<tr><td>生3：因为大卫很伤心，所以丽萨也很伤心。</td></tr>
<tr><td>生4：因为大卫和丽萨都很伤心，所以他们都没考好。</td></tr>
<tr><td>生5：因为他们没考好，所以……</td></tr>
</table>

2 **你能想到什么结果**

教师给出一些情况作为原因，学生用"因为……，所以……"表达结果，看谁想到的结果多。

如：下雨了，天气很热，特别忙，太懒，很聪明……

3 **看看谁的想象力最丰富**

看图片，用"因为……，所以……"说句子。

课后练习

一、连一连，说句子。

1. 　　　　a.

2. 　　　　b.

3. 　　　　c.

4. 　　　　d.

5. 　　　　e.

二、把所给词语放在合适的位置。

1. A 他太小了，B 所以 C 不会 D 骑车。 （因为）

2. 因为 A 生病了，B 所以要 C 去 D 看医生。 （他）

3. A 因为他妈妈 B 是中国人，C 所以 D 会说中文。 （他）

4. 因为 A 太热了 B，C 她想 D 去游泳。 （所以）

5. 因为 A 他今天 B 没来上课，C 所以 D 很担心他。 （老师）

三、完成句子。

1. 因为下雨，_____。

2. 因为她每天都做运动，_____。

3. _____，所以她学习很好。

4. _____，所以妈妈很生气。

5. 因为她妈妈是中国人，_____。

四、用"因为……，所以……"写句子。

1. 起晚了→迟到→老师批评→不开心

_____

2. 下雨了→没带伞→感冒了→去医院

_____

3. 努力学习→成绩好→妈妈表扬→有奖品→很开心

_____

4. 天气热→吃雪糕→雪糕化了→衣服脏了

_____

复句

07 一方面……，另一方面……（三级）

本体
知识

"一方面……，另一方面……"连接两个分句，组成一个表示并列关系的复句，主要用来分述两个相互有关系的事物或一个事物的两个方面。"另一方面"中的"另"可以省略，即"一方面……，一方面……"。如：

（1）我来上海一方面是工作，（另）一方面是看老朋友。

（2）绿色出行一方面节能减排，（另）一方面节省开支。

格式： **1** **S＋一方面……，另一方面……**

实习一方面可以积累工作经验，另一方面也可以得到一些收入。

2 **一方面＋S1……，另一方面＋S2……**

（1）一方面大量毕业生找不到工作，另一方面很多岗位招不到人。

（2）一方面父母要理解孩子，另一方面孩子也要体谅父母。

常见
偏误

1 *但是我来这里是为了我能学好汉语，另一方面也是为了和中国人打交道。

改为：但是我来这里，一方面是为了我能学好汉语，另一方面也是为了和中国人打交道。

分析："一方面……，另一方面……"连接两个分句，表示两方面的情况并存，在使用时，两个关联词一般同时出现。在该句中，缺少前一个关联词"一方面"。

2 *我们在中国学汉语，一面我们的汉语水平进步得很快，另一方面我们能慢慢地了解中国文化。

改为：我们在中国学汉语，一方面我们的汉语水平进步得很快，另一方面我们能慢慢地了解中国文化。

分析：关联词语的错用。学生容易将关联词语和其他不相关的关联词语混用。

257

教学提示

1 注意前后两个分句的主语是否相同，并根据不同情况调整主语的位置。

2 注意"一方面……，另一方面……"与其他关联词语的区别，如"一面……，一面……"。

教学案例

📖 **案例1：情景举例法**

▶ **第一步：学习主语相同的情况**

1. 导入和讲解

师：你们觉得在中国学汉语有什么好处？

大卫：可以和中国人交流。

安娜：了解中国文化。

师：那我们可以说：学习汉语一方面可以和中国人交流，另一方面可以了解中国文化。（板书，齐读）

生：学习汉语一方面可以和中国人交流，另一方面可以了解中国文化。

师：你们觉得查词典对学汉语有什么作用？

安娜：查词典可以知道读音。

大卫：还可以学习词的用法。

师：大卫，那我们可以怎么说？

大卫：查词典一方面可以知道读音，另一方面可以学习词的用法。（板书，齐读）

师：安娜，你用过"JUZI 汉语"吗？你觉得它怎么样？

安娜：我觉得很好用。它一方面有很多例句和解释，另一方面也有很多练习。（板书，齐读）

师：（根据例句总结格式）当一个事物同时拥有多个方面，我们就可以说：S＋一方面……，另一方面……

2. 操练

说说你的学习技巧，谈谈它们的好处。

如：我喜欢记笔记。我一方面上课能认真听，另一方面课后还可以复习。

▶第二步：学习主语不同的情况

1. 导入和讲解

师：你们喜欢考试吗？你们知道为什么要考试吗？

生：喜欢（也有可能说不喜欢）。考试可以知道哪些地方没学好。

师：老师也可以通过考试结果调整自己的教学方法。这时候我们可以说：<u>一方面学生能知道自己的不足，另一方面老师能调整教学方法。</u>（板书，齐读）

生：一方面学生能知道自己的不足，另一方面老师能调整教学方法。

师：那你们觉得怎样才能学好汉语呢？

大卫：<u>一方面我们努力学习，另一方面老师帮助我们。</u>（板书，齐读）

安娜：<u>一方面我们主动跟别人交流，另一方面学校安排各种活动。</u>（板书，齐读）

师：（根据例句总结格式）当两个相关的事物同时存在，我们可以说：

一方面 + S1……，另一方面 + S2……

2. 操练

用"一方面……，另一方面……"回答问题。

（1）你喜欢过年吗？为什么？

（2）图书馆可以讲话吗？

（3）骑车上学好吗？

（4）你喜欢交朋友吗？

📖 案例 2：图片法

▶第一步：学习主语相同的情况

1. 导入和讲解

师：（出示图片）老师想买裙子，大家看，这条裙子好看吗？

生：很好看。

师：它只要 80 元，便宜吗？

生：很便宜。

师：那我们就买这条。这条裙子很好看，也很便宜。我们可以说：<u>这条裙子一方面很好看，另一方面很便宜。</u>（板书，齐读）

生：这条裙子一方面很好看，另一方面很便宜。

80 元

师：（出示图片）安娜，你会买这件短袖 T 恤吗？

安娜：这件短袖 T 恤<u>一方面不好看，另一方面太贵了。</u>（板书，齐读）所以
　　我不买。

师：（根据例句总结格式）当一个事物同时拥有多个方面，我们可以说：
　　S＋一方面……，另一方面……

130 元

2. 操练

每人选择一个物品 / 地方 / 水果等，说说自己为什么喜欢它，或者为什么不喜欢它。

如：我喜欢这条裙子。它一方面很好看，另一方面很便宜。

▶ 第二步：学习主语不同的情况

1. 导入和讲解

师：（出示图片）老师刚买完一条裙子，又看到了这条裙子，你们觉得要不
　　要买？给我两个理由。

大卫：不要买，因为已经买过一条了，而且这条裙子很贵。

师：这时候我们可以说：<u>一方面老师已经买过一条裙子了，另一方面这条
　　裙子太贵了。</u>（板书，齐读）

360 元

生：一方面老师已经买过一条裙子了，另一方面这条裙子太贵了。

师：安娜你觉得呢？

安娜：我觉得可以买。因为老师想买，而且两条裙子不一样。

师：用"一方面……，另一方面……"怎么说？

安娜：<u>一方面老师想买，另一方面这两条裙子不一样。</u>（板书，齐读）

师：（根据例句总结格式）当两个相关的事物同时存在，我们可以说：
　　一方面＋S1……，另一方面＋S2……

2. 操练

两人一组，分别讨论以下事件。

（1）暑假旅游

　　　一方面旅游的人太多了，另一方面住宿的费用会比较高。

（2）随手捡垃圾

　　　一方面我们保护了环境，另一方面别人也提高了环保意识。

（3）他上课不认真听讲

　　　一方面他影响了课堂秩序，另一方面其他同学也会模仿。

课堂活动

1 **我奇怪的朋友**

　　学生分别介绍自己的朋友，用"一方面……，另一方面……"说说这位朋友身上奇怪的地方。看看谁的朋友更奇怪。教师先举出例子，如"我的朋友很奇怪。一方面他很勇敢，经常去冲浪；另一方面他很胆小，不敢一个人走夜路。"

2 **最佳推销员**

　　两人一组，每组选择一个想要推销的产品，用"一方面……，另一方面……"介绍该产品，看看哪组推销得最成功。如"这个手机很好，一方面功能齐全，另一方面价钱便宜"。

课后练习

一、听一听，选择正确的选项（双选）。🎧

　　1. 我为什么学习刺绣？
　　　　A. 我对刺绣感兴趣。　　　　　　B. 我妈妈喜欢刺绣。
　　　　C. 我在学校教刺绣。　　　　　　D. 我想传承刺绣技艺。

　　2. 我为什么没有买这件衣服？
　　　　A. 这件衣服质量不好。　　　　　B. 这件衣服太贵了。
　　　　C. 我不喜欢。　　　　　　　　　D. 妈妈不同意。

　　3. 我们为什么每天跑步？
　　　　A. 学校要求。　　　　　　　　　B. 减轻压力。
　　　　C. 锻炼身体。　　　　　　　　　D. 兴趣爱好。

　　4. 我们明天为什么去天津？
　　　　A. 明天休息。　　　　　　　　　B. 学校组织。
　　　　C. 距离很近。　　　　　　　　　D. 工作出差。

二、用"一方面……，另一方面……"改写下面的句子。

　　1. 我不喜欢跳绳，但是跳绳是考试内容之一。

　　　　_____

　　2. 小张喜欢小狗，但是他很害怕小狗咬人。

　　　　_____

3. 明天周末我想睡觉，可是玛丽约我去图书馆。

　　_____

4. 我明天要参加酒会，但是我还要开车。

　　_____

5. 我喜欢这本书，因为它内容有趣，而且跟学习的内容有关。

　　_____

6. 我去上海是为了看朋友，也是为了工作。

　　_____

三、为下列事件找出合理的原因。

　　1. 这台电脑很畅销。

　　2. 这碗面销量第一。

　　3. 小明不喜欢学中文。

　　4. 马克这个字总是写不对。

四、小作文。

　　介绍你们国家流行的游戏 / 服饰 / 美食 / 习俗等，注意使用"一方面……，另一方面……"。

复 句

不是……，就是……（三级）

本体知识

　　"不是……，就是……"是一个表示选择关系的复句，表示推断，强调所说的两种情况一定有一个是事实。

　　"不是……，就是……"连接的两项可以是同类的名词性成分、动词性成分或形容词性成分，也可以是小句。如：

　　（1）大卫的妈妈不是老师，就是医生。

　　（2）不是这本就是那本，你再认真找找，肯定在这两本里面。

　　（3）他不是住八号楼，就是住九号楼。

　　（4）这些衣服不是太大就是太小，我得去买些新衣服。

　　（5）不是你说错了，就是我听错了。

格式：

1 不是 + N1，就是 + N2

　　他不是老师，就是医生。

2 不是 + V1（O1），就是 + V2（O2）

　　他特别喜欢运动，周末不是打球，就是游泳。

3 不是 + Adj1，就是 + Adj2

　　我这些衣服不是太大，就是太小，得去买新衣服了。

4 不是 + S1……，就是 + S2……

　　不是你去，就是她去，反正你俩得有一个人去。

常见偏误

1 * 但是那时候我希望听的音乐不是古典音乐，就是流行音乐。

　　改为：但是那时候我希望听的音乐不是古典音乐，而是流行音乐。

* 但重要的不是过去的，就是将来的。

　　改为：但重要的不是过去，而是将来。

* 我可以说我的一生中对我影响最大的不是别人，就是我父亲。

改为：我可以说我的一生中对我影响最大的不是别人，而是我父亲。

分析："不是……，就是……"用于表达说话人的猜测或对可能发生的情况的列举，而"不是……，而是……"用于表明说话人的判断。

2 * 吸烟不是对吸烟的人有害就是对接近的有害。

改为：吸烟不仅对吸烟的人有害，而且对接近的有害。

分析：该句为递进关系，应该用"不仅……，而且……"，"不是……，就是……"表示选择关系。

3 * 她不是喜欢唱歌，就是她妹妹喜欢唱歌。

改为：不是她喜欢唱歌，就是她妹妹喜欢唱歌。

分析：用"不是……，就是……"时，若前后两分句的主语不同，两个主语要分别位于"不是""就是"的后面。

4 * 他不是越南人，就是他是泰国人。

改为：他不是越南人，就是泰国人。

分析：用"不是……，就是……"时，若前后两分句的主语一样，后一分句主语一般承前省略。

教学提示

注意"不是……，就是……"和"不是……，而是……"的区别：

（1）"不是……，就是……"是一个表示选择关系的复句，用于猜测，并强调二者必有其一。

（2）"不是……，而是……"是一个表示并列关系的复句，肯定后者否定前者。

教学案例

📖 **案例1：图片法**

1. 导入和讲解

师：（出示图片）猜一猜他是做什么的。

生：老师。

师：很好，还有可能是……？

生：律师。

师：我们可以说：他不是老师，就是律师。（板书，齐读）

生：他不是老师，就是律师。

师：（出示图片）你们猜对啦！他是做什么的？

生：他是一名老师。

师：（出示图片）那他平时做什么？

生：看书。

师：（出示图片）对，他还做什么呢？

生：上课。

师：很好。我们可以说：他不是看书，就是上课。（板书，齐读）

生：他不是看书，就是上课。

师：（出示图片）她在买衣服。看这件衣服，对她来说怎么样？

生：太大了。

师：这件衣服呢？对她来说怎么样？

生：有点儿小。

师：很好。我们可以说：这些衣服不是大，就是小。（板书，齐读）

生：这些衣服不是大，就是小。

师：（根据例句总结格式）

不是＋N1，就是＋N2

不是＋V1（O1），就是＋V2（O2）

不是＋Adj1，就是＋Adj2

2. 操练

有趣的推理

（1）李丽是中级班的学生，中级班有中 A、中 B 两个班，那么她……

（2）他说他们家在 18 层，可是这里除了 1 号楼和 7 号楼外，其他楼都没有 18 层。所以他……

（3）你知道中国最大的城市是哪个吗？

（4）大卫要看的电影是 3D 的，所以他……

影厅	时间	类型	名称
5 号厅	09:30	2D	《流浪地球 2》
7 号厅	10:35	2D	《中国乒乓之绝地反击》
6 号厅	09:49	3D	《熊出没》
6 号厅	22:25	3D	《黑豹 2》

（5）某班有个学生要转学，她这次考试成绩不太好，三门课中有两门不及格。这个学生会是谁呢？

姓名	语文	数学	英语
小丽	52	68	50
小红	80	57	81
小明	90	74	82
小东	55	65	54

（6）大卫说他的果篮中有葡萄，所以大卫的果篮……

A　　　　　B　　　　　C　　　　　D

📖 案例 2：情景举例法

1. 导入和讲解

师：我们下个月要考试了，不是 11 号，就是 12 号。你们猜一猜，这句话的意思是：A.11 号考试；B.12 号考试；C. 可能是 11 号考试，也可能是 12 号考试。

生：……

师：正确答案是 C，可能是 11 号考试，也可能是 12 号考试，而且不可能是其他时间，那么我们就可以说：<u>不是 11 号，就是 12 号</u>。（板书，齐读）

如果考试时间是 20 分钟，可以吗？时间短吗？

生：太短了。

师：5 个小时可以吗？

生：时间太长了。

师：对，那我们可以说：<u>这两个时间不是太短，就是太长</u>。（板书，齐读）

师：考完试后，我们一起去玩，怎么样？大家想去看电影、唱歌、吃饭……？每个人选一个，看大家想做什么。

（学生说完后投票）

师：（选出票数最高的两个）大家最想去吃饭和看电影。那到时候，<u>我们不是去吃饭，就是去看电影</u>。（板书，齐读）

师：（根据例句总结格式）

不是＋N1，就是＋N2

不是＋V1（O1），就是＋V2（O2）

不是＋Adj1，就是＋Adj2

2. 操练

操练1：看图说话

这些时间，他们怎么过？

周末，丽丽……

周末，安娜……

每天下课后，大卫……

妈妈每天……，很辛苦。

操练2：

下面这些情况，用"不是……，就是……"该怎么说？

（1）我觉得他很可能是美国人或英国人，不太可能是别的国家的。

（2）我的早餐特别简单，一般都是吃包子，没有包子就喝粥。

（3）最近的天气不是很好，每天都是下雨或阴天。

（4）奶奶不喜欢一个人待在家里，所以白天总是出门找人聊天儿，或者去买菜。

（5）张洁从来不随便缺课，她不来只可能是生病或者家里有事。

课堂活动

1 补充句子

教师提前准备一些句子，只给出上半句，让学生用"不是……，就是……"补出下半句。把学生分为两组，看同样时间内哪个组补出的正确句子多。

如：（1）他喜欢安静，所以不上班的时候，……

（2）许多年轻的父母因为忙着工作，很少自己带孩子，所以孩子……

（3）这家饭店一般人很少，……

（4）小张特别爱学习，每次我去找他，他……

2 猜猜他是谁

让学生用"不是……，就是……"描述班级内的一个同学或一位任课老师，其他人猜，猜对有奖励。

课后练习

一、听一听，判断对错。 🎧

1. 张明不是在超市，就是在商场。 （　　）

2. 男的去超市不是太早，就是太晚。 （　　）

3. 男的和女的不是下周三，就是下周四去超市。 （　　）

二、用"不是……，就是……"看图写句子。

第一组：

第二组：

第三组：

三、判断对错。

1. 中午张军不是去食堂，就是吃米饭。　　　　　　　　　　　　　　（　　）

中午张军不是去食堂，就是去饭店。　　　　　　　　　　　　　　（　　）

中午张军不是吃面条，就是吃米饭。　　　　　　　　　　　　　　（　　）

2. 安娜每天不是在图书馆，就是做题。　　　　　　　　　　　　　　（　　）

安娜每天不是在图书馆，就是在教室。　　　　　　　　　　　　　（　　）

安娜每天不是读课文，就是做题。　　　　　　　　　　　　　　　（　　）

四、用"不是……，就是……"回答问题。

1. 小王去哪儿了？

2. 下课后你一般做什么？

3. 你知道他是哪个班的吗？

4. 老师每天都干什么？

5. 那个店里的衣服挺多的，你怎么没买？

五、选词填空。

| 米饭　　　便宜　　　我　　　做作业 |

1. 这些衣服不是太贵，就是太（　　　　）。

2. 小杰不是上课，就是（　　　　）。

3. 安琪中午不是吃面条，就是吃（　　　　）。

4. 第一名不是小王，就是（　　　　）。

六、口语表达。

问你朋友最喜欢吃的两种水果、最喜欢的两种颜色、最喜欢的两种运动分别是什么，并用"不是……，就是……"说出来。

如：我的朋友王明最爱吃苹果和香蕉，他每天不是吃苹果，就是吃香蕉。

复句

X 是 X，就是……（三级）

本体知识

　　"X 是 X，就是……"是一个表示让转关系的复句。前一小句中，"是"字前后通常使用相同的形容词或动词性结构，表示让步，先对某对象的某特征 X 做出部分肯定；后一小句对某对象的其他特征进行否定。复句整体表示"美中不足"的语义信息，是一种委婉的表达方式。

格式：

1 **Adj 是 Adj，就是……**

（1）这件衣服便宜是便宜，就是质量不太好。

（2）这条路近是近，就是不好走。

2 **V 是 V，就是……**

（1）中国我去过是去过，就是不太了解。

（2）老师同意是同意了，就是有点儿勉强。

常见偏误

1 * 远是远，就是那家饭店的菜很好吃。

　　改为：那家饭店的菜好吃是好吃，就是太远了。

　　* 榴莲臭是臭，就是对身体很好。

　　改为：榴莲健康是健康，就是有点儿臭。

　　分析："X 是 X，就是……"中的后一小句多表示负面、消极的感情色彩。

2 * 这种车快是快，就是耗油少。

　　改为：这种车不仅快，而且耗油少。／这种车快是快，就是耗油多。

　　分析："X 是 X，就是……"表示让转关系，而非递进关系。

3 * 这首歌的歌词好是好，就是歌手唱得不好。

　　改为：这首歌的歌词虽然很好，但是歌手唱得不好。／

　　　　　这首歌的歌词好是好，就是太难唱了。

　　分析："X 是 X，就是……"表示让转关系，而非转折关系。前后两个小句并非强烈的对比关系，而是先肯定部分，再进行否定。

270

<table>
<tr>
<td>

**教学
提示**
</td>
<td>

1 "X 是 X，就是……"应作为构式整体教学。

2 "X 是 X，就是……"中的前一小句与后一小句在语义上必须有联系。

3 "X 是 X，就是……"中的前一小句与后一小句在语义上要构成让转关系，且后一小句多数表示负面的感情色彩。
</td>
</tr>
</table>

**教学
案例**

▶ **第一步：学习"Adj 是 Adj，就是……"**

📖 **案例 1：图片法**

1. 导入和讲解

师：（出示图片）玫瑰花好看吗？

生：好看。

师：那你们会送给朋友玫瑰花吗？

生 1：会。

生 2：不会。

师：那你为什么不会送给朋友玫瑰花？

生 2：不实用。

师：哦，那我们可以说：<u>玫瑰花好看是好看，就是
不实用。</u>（板书，齐读）

生：玫瑰花好看是好看，就是不实用。

师：（出示价格）玫瑰花贵吗？

生：贵。

师：所以我们可以怎么说？

生：<u>玫瑰花好看是好看，就是太贵了。</u>（板书，齐读）

师：（根据例句总结格式）

如果我们对一件事情或者一样东西既有肯定的部分，又有否定的部分，
在口语中就可以说：

Adj 是 Adj，就是……

2. 操练

看图回答问题

手机好玩吗？浪费时间吗？

京剧好看吗？你能听懂吗？

这个游戏好玩吗？危险吗？

📖 案例2：情景举例法

1. 导入和讲解

师：我们这周末去故宫，好吗？

生：好。

师：安娜，你想怎么去？

安娜：我想坐公交车去。

师：你为什么想坐公交车去？

安娜：因为便宜。

师：大卫想坐公交车去吗？

大卫：不想。

师：为什么？

大卫：因为人太多了，我不喜欢。

师：坐公交车很便宜，但是人太多了。我们可以说：坐公交车便宜是便宜，就是人太多了。
　　（板书，齐读）

生：坐公交车便宜是便宜，就是人太多了。

师：那大卫想怎么去？

大卫：我想打车去。

师：你为什么想打车去？

大卫：打车很快。

师：哦，打车确实很快，但是太贵了。我们可以说：<u>打车快是快，就是太贵了。</u>（板书，齐读）

生：打车快是快，就是太贵了。

师：（根据例句总结格式）

　　如果我们对一件事情或者一样东西既有肯定的部分，又有否定的部分，在口语中就可以说：

　　Adj 是 Adj，就是……

2. 操练

看图回答问题

拼图游戏好玩吗？麻烦吗？

魔方好玩吗？难吗？

▶ 第二步：学习"V 是 V，就是……"

📖 案例3：图片法

1. 导入和讲解

师：（出示图片）她在做什么？

生：剪纸。

师：对，这是中国的剪纸艺术。我听说安娜学习过剪纸，是吗？

安娜：我学习过。

师：那我们请安娜给我们剪一张，好吗？

安娜：我没学会。

师：哦，安娜学习过剪纸，但没学会。我们可以说：<u>学过是学过，就是没学会。</u>（板书，齐读）

生：学过是学过，就是没学会。

师：（根据例句总结格式）

　　我们想说一件事情我们能做或者会做，但是做得不好或者不擅长，在口语中就可以说：

　　V 是 V，就是……

2. 操练

用"V是V，就是……"改写下面的句子。

（1）我会说汉语，但是说得不好。

　　　汉语我会说是会说，就是说得不好。

（2）我会写汉字，但是写得很慢。

　　　汉字我会写是会写，就是写得很慢。

（3）我思考了，但是没思考出来。

　　　我思考是思考了，就是没思考出来。

（4）我吃饭了，但是没吃饱。

　　　我吃是吃了，就是没吃饱。

课堂活动

1 砍价王

请学生用"X是X，就是……"对给出的商品进行砍价。

烤鸭 398 元 / 只

旗袍 1000 元

礼服 5000 元

短裙 300 元

2 美中不足

请学生用"X是X，就是……"评价自己的国家或者同学、朋友等。

如：（1）大卫聪明是聪明，就是不努力。

　　　（2）约翰聪明是聪明，就是太调皮了。

　　　（3）俄罗斯漂亮是漂亮，就是冬天太冷了。

　　　（4）安娜学习好是好，就是太骄傲了。

课后练习

一、用"X 是 X，就是……"看图说话。

这个包好看吗？它实用吗？它小吗？　　　　他努力吗？效果明显吗？

这个教室大吗？光线好吗？　　　　她睡了吗？她睡着了吗？

二、用"X 是 X，就是……"改写下面的句子。

1. 这辆车速度很快，但是费油。

　　_____

2. 这部小说很有趣，但是太长了。

　　_____

3. 这把伞很好看，但是带起来不太方便。

　　_____

4. 这台电脑很好用，但是太贵了。

　　_____

5. 这双鞋很舒服，但是不好看。

　　_____

句 类

是非疑问句 1：用"吗"提问（一级）

本体知识

疑问句根据结构和功能的不同分成是非问、选择问、正反问和特指问四大类。是非疑问句是指要求听话人做出肯定或者否定回答的疑问句，句末大多用语气助词"吗"，如果已经有大致判断，希望进一步确认则用"吧"。如：

（1）你是老师吗？

（2）你是老师吧？

有一些是非疑问句，句末没有疑问语气助词，此时是非疑问句的疑问信息是由疑问语调承担的，所以疑问语气就由句调显现出来，句尾必须为高扬句调。如：

他是老师？

回答时，不管是肯定形式还是否定形式，如果同意，可以先用"是（的）"或者"对"等表示肯定，然后再表达自己的看法；如果不同意，可以先用"不"或者"没有"等表示否定，然后再表达自己的看法。当然，也可以直接表达自己的看法。如：

（1）A：她是学生吗？

B：（对，）她是学生。/（不，）她不是学生。

（2）A：你不喜欢游泳吗？

B：是（对），我不喜欢游泳。/ 不，我很喜欢游泳。

本教学设计仅涉及用"吗"提问的是非疑问句。

格式：

1 S + V + …… + 吗？

（1）你是留学生吗？

（2）明天你有时间吗？

2 S + Adj + 吗？

（1）她漂亮吗？

（2）中文难吗？

常见偏误

1 * 我和弟弟，是 twins，你知道？

改为：我和弟弟是双胞胎，你知道吗？

* 我很想去斯洛文尼亚。你可以陪我去斯洛文尼亚旅行？

改为：我很想去斯洛文尼亚。你可以陪我去斯洛文尼亚旅行吗？

分析：句末语气助词"吗"的遗漏。很多语言并不是通过疑问语气助词来表达疑问的，学生受母语影响而出现偏误。

2 * 我去过首尔，首尔里面没有名胜古迹吗？

改为：我去过首尔，首尔没有名胜古迹吧？

分析：说话人已经有了自己的大致看法，想再次确认，应该用语气助词"吧"。

3 * 你为什么在中国吗？

改为：你为什么在中国？

* 你什么时候去旅游吗？

改为：你什么时候去旅游？

* 今天没有音乐会，是不是弄错吗？

改为：今天没有音乐会，是不是弄错了？

分析：特指疑问句、正反疑问句句尾不用"吗"，但二语学习者常误以为只要是表达疑问，就要用疑问语气助词"吗"。

4 A：你喝茶吗？

* B：是。

改为：喝。/ 不喝。

分析：回答是非疑问句时要注意，根据问句中的动词来回答。

5 A：她不喜欢唱歌吗？

* B：不，她不喜欢。

改为：对，她不喜欢。

分析：回答是非疑问句时，先表明自己是否同意问话人的意见，同意就要用"是"或者"对"；如果不同意，就用"不"，然后表达自己的意见。该句"她不喜欢"显然是同意问话人的意见。

教学提示

1 是非疑问句在基本讲解练习之后，应分散到"是"字句、"有"字句等语法点中进行重复练习。见"是"字句、"有"字句。

2 只有在是非疑问句中用"吗"，其他种类的疑问句，如特指疑问句、正反疑问句、选择疑问句中都不用"吗"。

3 回答是非疑问句时，不能像英语那样都用"是"或者"不是"，"是"或"不是"只用于"是"字句，汉语要根据问句中的动词来回答。如：

A：你买水果吗？

B：买。/不买。

4 汉语对否定疑问形式的回答和英语等其他语言不同，应特别注意。

5 二语学习者经常出现的问题是会陈述表达，不会问问题，所以在学习其他语法点时应加强是非疑问句的操练，让学生学会问问题。

教学案例

📖 **案例1：复习法**

▶ **第一步：学习肯定是非疑问句**

1. 导入和讲解

师 （复习"是"字句，根据学生已经学习过的词语说句子）

我是老师，<u>你们是老师吗？</u>（板书，齐读）

生：我们不是老师。

师：我是中国人，<u>你们是中国人吗？</u>（板书，齐读）

生：我们不是中国人。

师：你是韩国人吗？

生1：我是韩国人。/ 我不是韩国人。

师：（根据例句总结格式）

S + 是 + …… + 吗？

S + 是 + …… / S + 不是 + ……

师：（复习"有"字句，根据学生已经学习过的词语说句子）

（拿出学过的词语卡片）我有苹果，<u>你们有苹果吗？</u>（板书，齐读）

生：我们没有苹果。

师：我有笔，<u>你们有笔吗？</u>（板书，齐读）

生：我们有笔。

师：（根据例句总结格式）

S + 有 + …… + 吗？

S + 有 + …… / S + 没有 + ……

2. 操练

操练1：接龙问答

用"你是……吗？"提问并回答。

如：学生、老师、中国人、日本人、留学生……

操练 2：顶真问

师：我喜欢吃香蕉，你喜欢吃香蕉吗？你有香蕉吗？

生 1：我喜欢吃香蕉，我没有香蕉。

（教师用手势示意学生进行提问）

生 1：你喜欢吃苹果吗？你有苹果吗？

生 2：我不喜欢吃苹果，我没有苹果。你喜欢吃西瓜吗？你有西瓜吗？

生 3：……

▶ **第二步：学习否定是非疑问句**

1. 导入和讲解

师：（根据实际情况）今天不热吗？（板书，齐读）

生：（可能会说错）是，今天热。

师：如果你觉得很热，应该说：不，今天很热。（板书，齐读）

如果你觉得不热，应该说：对，今天不热。（板书，齐读）

你觉得我说得不对，你回答"不"，你觉得我说得对，你回答"对"。

师：好，我们试一试。你没做作业吗？（板书，齐读）

生：不，我做作业了。

师：如果你没做，应该怎么回答？

生：对，我没做作业。

师：（根据例句总结格式）

S + 不 + Adj + 吗？

对，不 + Adj / 不，很 + Adj

S + 不 / 没 + V + 吗？

对，不 / 没 + V / 不，V（了）

2. 操练

接龙问答

师：你不喜欢看电影吗？

生 1：对，我不喜欢看电影。

（教师用手势示意学生进行接龙练习）

生 1：你不喜欢去颐和园吗？

生 2：……

案例 2：图片法

▶第一步：学习肯定是非疑问句

1. 导入和讲解

师：（出示成龙的图片）他是哪国人？

生：他是中国人。

师：（出示图片）她是中国人吗？（板书，齐读）

生：她不是中国人。

师：你是中国人吗？（板书，齐读）

生：我不是中国人。

师：（根据例句总结格式）

S＋是＋……＋吗？

S＋是＋…… / S＋不是＋……

师：（出示图片）这是书吗？

生：这是书。

师：你们有书吗？（板书，齐读）

生：我们有书。

师：（出示图片）这是苹果吗？

生：这是苹果。

师：我有苹果，你们有苹果吗？（板书，齐读）

生：我们没有苹果。

师：（根据例句总结格式）

S＋有＋……＋吗？

S＋有＋…… / S＋没有＋……

2. 操练

看图问答

师：这是香蕉吗？你喜欢吃香蕉吗？

生1：这是香蕉。我喜欢吃香蕉。

（教师换图片，示意学生继续问）

生1：这是苹果吗？你喜欢吃苹果吗？

生2：……

▶ 第二步：学习否定是非疑问句

1. 导入和讲解

师：（出示一张经典电影的海报）<u>这部电影不好看吗？</u>（板书，齐读）

生1：（可能会说错）是，这部电影很好看。

师：如果你觉得很好看，应该说：<u>不，这部电影很好看。</u>（板书，齐读）

如果你觉得不好看，应该说：<u>对，这部电影不好看。</u>（板书，齐读）

你觉得我说得不对，你回答"不"，你觉得我说得对，你回答"对"。

师：<u>你不喜欢看电影吗？</u>（板书，齐读）

生1：<u>不，我喜欢看电影。</u>（板书，齐读）

师：如果你不喜欢看电影，怎么回答？

生2：<u>对，我不喜欢看电影。</u>（板书，齐读）

师：你呢？你不喜欢看电影吗？

……

师：（根据例句总结格式）

S + 不 + Adj + 吗？   S + 不 / 没 + V + 吗？

对，不 + Adj / 不，很 + Adj   对，不 / 没 + V / 不，V（了）

2. 操练

看图问答

他不高兴吗？

他不想吃饭吗？

他不吃 / 不喜欢西兰花 / 蔬菜吗？

他不喜欢吃沙拉吗？

案例 3：情景举例法

▶ 第一步：学习肯定是非疑问句

1. 导入和讲解

师：老师很喜欢吃苹果。<u>你喜欢吃苹果吗？</u>（板书，齐读）

生 1：我喜欢吃苹果。（教师用手势示意学生进行接龙练习）你喜欢吃苹果吗？

生 2：我喜欢吃苹果。你喜欢吃苹果吗？

生 3：我喜欢吃苹果。

师：我们都喜欢吃苹果，<u>苹果好吃吗？</u>（板书，齐读）

生：苹果很好吃。

师：（根据例句总结格式）

　　　S ＋ V ＋ …… ＋ 吗？

　　　S ＋ Adj ＋ 吗？

师：（举起手机）我有手机，<u>你们有手机吗？</u>（板书，齐读）

生：我们有手机。

师：（拿起汉语书）我有汉语书，<u>你们有汉语书吗？</u>（板书，齐读）

生：我们有汉语书。

师：（根据例句总结格式）

　　　S ＋ 有 ＋ …… ＋ 吗？

　　　S ＋ 有 ＋ …… / S ＋ 没有 ＋ ……

2. 操练

操练 1：抽纸条

每张纸条上写有一个物品或食物的名称，学生要用新学的句子进行提问。

如： 苹果

生：这是苹果吗？你喜欢吃苹果吗？苹果好吃吗？你有苹果吗？

操练 2：找东西

　　一个学生把东西藏起来，另一个学生猜东西在哪儿。如"巧克力在书包里吗？""巧克力在笔袋里吗？"。

操练 3：猜东西

　　一个学生在书包里放一些东西，其他学生猜。如"书包里有书吗？""书包里有手机吗？"。

▶ 第二步：学习否定是非疑问句

1. 导入和讲解

师：你不喜欢吃烤鸭吗？

生：（可能会说错）是，我喜欢吃烤鸭。

师：如果你喜欢，应该说：<u>不，我喜欢吃烤鸭。</u>（板书，齐读）

　　如果你不喜欢，应该说：<u>对，我不喜欢吃烤鸭。</u>（板书，齐读）

　　你觉得我说得不对，你回答"不"，你觉得我说得对，你回答"对"。

师：<u>你不是学生吗？</u>（板书，齐读）

生：不，我是学生。

师：<u>这部电影不好看吗？</u>（板书，齐读）

生：对，这部电影不好看。

师：<u>你不认识他吗？</u>（板书，齐读）

生：不，我认识他。

师：（根据例句总结格式）

　　S＋不＋Adj＋吗？　　　　　　　　　　S＋不／没＋V＋吗？

　　对，不＋Adj／不，很＋Adj　　　　　　对，不／没＋V／不，V（了）

2. 操练

接龙问答

　　教师给每个学生发一张食物图片，手势示意接龙练习，让学生根据图片上的食物互相问问题并回答。

如：

你喜欢吃……吗？

你的……辣吗？　甜吗？　好吃吗？　贵吗？

你有……吗？　你没有……吗？

你的……不甜吗？　你的……没熟吗？

课堂活动

1 "吗"字连环问

把学生分成两组，教师把东西的名称写在一张纸上，放在讲台上，每一组学生都用"……吗"来提问，如："是吃的吗？""是水果吗？"。看哪组问的问题多，问题多的组赢。

2 猜猜我最喜欢谁

每一个学生在纸上写出自己最喜欢的人，可以是自己的父母、同学，也可以是明星等，然后请一个学生站在前面，别的学生对其进行提问，如："他会说汉语吗？""他是老师吗？""他在这儿吗？""他是你的家人吗？""他喜欢运动吗？"。看看多少个问题能猜出来。超过 10 个问题，站在前面的学生获胜；不到 10 个问题，其他学生获胜。

3 猜故事

每个学生想一个故事（故事可以没有逻辑，主要是让学生练习问问题），然后告诉大家这个故事的开头，让大家问问题，询问故事内容，只能用新学的"吗"提问。如：故事开头是老师来教室上课，但是教室里没有人。学生提问：到上课时间了吗？同学们知道上课时间吗？老师来的教室对吗？同学们忘了今天上课吗？……最后公布故事结局：老师来教室上网课，所以同学们不在教室。

课后练习

一、听一听，回答听到的问题。🎧

1. A. 我妈妈很高。　　　　　　　B. 我姐姐不是学生。
　　C. 我妹妹是学生。　　　　　　D. 我妈妈喜欢工作。

2. A. 她弟弟很高。　　　　　　　B. 她哥哥很高。
　　C. 她哥哥很高兴。　　　　　　D. 她哥哥是大学生。

3. A. 我会说汉语。　　　　　　　B. 我很喜欢汉语。
　　C. 我在北京学汉语。　　　　　D. 汉语不难。

4. A. 我想吃面条。　　　　　　　B. 去食堂吃饭。
　　C. 我吃饭了。　　　　　　　　D. 我吃饭。

二、用"……吗"把下列句子改写成问句，然后进行否定回答。

1. 她的姐姐是日本人。

_____

2. 他喜欢游泳。

_____

3. 我们去长城。

_____

4. 这种香蕉很好吃。

_____

5. 他的中文很好。

_____

三、完成对话。

1. A：_____？（吗）

B：他是我哥哥。

A：_____？（吗）

B：他是学生。

A：_____？（吗）

B：学习汉语。

2. A：_____？（吗）

B：我不是美国人。

A：_____？（吗）

B：我是英国人。

四、小调查。

至少调查四个同学，然后在班里汇报。

姓名	你喜欢宠物（pet）吗?	你有宠物吗?	你喜欢喝茶吗?	你不喜欢运动吗?

句 类

是非疑问句 2：用"吧"提问（二级）

本体知识

　　说话人在问问题的时候，如果没有预期判断，句末用"吗"；如果已经有大致判断，希望进一步确认就用"吧"。如：

（1）你是老师吗？

（2）你这么清楚，你是这个学校的老师吧？

"吧"也可以用于祈使句，表示商量、建议。如：

星期天，我们一起去游泳吧。

本教学设计仅涉及用"吧"的疑问句。

格式：

1 S + V + …… + 吧？

（1）你是老师吧？

（2）他是韩国人吧？

2 S + Adj + 吧？

（1）你们很高兴吧？

（2）这件衣服很贵吧？

常见偏误

1 *你们都知道诸葛亮是吧。

改为：你们都知道诸葛亮，是吧？

分析："吧"可用于疑问语气和祈使语气，当用于疑问语气时，句末应使用问号。

2 *你们最近过得好吧？

改为：你们最近过得好吗？

分析：已经有大致判断，希望进一步确认时用"吧"；无大致判断，表示询问应该用"吗"。

3 *你喜欢中药还是西药吧？

改为：你喜欢中药还是西药？

分析：选择疑问句不加表疑问的语气助词"吧"。

4 *非常漂亮所以我们很感动了吧？

改为：非常漂亮，所以我们很感动。

分析：不表达疑问时不需要使用表疑问的语气助词。

教学提示

1 "吧"用于疑问句和祈使句时表达的语气不同，意义也有区别，在书面语中应注意标点符号的使用，在口语中应注意句调、语调的区别。

2 语气助词"吗"和"吧"的意义有区别：是非疑问句是指要求听话人做出肯定或者否定回答的疑问句，句末大多用"吗"，而已经有大致判断，希望进一步确认时用"吧"；单纯询问时用"吗"，征求意见时用"吧"。

教学案例

📖 案例 **1**：情景举例法

▶第一步：学习肯定是非疑问句

1. 导入和讲解

师：（根据班里的具体情况选择合适的语境，比如某学生的衣服、心情）安娜的新衣服这么漂亮，<u>一定很贵吧？</u>（板书）

安娜：谢谢老师！不太贵。

师：看起来质量特别好，<u>穿上一定很舒服吧？</u>（板书）

安娜：是的，特别舒服。

师：看起来不太厚，<u>一定很凉快吧？</u>（板书）

安娜：是的，很凉快。

师：今天学校有一个舞会，你们都穿得这么漂亮，<u>都是要参加舞会吧？</u>（板书）

生：是的，我们都要参加舞会。

师：（根据例句总结格式）像刚才这样，老师大概猜出来了，但还不能太肯定，我想确认一下，让听的人告诉我我的想法对不对，可以用：

　　S +……+ 吧？

师：你们看老师的衣服，猜一猜老师今天去干什么。

生：老师穿得很漂亮，我们都参加舞会，老师也参加舞会吧？

师：是的，老师也参加。还有问题吗？（示意学生用"吧"提问）

生：老师会跳舞吧？

师：是的，老师会跳舞。

生：老师喜欢跳舞吧？

师：我不太喜欢跳舞，但我喜欢看你们跳舞。

生：老师跳得很好吧？

师：老师跳得还不错。

生：老师喜欢喝酒吧？

师：你们错了，我不喜欢喝酒，但我喜欢喝饮料。

2. 操练

看图问问题

① 这么热，_____？

② 这件衣服_____？

③ 这个包_____？

④ 这么累，_____？

⑤ 作业这么多，_____？

▶ 第二步：学习否定是非疑问句

1. 导入和讲解

师：（根据实际情况）你吃了零食，<u>现在不饿吧？</u>（板书）

生：（可能会说错）不是，现在不饿。

师：如果你觉得饿，应该说：<u>不，我很饿。</u>（板书，齐读）

如果你觉得不饿，应该说：<u>对，我不饿。</u>（板书，齐读）

你觉得我说得不对，你回答"不"，你觉得我说得对，你回答"对"。

师：好，我们试一试。<u>你没带书包吧？</u>（板书）

生：<u>不，我带书包了。</u>（板书，齐读）

师：如果你没带，应该怎么回答？

生：<u>对，我没带书包。</u>（板书，齐读）

师：（根据例句总结格式）

S + 不 + Adj + 吧？

对，不 + Adj / 不，很 + Adj

S + 不 / 没 + V + 吧？

对，不 / 没 + V / 不，V（了）

2. 操练

接龙问答

师：你不去电影院，你不喜欢看电影吧？

生1：对，我不喜欢看电影。

（教师用手势示意学生进行接龙练习）

生1：你不想吃饭，你不饿吧？

生2：……

📖 案例 **2**：图片法

▶ 第一步：学习肯定是非疑问句

1. 导入和讲解

师：（出示图片）大家看这个包漂亮吗？

生：很漂亮。

师：你们猜猜多少钱。

生：这么漂亮，质量也很好，我觉得很贵。

师：你确定很贵吗？

生：我觉得是，但不一定。

师：你觉得是，但还不确定。那这时候我们可以说：<u>这个包一定很贵吧？</u>（板书）

是挺贵的，1万多。老师想买，你们觉得怎么样？你们每个人可以问我一个问题吗？用"吧"来问。

生1：这么贵老师还想买，老师很有钱吧？

生2：老师是中奖了吧？

生3：老师是要参加什么重要活动吧？

生4：老师是很喜欢收藏包吧？

生5：老师很喜欢这个包吧？

……

师：（根据例句总结格式）大概猜出来了，但还不能太肯定，想确认一下，我们可以用：

S＋……＋吧？

2. 操练

操练1：小组练习

两人一组，互问问题。

如：你看起来很累，昨天晚上没睡吧？

操练2：猜图片/猜纸条

教师准备一些生活用品或食物的图片或写有名称的纸条。A 拿着图片或纸条，描述这个生活用品或食物的情况，如哪里有、哪里没有、什么颜色、干什么用的等。B 猜是什么，要用带"吧"的疑问句询问。

生1：教室里有，写字用的。

生2：是铅笔吧？

生1：不是。

生2：是钢笔吧？

生1：是。

▶ 第二步：学习否定是非疑问句

1. 导入和讲解

师：（出示图片）看他的脸，<u>他不开心吧？</u>（板书）

生1：（可能会说错）不是，他不开心。

师：如果你觉得他不开心，应该说：<u>对，他不开心。</u>（板书，齐读）

　　如果你觉得他开心，应该说：<u>不，他很开心。</u>（板书，齐读）

　　你觉得我说得对，你回答"对"，你觉得我说得不对，你回答"不"。

师：（出示图片）<u>这个本子很薄，应该不贵吧？</u>（板书，齐读）

生1：对，这个本子不贵。

师：如果这个本子很贵，怎么回答？

生2：不，这个本子很贵。

师：（出示图片）<u>他不喜欢吃蔬菜吧？</u>（板书，齐读）

生：<u>对，他不喜欢吃蔬菜。</u>（板书，齐读）

师：你也不喜欢吃蔬菜吧？

生3：<u>不，我喜欢吃蔬菜。</u>（板书，齐读）

师：（根据例句总结格式）

S + 不 + Adj + 吧？

对，不 + Adj / 不，很 + Adj

S + 不 / 没 + V + 吧？

对，不 / 没 + V / 不，V（了）

2. 操练

教师给一些词，让学生选择一个词，用"……不/没……吧？"问问题。

词语：学会、饿、开心、贵……

师：你没学会吧？

生 1：不，我学会了。这支笔不贵吧？

生 2：对，这支笔不贵。你不饿吧？

……

课堂活动

1 接龙猜一猜

教师先给出一个情况，然后让学生接龙猜。

师：你看他又困又累。

A：他又困又累，昨天没睡好吧？

B：他昨天没睡好，有什么不开心的事吧？

C：他不开心，考试没考好吧？

D：他考试没考好，没好好复习吧？

……

2 猜猜他／她是谁

找一些名人或学生都认识的人小时候的照片，让学生用"是……吧？""是……岁吧？"提问，猜一猜照片里的人是谁，拍照时几岁。

课后练习

一、听一听，回答听到的问题（可多选）。🎧

1. A. 不，我很累。　　　　　　　B. 对，我不累。
　 C. 不，我不累。　　　　　　　D. 对，我很累。

2. A. 他经常去旅行。　　　　　　B. 不，他不喜欢旅行。
　 C. 对，他喜欢去旅行。　　　　D. 对，我喜欢旅行。

3. A. 对，我不喜欢吃面条。　　　B. 对，我喜欢吃面条。
　 C. 不，我不喜欢吃面条。　　　D. 不，我很喜欢吃面条。

4. A. 是的。　　　　　　　　　　B. 不是。
　 C. 好吧。　　　　　　　　　　D. 不好。

二、用"……吧"提问。

1. 我觉得她是日本人。

_____

2. 看起来她好像生病了。

_____

3. 你们都忘了做作业，老师肯定生气了。

_____

4. 这么贵的酒店，条件一定很好。

_____

5. 这么好吃的菜，肯定很贵。

_____

6. 她学习这么好，肯定很聪明。

_____

三、用"……吧"完成句子。

1. 现在是八月，_____？（放暑假）

2. 他昨天不舒服，今天请假了，_____？（去医院）

3. 大卫很久没见家人了，_____？（想家）

4. 你最近经常加班，_____？（忙）

5. 丽莎看到他就脸红，_____？（喜欢）

句 类

用"呢"的疑问句（二级）

本体知识

　　语气助词"吧""吗""呢"常用在疑问句句末，表示疑问的语气。"呢"常用于特指疑问句、选择疑问句和正反疑问句中，以加强疑问语气，有深究的意味。一般不用于是非疑问句中。如：

（1）这是谁的书呢？

（2）你要苹果，还是要香蕉呢？

（3）我去看电影，你去不去看电影呢？

　　"呢"还可以用在省略疑问句中，疑问的内容可以根据语境补出。如：

（1）我六点半起床，你呢？（＝我六点半起床，你几点起床？）

（2）我去长城，你呢？（＝我去长城，你去哪儿？）

　　"呢"也可用于陈述句中，用来确认或强调句子中的部分信息，并提醒听话人注意这部分信息。如：

（1）我没什么，你才辛苦呢。

（2）妈妈听了这个消息，可高兴呢。

　　本教学设计仅涉及用"呢"的疑问句。

格式： **1** **S1……，S2 + 呢？**

（1）我叫大卫，你呢？

（2）我是中国人，他呢？

（3）这条裙子 200 块，这件 T 恤呢？

2 **特指疑问词（谁 / 什么 / 哪 / 哪儿……）+ 呢？**

（1）这是谁的书呢？

（2）咱们送他什么礼物呢？

（3）你是哪国人呢？

（4）你在哪儿呢？

3 **S + 呢？（＝ S 在哪儿？）**

（1）我的笔呢？

（2）钥匙呢？

**常见
偏误**

1 * 为什么我上这所大学呢？

改为：我为什么上这所大学呢？

分析："呢"前面的疑问句要符合汉语语序。用"为什么"提问的句子语序一般为"S＋为什么＋……＋呢"。

2 * 我怎么能面对所有的队员吗？

改为：我怎么能面对所有的队员呢？

* 第一印象到底可靠不可靠吗？

改为：第一印象到底可靠不可靠呢？

* 这些你所提到的原则是不是从个人习惯和一些变通的东西而来的吗？

改为：这些你所提到的原则是不是从个人习惯和一些变通的东西而来的呢？

分析："吗"一般用于是非疑问句中，"呢"常用于特指疑问句、选择疑问句和正反疑问句中。

3 * 爸爸想看一下孩子在读什么呢？

改为：爸爸想看一下孩子在读什么呢。

* 春天会有多么舒服呢。

改为：春天会有多么舒服呢？

分析：语气助词"呢"可表示陈述语气和疑问语气，应根据想表达的意思有无疑问进行区分。

4 * 五个盲人最终是否明白了他们的说法为什么不一样。

改为：五个盲人最终是否明白了他们的说法为什么不一样呢？

分析："呢"常用于特指疑问句、选择疑问句和正反疑问句中，以加强疑问语气，有深究的意味。若句子有深究意味，一般需要加上语气助词"呢"。

**教学
提示**

1 强调在是非疑问句中一般不使用"呢"，特指疑问句、选择疑问句和正反疑问句中一般不使用"吗"。

2 有些学生的母语可能没有使用语气助词的习惯，教师应当让学生了解汉语语气助词的重要性。

教学案例

📖 **案例 1：情景举例法**

▶ **第一步：学习特指疑问句中的"呢"**

1. 导入和讲解

师：（走近一个学生，故意问错）你是德国人吗？

生：不是。

师：你是法国人吗？

生：不是。

师：（做出疑惑的表情）<u>你是哪国人呢？</u>（板书）

生：我是意大利人。

师：你是意大利人啊。（故意叫错他的名字）你叫维克多吧？

生：不，我不叫维克多。

师：那你叫维麦？

生：我也不叫维麦。

师：（做出疑惑的表情）<u>你叫什么呢？</u>（板书）

师：（根据例句总结格式）

什么 / 哪…… + 呢？

2. 操练

每个学生根据实际情况用"吗"或者"呢"问教师一个问题。如：

生 1：老师，您喜欢游泳吗？

师：不喜欢。

生 2：那您喜欢跑步吗？

师：不喜欢。

生 3：那您喜欢什么呢？

……

▶ **第二步：学习省略疑问代词的情况**

1. 导入和讲解

师：我是中国人，你是哪国人？ 还可以说：<u>我是中国人，你呢？</u>（板书，齐读）

生 1：我是越南人。

师：<u>我是老师，你们呢？</u>（板书，齐读）

生：我们是学生。

师：我叫……，你呢？（板书，齐读）

生1：我叫……，（教师示意接龙问）你呢？

生2：我叫……，你呢？

生3：……

师：我喜欢游泳，你呢？（板书，齐读）

生1：我喜欢打球，（教师示意接龙问）你呢？

生2：我喜欢跑步，你呢？

生3：……

师：（根据例句总结格式）

　　　S1……，S2＋呢？

2. 操练

接龙问答

师：你的生日是几月几号？

生1：我的生日是……，（教师示意接龙问）你呢？

生2：……

师：今天晚上我看电视，你呢？

生1：……

生2：……

师：今天我十点睡觉，你呢？

生1：……

生2：……

▶第三步：学习"S＋呢？"（＝S在哪儿？）

1. 导入和讲解

师：（思考并做出寻找的动作）我的课本不见了，我的课本呢？

生1：老师的课本在我这里。

师：谢谢你。老师刚才找不到课本，说了什么？

生：我的课本呢？（板书，齐读）

师：对，这句话是什么意思，你们猜到了吗？

生：我的课本在哪儿？

师：对啦，你们非常聪明。如果你的钥匙找不到了，你怎么说？

生：我的钥匙呢？（板书，齐读）

师：如果你和大卫一起出去玩，但是大卫不见了，你可以怎么说？

生：大卫呢？（板书，齐读）

师：（根据例句总结格式）

当我们想说"S在哪儿？"，可以说：

S + 呢？

2. 操练

小组练习

两人一组，在桌面上放一些东西，A闭上眼，B藏起一样东西，A找出哪样东西不见了，并用新学的"S + 呢？"询问。A、B两人互换练习。

案例 **2**：视频法、图片法

▶ 第一步：学习特指疑问句、选择疑问句和正反疑问句中的"呢"

1. 导入和讲解

教师找学生或者自己录制视频，设置情景，便于学生了解"呢"的用法。视频内容符合学生的汉语水平，注意"呢"的使用。利用小视频导入知识点。

视频内容如：

A和B在路上走。

A：今天有空，我想出去玩，你呢？

B：我也想去。去哪儿呢？

A：去看电影吧。听说这两部电影都不错，看哪部呢？

B：我想看这部。我饿了，吃面条还是吃包子呢？

A：我不饿，吃不吃呢？

B：吃吧，吃一点儿。

A：好的。

B：（看到一个人，站住，自言自语）这个人很眼熟，在哪儿见过呢？

A：快走吧，电影快要开始了，我还想吃点儿东西。

B：好的。

师：（播放视频）大家看，发生了什么？

（学生叙述故事）

师：（思索的动作）他们思考的时候，怎么问问题？（可再播放视频）

生：用"呢"。

师：他们问了什么问题？

生：去哪儿呢？

听说这两部电影都不错，<u>看哪部呢？</u>

<u>吃面条还是吃包子呢？</u>

我不饿，<u>吃不吃呢？</u>

<u>在哪儿见过呢？</u>

（板书以上例句并让学生齐读）

师：（根据例句总结格式）

哪儿／哪……＋呢？

……还是……＋呢？

Ｖ不Ｖ＋呢？

2. 操练

教师准备一些纸条，纸条上写一些句子，学生两人一组，上台抽纸条表演。

A：（看纸条上的句子）我想吃水果。

B：你吃苹果吗？

A：不吃。

B：你吃香蕉吗？

A：不吃。

……

其他同学用"呢"字句问 A。如："你想吃什么水果呢？"

▶第二步：学习省略疑问代词的情况

1. 导入和讲解

师：（出示图片）她是日本人，她朋友是哪国人？

也可以说：<u>她是日本人，她朋友呢？</u>（板书，齐读）

生：她朋友是日本人。

师：（出示图片）他在吃汉堡，他在吃什么？可以说：<u>他在</u>
<u>吃汉堡，他呢？</u>（板书，齐读）

生：他在吃西瓜。

师：他在吃汉堡，他在吃西瓜，你们呢？

生：我们没吃东西。

师：<u>我喜欢西瓜，你呢？</u>（板书，齐读）

玛丽：我不喜欢西瓜，我喜欢草莓。

师：<u>玛丽喜欢草莓，大卫呢？</u>（板书，齐读）

日本　　　　日本

大卫：我也喜欢草莓。

师：（根据例句总结格式）

    S1……，S2＋呢？

2. 操练

接龙问答

师：我会画画儿，你呢？

生1：我会唱歌，你呢？

生2：我也会唱歌，你呢？

生3：……

师：我明天去长城，你呢？

生1：……

生2：……

▶第三步：学习"S+呢？"（＝S在哪儿？）

1. 导入和讲解

师：（出示图片）她在干什么？

生：她在找东西。

师：她找到了吗？

生：还没有。

师：你找东西的时候会说什么？

生：钥匙在哪儿？／手机在哪儿？／笔在哪儿？……

师：还可以说：<u>钥匙呢？／手机呢？／笔呢？……</u>（板书，齐读）

生：钥匙呢？／手机呢？／笔呢？……

师：（出示图片）这位女士在找东西，她可能在找什么？她会说什么？一人说一句。

生1：钥匙呢？

生2：钱包呢？

生3：手机呢？

……

师：（根据例句总结格式）

    当我们想说"S在哪儿？"，可以说：

    S＋呢？

2. 操练

看图说话

课堂活动

1 找朋友

　　教师提前准备卡片，保证每个学生都有一张卡片。每张卡片写上国籍、职业和爱好。国籍、职业和爱好相同的卡片有两张，拿到这两张卡片的学生就是好朋友。

　　上课时，教师把卡片随机发给学生。学生根据卡片内容用"……吗？""……呢？"提问。如果没有找到好朋友，就用"我的朋友是谁呢？"提问，大家用"你的朋友是……吧？"帮他找到好朋友。

卡片内容：

中国人 学生 游泳	法国人 老师 跑步	日本人 老师 唱歌
韩国人 服务员 踢足球	英国人 律师 看电影	韩国人 医生 唱歌
美国人 医生 打篮球	法国人 学生 睡觉	日本人 老师 跑步
中国人 学生 睡觉	英国人 学生 看电影	美国人 律师 踢足球

　　A：你是中国人吗？

　　B：我是中国人，你呢？

　　A：我也是中国人。你是学生吗？

　　B：我是学生。你呢？

　　A：我也是学生。你喜欢游泳吗？

　　B：我不喜欢游泳。

　　A：你喜欢做什么呢？

　　B：我喜欢睡觉。

2 **情景剧**

两人一组，表演情景剧。对话中必须用到这些句子："去哪儿呢？""吃什么呢？""他是谁呢？"等。

课后练习

一、听一听，回答听到的问题。

1. A. 我喜欢吃烤鸭。　　　　　　B. 我也喜欢弹钢琴。
   C. 我喜欢听歌。　　　　　　　D. 我喜欢跑步。

2. A. 我也喜欢旅行。　　　　　　B. 他也喜欢旅行。
   C. 老师也喜欢旅行。　　　　　D. 妈妈也喜欢旅行。

3. A. 去看电影吧。　　　　　　　B. 去吃饭吧。
   C. 去吃火锅吧。　　　　　　　D. 去吃烤鸭吧。

4. A. 好吧。　　　　　　　　　　B. 是的。
   C. 去吧。　　　　　　　　　　D. 好吗？

二、完成对话。

1. A：我们吃火锅吧？

   B：天气太热了，我不想吃火锅。

   A：那我们去吃烤鸭吧。

   B：不，我昨天刚吃了烤鸭。

   A：_____？

2. A：我认识那个人，但是我想不起来他的名字了。_____？

   B：他叫大卫。

3. A：请把作业交给我。

   B：我找找，不在书包里，也不在桌子上。_____？

三、根据回答用"呢"写出问句。

1. A：_____？

   B：我喜欢唱歌。

2. A：_____？

B：李明没去过上海。

3. A：_____？

B：中国人喜欢吃饺子。

四、选词填空。

> 吧　　　呢　　　吗

1. 我喜欢吃苹果，你（　　　）？

2. 你是李老师（　　　）？

3. 他叫什么名字（　　　）？

4. 你一定去过故宫（　　　）？

5. 你吃了榴莲，对（　　　）？我闻到了。

6. 他弟弟高（　　　）？

句 类

04 特指疑问句①（一级）

本体知识

特指疑问句指用疑问代词"谁、什么、哪儿、怎么、怎么样、什么时候"等或由其组成的短语就某一方面提出疑问，希望听话者就疑问点进行回答。

汉语特指疑问句的语序与陈述句相同。如：

A：这是谁？	A：这是谁的书？	A：谁去？	A：你什么时候去？
B：这是李明。	B：这是李明的书。	B：李明去。	B：我明天去。

句尾可用语气助词"呢""啊"，但是不能用"吗"。

格式：

1 谁：谁 + V/Adj
（1）谁去？
（2）谁最累？

V + 谁
你喜欢谁？

谁 + 的 + N
这是谁的书？

2 什么：V + 什么
你要买什么？

什么 + N
你想吃什么水果？

3 哪儿：V + 哪儿
你们要去哪儿？

在 + 哪儿 + V
你在哪儿上学？

4 哪：哪 + M + N
哪本书是你的？

5 怎么：怎么 + V
这事怎么办？

6 什么时候：什么时候 + V
我们什么时候出发？

---

① 在教学过程中，不太可能单独就特指疑问句进行一次教学。第一，特指疑问句涉及时间状语、处所状语、方式状语、定语、时量补语等，显然不可能放在同一次教学中完成，教师可以根据自己具体的教学内容而选择。第二，一般教学中的对话模式是教师问，学生回答，导致二语学习者会答不会问，我们希望引起教师的注意，在操练过程中充分练习"问"，所以将特指疑问句作为一个教学语法项目来处理。

常见偏误

1 *** 你爸爸的工作怎么样吗？**

改为：你爸爸的工作怎么样？

* 这是什么吗？

改为：这是什么？

分析：特指疑问句句尾不能用"吗"。

2 *** 哪儿去今天？**

改为：今天去哪儿？

分析：汉语中疑问代词不一定在句首，应根据它在句中的成分来确定它在句中的位置。这个句子中"哪儿"作"去"的宾语，应该放在"去"的后面。

3 *** 为什么你生气？**

改为：你为什么生气？

* 在哪儿她妹妹上学？

改为：她妹妹在哪儿上学？

分析：母语为英语的留学生学习特指疑问句时容易受英语语序的影响，出现语序错误的情况。汉语中疑问代词不一定在句首，且汉语特指疑问句与汉语陈述句语序一致。

教学提示

1 特指疑问句应该分解成若干个语法点进行教学，如"谁、什么、什么时候、多长时间、怎么"等，不应该集中教授。但为了系统性，这里我们暂且放在一起进行讲解。

2 汉英疑问代词可一一对应列出，帮助学生更好地掌握汉语疑问代词的含义和用法；与英语不是一一对应或者含义丰富的汉语疑问代词，教师需要明确它们的具体含义和使用方法。

3 疑问代词在特指疑问句中的位置应该特别注意，通过格式化的办法加以强调，突出特指疑问句与陈述句在语序上的一致性。

4 特指疑问句句尾不用"吗"。

教学案例

一 学习用"什么"的特指疑问句

案例 1：实物法、图片法

1. 导入和讲解

师：（拿起一支笔）这是什么？（板书）

生：这是笔。

师：（拿起一本书）这是什么？（板书）

生：这是书。

师：（拿起笔和书）你要什么？（板书）

生：我要书。

师：（出示图片）你要吃什么水果？（板书）

生：……

师：（根据例句总结格式）

S + V + 什么？

S + V + 什么 + N？

2. 操练

操练 1：看图问答

生 1：这是什么？

生 2：……

生 1：你想要什么？

生 2：……

操练 2：口语交际

两人一组，拿出各自身边的物品，用疑问代词"什么"互相问答。

A：这是什么？

B：这是词典。

操练3：问问题

对下列句子的画线部分进行提问。

（1）这是<u>词典</u>。（这是什么？）

（2）大卫喜欢吃<u>饺子</u>。（大卫喜欢吃什么？）

（3）大卫要买<u>钢笔</u>。（大卫要买什么？）

（4）大卫早上吃<u>面条</u>。（大卫早上吃什么？）

（5）大卫想吃<u>苹果</u>。（大卫想吃什么？）

二 学习用"谁"的特指疑问句

📖 案例2：实物法

1. 导入和讲解

师：（提前准备好一张自己的照片）<u>这是谁？</u>（板书）

生：这是老师。

师：（随机走向一个学生）<u>你是谁？</u>（板书）

大卫：我是大卫。

师：<u>谁是安娜？</u>（板书）

安娜：我是安娜。

师：（拿起一本书）<u>这是谁的书？</u>（板书）

生：这是山本的书。

师：（根据例句总结格式）

V + 谁？

谁 + V？

谁 + 的 + N？

2. 操练

操练1：看图说话

谁喜欢吃冰激凌？

谁喜欢吃汉堡？

谁会跳舞？

谁会打羽毛球？

谁想看电影？

谁会开车？

操练 2：问问题

对下列句子的画线部分进行提问。

（1）大卫想参加比赛。（谁想参加比赛？）

（2）大卫去找安娜。（大卫去找谁？）

（3）这是大卫的自行车。（这是谁的自行车？）

（4）大卫和安娜都喜欢吃饺子。（谁喜欢吃饺子？）

（5）老师喜欢安妮。（老师喜欢谁？）

操练 3：口语交际

四人一组，小组成员随机拿起一个物品，并用"谁＋的＋N"来提问。

如：这是谁的文具盒？这是谁的书？

三　学习用"哪"的特指疑问句

案例 3：谈话法

1. 导入和讲解

师：我是中国人。你是哪国人？（板书）

生 1：我是日本人。（示意学生接龙练习）你是哪国人？

生 2：……

师：你们现在在哪个城市？（板书）

生：我们在北京。

师：你们在哪个班？（板书）

生：我们在二班。

师：（根据例句总结格式）

　　哪＋M＋N

2. 操练

操练 1：问问题

对下列句子的画线部分进行提问。

（1）安娜是<u>中国人</u>。（安娜是哪国人？）

（2）安娜住在<u>北京</u>。（安娜住在哪个城市？）

（3）安娜喜欢<u>白色</u>。（安娜喜欢哪种颜色？）

（4）安娜最喜欢<u>香蕉</u>。（安娜最喜欢哪种水果？）

（5）安娜住在<u>8 楼</u>。（安娜住在哪层楼？）

操练 2：口语交际

两人一组，互相问答。

如：你是哪国人？你住在哪座城市？你喜欢哪个城市？你喜欢哪本书？你最喜欢哪种水果？
你最喜欢哪种颜色？

操练 3：口语交际

教师提前准备好一些卡片，卡片上写上国内外名人、建筑和电影的名字等，学生对此进行问答。

如：这是哪国电影？你喜欢哪部电影？你看过哪部电影？

卡片内容：成龙、姚明、奥黛丽·赫本、爱因斯坦、科比、毕加索、长城、埃菲尔铁塔、
巴黎圣母院、富士山、泰姬陵、《流浪地球》、《泰坦尼克号》、《罗马假日》、《情书》、《阿凡达》等。

四 学习用"什么时候""哪儿"的特指疑问句

📖 案例 4：表格 + 情景举例法

1. 导入和讲解

师：（出示表格）

玛丽的今天			
时间		地点	做什么
上午	8:00	101 教室	上课
	12:00	食堂	吃饭

师：<u>玛丽什么时候上课？</u>（板书）

生：8点。

师：她在哪儿上课？（板书）

生：在 101 教室。

师：玛丽什么时候吃饭？（板书）

生：12点。

师：玛丽去哪儿吃饭？（板书）

生：去食堂吃饭。

……

师：（根据例句总结格式）当我们想知道事情发生的地点就可以用"哪儿"来提问，想知道事情发生的时间就可以用"什么时候"来提问。

　　S＋什么时候＋V？

　　在＋哪儿＋V？

　　去＋哪儿＋V？

2. 操练

操练 1：问问题

对下列句子的画线部分进行提问。

（1）大卫每天早上 6:30 起床。（大卫每天什么时候起床？）

（2）大卫在图书馆听讲座。（大卫在哪儿听讲座？）

（3）大卫下课去操场打球。（大卫下课去哪儿打球？）

（4）大卫 8:30 上课。（大卫什么时候上课？）

（5）大卫去游泳馆游泳。（大卫去哪儿游泳？）

操练 2：小组练习

看图表，两人一组，互相问答，用疑问代词"哪儿""什么时候"提问。

G15 车次信息

站名	到时	发时	停留
北京南	----	14:00	----
济南西	15:23	15:25	2 分钟
南京南	17:22	17:24	2 分钟
苏州北	18:08	18:10	2 分钟
上海虹桥	18:33	----	----

操练 3：小组练习

两人一组，每人完成表格后分享。

_____的一天		
时间	地点	做什么
8:00		
10:00		
		吃饭
14:00		
		上课
		睡觉

五 学习用"多长时间"的特指疑问句

📖 案例 5：情景举例法

1. 导入和讲解

师：我们这节课上多长时间？（板书）

生：50 分钟。

师：课间休息多长时间？（板书）

生：10 分钟。

师：安娜，你每天上课上多长时间？（板书）

安娜：我每天上 8 个小时的课。

师：大卫，你每天写多长时间的作业？（板书，齐读）

大卫：我每天写 2 个小时的作业。

师：（根据例句总结格式）当我们想知道某件事情的持续时间就可以用"多长时间"问。

S＋V＋多长时间？

S＋V＋O＋V＋多长时间？

S＋V＋多长时间＋的＋O？

2. 操练

操练 1：看图问答

　　2 个小时　　　　　　100 年　　　　　　8 个小时　　　　　3 个小时

操练 2：问问题

对下列句子的画线部分进行提问。

（1）大卫学汉语学了 3 年。（大卫学汉语学了多长时间？）

（2）大卫每天洗衣服洗半个小时。（大卫每天洗衣服洗多长时间？）

（3）大卫昨天看了半个小时的电视。（大卫昨天看了多长时间的电视？）

（4）大卫写作业写了 1 个小时。（大卫写作业写了多长时间？）

（5）大卫每天睡 8 个小时。（大卫每天睡多长时间？）

操练 3：小采访

　　两人一组，一问一答，了解对方每天都做什么事情，每件事情做多久。如："你每天睡多长时间？""你每天运动多长时间？"等。小组问答全部结束后向全班汇报。

六　学习用"怎么"的特指疑问句

📖 案例 6：情景举例法

1. 导入和讲解

师：你们每天早上怎么来学校？（板书）

生 1：我坐地铁来学校。

生 2：我骑车来学校。

生：……

师：如果我们去广州，我们怎么去？（板书）

生：我们坐飞机去广州。

师：我们怎么去机场？（板书）

生：……

师：（根据例句总结格式）当我们想知道某件事情的做法就可以用"怎么"来提问。

　　S + 怎么 + V（+ O）？

2. 操练

操练 1：看图问答

去北京　　　　　　　上班　　　　　　　去广州　　　　　　回家

操练 2：问问题

对下列句子的画线部分进行提问。

（1）大卫每天骑自行车上学。（大卫每天怎么上学？）

（2）大卫坐飞机去上海。（大卫怎么去上海？）

（3）大卫坐地铁去五道口。（大卫怎么去五道口？）

（4）大卫坐轮船去大连。（大卫怎么去大连？）

（5）大卫坐公共汽车去颐和园。（大卫怎么去颐和园？）

操练 3：小调查

四人一组，调查组内成员每天怎么上学或者怎么回家等，完成调查之后在班级里汇报。

课堂活动

1 买东西

教师把学生桌子上的东西收起来放在讲台上。学生两人一组，一人扮演售货员，另一人扮演顾客。

售货员：你买什么？／你喜欢什么样的……？／你喜欢哪……？

顾　客：……多少钱？

2 排除嫌疑

假设昨天班级的玻璃被打破了，但不知是谁做的。学生三人一组，一人是警察，另外两人是嫌疑对象。警察提问"你昨天下午去哪儿了？和谁在一起？什么时候回来的？做了什么？"等，另外两人回答并逐步为自己排除嫌疑。

3 最喜欢的电影

四人一组，互相问一问喜欢什么电影，每个小组推选出一部电影，其他小组通过提问来猜一猜这个小组最喜欢哪一部电影。

课后练习

一、听一听，回答听到的问题。🎧

1. A. 我是三班的。　　　　　　B. 我叫大卫。
   C. 我是加拿大人。　　　　　D. 我从加拿大来。

2. A. 我去上海。　　　　　　　B. 在上海。
   C. 我学习三年了。　　　　　D. 汉语很有意思。

3. A. 水果很便宜。　　　　　　B. 我喜欢吃西瓜。
   C. 我喜欢吃水果。　　　　　D. 我喜欢上午吃。

4. A. 我想早上去。　　　　　　B. 我想去故宫。
   C. 和朋友一起去。　　　　　D. 我想坐公共汽车去。

5. A. 这是山本的书。　　　　　B. 我喜欢这本书。
   C. 我想去图书馆。　　　　　D. 我喜欢读书。

6. A. 我喜欢看电影。　　　　　B. 我去电影院看电影。
   C. 我喜欢《千与千寻》。　　D. 我走路去电影院。

二、连词成句。

1. 什么时候　　去　　我们　　图书馆

_____

2. 吃　　喜欢　　他　　什么

_____

3. 去　　周末　　哪儿　　你们

_____

4. 你　　谁　　喜欢

_____

三、对画线部分进行提问。

1. 安娜　和　<u>大卫</u>　<u>明天</u>　一起去　<u>电影院</u>　<u>看电影</u>。

_____

2. <u>杰克</u>　喜欢吃　<u>饺子</u>。

_____

3. <u>小明</u>　是　<u>中国人</u>，<u>他</u>　喜欢听　<u>美国</u>　的　<u>乡村音乐</u>。

_____

4. <u>大卫</u>　喜欢　<u>上海</u>。

_____

5. <u>安妮</u>　想和　<u>山本</u>　去　<u>迪士尼</u>　<u>看烟花</u>。

_____

6. <u>我</u>　<u>明天</u>　能出发。

_____

7. <u>她</u>　去　<u>超市</u>　买　<u>水果</u>。

_____

四、分别用"谁、什么、哪儿、什么时候"等把下列句子改成问句。

1. 这是大卫的书。

_____

2. 她想 2026 年去日本。

_____

3. 那是一本汉语课本。

_____

4. 大卫想去图书馆看书。

_____

五、小调查。

至少调查五个同学，然后在班里汇报。（教师可以根据实际情况换话题）

姓名	你喜欢运动吗?	你喜欢什么运动?	你什么时间运动?	你运动多长时间?	你在哪儿运动?

姓名	你喜欢看电影吗?	你喜欢看什么电影?	你喜欢看哪国的电影?	你最喜欢哪个演员?	你喜欢在哪儿看电影?

句 类

05 选择疑问句：A 还是 B？（一级）

本体知识

　　选择疑问句指用连词"还是"连接两项或两项以上的情况进行提问，希望对方选择其中一项作为回答。其中选择项可以是名词性成分，也可以是动词性成分、形容词性成分，甚至是介词性成分。如：

（1）你是韩国人还是日本人？

（2）你喜欢唱歌还是跳舞？

（3）你是笨还是傻啊？

（4）我们今天是在这个教室还是在那个教室？

格式： **A 还是 B？**

（1）今天是星期四还是星期五？

（2）他去游泳还是去打球？

（3）明天晴还是阴？

常见偏误

1 * 你想要哪一件，黑色和白色？

　　改为：你想要哪一件，黑色还是白色？

　　分析：选择疑问句应该用"还是"，不能用"和"。

2 * 你坐火车或者飞机？

　　改为：你坐火车还是飞机？

　　分析：选择疑问句应该用"还是"，不能用"或者"。"还是"用在疑问句中，"或者"用在陈述句中。但像"我不知道明天还是后天开会"整个句子虽是陈述句，但小句是疑问句，应用"还是"。

3 * 今天是星期六还是星期日吗？

　　改为：今天是星期六还是星期日？

　　分析：一般选择疑问句后面不能用疑问语气助词"吗"。

教学提示

1 选择疑问句的句尾不能用"吗"。

2 "还是"和"或者"的区别:"还是"用在选择疑问句中,"或者"不能用在疑问句中。但二语学习者很容易受母语的影响,分不清二者。

教学案例

📖 **案例1:情景举例法**

1. 导入和讲解

师:如果我要问大卫"你是哪国人?",说明我一点儿也不了解大卫。如果我知道一点儿,我觉得大卫可能是美国人也可能是英国人,我就可以这样问:<u>你是美国人还是英国人?</u>(板书,齐读)

生:你是美国人还是英国人?

师:你们觉得今天可能学习第四课,也可能学习第五课,怎么问老师?

生:<u>今天我们学习第四课还是第五课?</u>(板书,齐读)

师:你们知道山本下课后去运动,可能是去打球,也可能是去游泳,你们会怎么问?

生:<u>下课后你去打球还是去游泳?</u>(板书,齐读)

师:(根据例句总结格式)

A 还是 B?

2. 操练

操练1:看图问答

操练2：口语交际

两人一组，一问一答，交替进行。用"A还是B？"提问，看谁问的问题多。

如：你骑车上学还是坐公交车上学？你中午吃米饭还是吃饺子？

案例2：图片法

1. 导入和讲解

师：（出示图片）马上要放假了，学校要带大家出去旅游，你们想去哪儿？

在这两个城市中选一个，我可以这样问：你们想去上海还是天津？（板书，齐读）

生：我们去上海吧！

师：好的，我们去上海。那你们想问我什么问题？每人问一个。

生1：老师，我们是坐飞机还是坐火车？（板书，齐读）

师：坐飞机。

生2：我们去5天还是6天？（板书，齐读）

师：我们去6天。

生3：我们付钱还是学校付钱？（板书，齐读）

……

师：（根据例句总结格式）

A还是B？

2. 操练

操练1：看图提问

③

④

⑤

⑥

操练2：口语交际

　　两人一组，用"A还是B？"提问，了解对方一天的生活，如"早上你喝牛奶还是喝豆浆？""你骑车去上学还是坐公交车去上学？""你中午去食堂吃还是回家吃？"等。

课堂活动

1 周末计划

　　四人一组，一块商量周末去哪儿、怎么去、什么时候去、什么时候回来、到那儿做什么等，要求用"A还是B？"提问。

2 猜一猜

　　教师准备一些最近学过的词卡，低龄孩子可用实物，把实物放在箱子或者书包里面。学生两人一组，一人看词卡，另一人要用"A还是B？"提问，如"是人还是东西？"看哪一组先猜到。

课后练习

一、听一听，选择正确答案。🎧

1. A. 明天我们不上课。　　　　　B. 明天我们复习。
　 C. 明天我们学习新课。　　　　D. 明天我们考试。

2. A. 她只喜欢流行音乐。　　　　B. 她只喜欢古典音乐。
　 C. 她不喜欢音乐。　　　　　　D. 流行音乐和古典音乐她都喜欢。

3. A. 小方想学英语。　　　　　　B. 小方想学法语。
　 C. 小方不知道自己想学什么。　D. 女的不知道小方想学什么。

4. A. 周末去爬长城。 　　　　　 B. 周末在家看电视。

　　C. 周末去爬香山。 　　　　　 D. 周末去看电影。

5. A. 今天是星期三。 　　　　　 B. 今天是星期四。

　　C. 大卫不知道今天是星期几。 　D. 安娜不知道今天是星期五。

二、改错句。

1. 你喜欢长头发还是短头发吗？

_____

2. 你想去上海或者北京？

_____

3. 你喜欢唱歌和跳舞？

_____

4. 我们暑假打算去三亚还是广州。

_____

5. 大卫下课后去打球还是游泳吗？

_____

三、将下列句子改为选择疑问句。

1. 明天大卫打算坐公交车或者走路来学校。

_____

2. 大卫要么是美国人，要么是英国人。

_____

3. 中国人过年喜欢吃饺子或者汤圆。

_____

4. 豆浆有甜豆浆和咸豆浆，你喜欢哪种？

_____

四、选词填空。

> 还是　　　　　　或者

1. 这件衣服你要 M 号的（　　　）L 号的？
2. 我不知道她明天来（　　　）后天来。
3. 你觉得红色的好看（　　　）白色的好看？
4. 小张（　　　）小李去都可以。
5. 放假后我打算去南方旅游，我相信现在深圳（　　　）海南都很舒服。

五、小调查。

调查你的四个朋友，问问他们喜欢农村还是城市以及为什么。第二天向全班同学汇报。

六、角色扮演。

和同学进行角色扮演，一人扮演顾客，一人扮演服务员，用"A 还是 B？"完成对话，并且录制音频或者视频。

句 类

正反疑问句：用正反疑问形式提问（一级）

本体知识

正反疑问句是指由谓语的肯定形式和否定形式并列起来构成的疑问句，又叫"反复问"。可大致分为三种疑问格式：

（1）V 不 V（来不来）；

（2）V 不（来不），省略后一谓词；

（3）附加问，先把一个陈述句说出来，再后加"是不是、行不行、好不好"一类问话格式，也有学者将附加问单列一类，暂不讨论。

在正反疑问句中，听话人可以选择其中的一种形式进行回答。正反疑问句的意思相当于由"吗"构成的是非疑问句。如：

（1）你去不去？　　　　　　　　　　（＝你去吗？）

（2）你喜欢不喜欢？　　　　　　　　（＝你喜欢吗？）

（3）北京的夏天热不热？　　　　　　（＝北京的夏天热吗？）

（4）那儿的东西便宜不便宜？　　　　（＝那儿的东西便宜吗？）

双音节词语构成正反问的时候，可以是"AB 不 AB"，但现在越来越多的人用"A 不 AB"。如：

（1）她漂亮不漂亮？　　　　　　　　（＝她漂不漂亮？）

（2）你喜欢不喜欢她？　　　　　　　（＝你喜不喜欢她？）

（3）你习惯不习惯？　　　　　　　　（＝你习不习惯？）

格式： **1** **S＋V＋不＋V（＋O）？**

（1）你去不去（上海）？

（2）你喜欢不喜欢（她）？／你喜不喜欢（她）？

2 **S＋Adj＋不＋Adj？**

（1）他帅不帅？

（2）她聪明不聪明？／她聪不聪明？

3 S + 有没有 + N?

你有没有时间？

4 S + V + 没 + V（+ O）?

昨天你去没去（图书馆）？

5 S + 想不想 / 能不能 / 会不会等 + V（+ O）?

（1）你想不想看电影？

（2）他能不能考上大学？

（3）你会不会开车？

常见偏误

1 * 你朋友会不会说汉语吗？

改为：你朋友会不会说汉语？

* 他是不是你的朋友吗？

改为：他是不是你的朋友？

分析：正反疑问句的句尾不用疑问语气助词"吗"。

2 * 她看过不看过这部电影？

改为：她看没看过这部电影？

* 昨天你来不来家里？

改为：昨天你来没来家里？

分析："过"表示完成，"昨天"表示已经发生，所以都需要用否定词"没"。

3 * 明天她来没来？

改为：明天她来不来？

分析："明天"表示未发生，所以用否定词"不"。

4 * 你平时非常忙不忙？

改为：你平时忙不忙？

分析：形容词作谓语，往往要加程度副词，但在正反疑问句中不需要用程度副词。

5 * 你能来不来？

改为：你能不能来？

分析：正反疑问句中如有能愿动词，应用能愿动词的正反形式表示疑问。

教学提示

1 注意正反疑问句的句尾不用"吗"。

2 当动词带上宾语构成正反疑问句的时候，形成了"V + O + 不 / 没 + V + O"格式。由于语言尤其是口语的经济性原则，相同项往往可以省略，所以在实际交际中出现了一些删略多少不等的变式。如"VO 不""VO 不 V"和"V 不 VO"，其中"VO 不 V"式逐渐不用。

3 注意区分"V 不 V"和"V 没 V"："V 不 V"是未然体，"V 没 V"是已然体。如：

（1）你明天去不去？

（2）你昨天去没去？

教学案例

一 学习"S + Adj + 不 + Adj？"

📖 案例 **1**：情景举例法

1. 导入和讲解

师：（根据实际情况设计）现在外面冷吗？

生：外面很冷。

师：刚才我问你们"外面冷吗？"，也可以说：外面冷不冷？（板书，齐读）

生：外面冷不冷？

师：你们现在累不累？（板书，齐读）

生：你们现在累不累？

师：（根据例句总结格式）

S + Adj + 不 + Adj？（= S + Adj + 吗？）

2. 操练

操练 1：看图问答

长城漂亮不漂亮？

颐和园大不大？ / 人多不多？

车贵不贵?

饺子香不香?

教室大不大? / 干净不干净?

水果多不多? / 新鲜不新鲜?

车站人多不多? / 车站大不大?

故宫大不大? / 建筑多不多?

操练 2：交际练习

师：今天天气好不好?

生 1：今天天气很好。（教师示意学生接龙提问）

　　　你饿不饿?

生 2：我不饿。（问学生 3）你热不热?

生 3：我不热。……

📖 案例 **2**：图片法

1. 导入和讲解

师：（出示图片）这是什么?

生：这是狗。

师：这只狗大吗?

生：这只狗不大。

师：我们还可以问：<u>这只狗大不大?</u>（板书，齐读）

生：这只狗大不大?

师：<u>这只狗可爱不可爱?</u>（板书，齐读）

生：这只狗可爱不可爱？

师：（根据例句总结格式）

S＋Adj＋不＋Adj？（＝S＋Adj＋吗？）

2. 操练

操练1：看图问答

马拉松人多不多？

火锅辣不辣？

他们开心不开心？

包粽子难不难？

这些楼高不高？

图书馆书多不多？

操练2：口语交际

一个学生用正反疑问句对周围的人或事物进行提问，其他学生回答。

如：今天热不热？你开心不开心？

二 学习"S ＋ 有没有 ＋ N？"

📖 案例3：实物演示法

1. 导入和讲解

师：（拿起一支粉笔）同学们，这是什么？

生：这是粉笔。

师：你们有粉笔吗？

生：我们没有粉笔。

师：我们还可以这么问：你们有没有粉笔？（板书，齐读）

生：你们有没有粉笔？

师：（拿起课本）你们有没有课本？（板书，齐读）

生：你们有没有课本？

师：（根据例句总结格式）我们想问别人"有……吗"，还可以用：

　　　S＋有没有＋N？（＝S＋有＋N＋吗？）

2. 操练

操练1：看图提问

你有没有电脑？

你有没有自行车？

你有没有词典？

你有没有计算器？

你有没有手表？

你有没有羽毛球拍？

操练2：口语交际

师：我有粉笔，你有没有？

生1：没有。（教师示意学生接龙提问）你有没有钢笔？

生2：有。你有没有文具盒？

生3：……

案例4：情景举例法

1. 导入和讲解

师：大卫，你有词典吗？

大卫：有。

师：老师刚才问大卫"你有词典吗？"，也可以这样问：你有没有词典？（板书，齐读）

生：你有没有词典？

师：大卫，你有没有飞机？（板书，齐读）

生：你有没有飞机？

大卫：我没有飞机。

师：（根据例句总结格式）我们想问别人"有……吗"，还可以用：

　　　S＋有没有＋N？（＝S＋有＋N＋吗？）

2. 操练

操练1：看图问答

你有没有词典？

你有没有手机？

你有没有自行车？

你有没有钱？

你有没有时间？

你有没有面包？

操练2：口语交际

学生根据周围的物品相互提问，如文具、课本等。

如：我有铅笔，你有没有铅笔？

三 学习"S＋V＋不＋V（＋O）？"

📖 案例5：图片法

1. 导入和讲解

师：（出示图片）这是篮球吗？

生：是篮球。

师：我刚才问"这是篮球吗？"，也可以这样问：这是不是篮球？（板书，齐读）

生：这是不是篮球？

师：你们喜欢不喜欢打篮球？／你们喜不喜欢打篮球？（板书，齐读）

生1：我喜欢打篮球。

生2：我不喜欢打篮球。

师：下午你去不去打篮球？（板书，齐读）

生：去。／不去。

师：（根据例句总结格式）

　　S＋V＋不＋V（＋O）？

2. 操练

操练 1 : 看图提问

操练 2 : 小组练习

两人一组，根据下面的词语，互相问答。

词语：游泳　上课　踢足球　唱歌　跳舞　散步　看电影

（教师可以举例提醒，如：游泳——你去不去游泳馆？你会不会游泳？你喜欢不喜欢游泳？）

📖 案例 **6** : 情景举例法

1. 导入和讲解

师：大卫，你每天下课后干什么？

大卫：踢足球。

师：今天你踢足球吗？

大卫：踢。

师：刚刚老师问"你踢足球吗？"，还可以问：你踢不踢足球？（板书，齐读）

生：你踢不踢足球？

师：安娜，你去不去图书馆？（板书，齐读）

生：你去不去图书馆？

安娜：我去图书馆。

师：（根据例句总结格式）

　　S＋V＋不＋V（＋O）？

2. 操练

操练1：口语交际

两人一组，用正反疑问句讨论爱好和特长等。

如：你喜欢不喜欢唱歌？你喜欢不喜欢游泳？

操练2：周末一起出去玩吧

四人一组，用正反疑问句来提建议，确定当天的行程安排。

如：周末去不去博物馆？吃不吃火锅？

四　学习"S + V + 没 + V + 过（+ O）？"

📖 案例 7：图片法

1. 导入和讲解

师：（出示图片）这是哪儿？你们知道不知道？

生：这是圆明园。

师：对，这是圆明园。<u>你们去没去过圆明园？</u>（板书，齐读）

生1：我去过圆明园。

生2：我没去过圆明园。

师：（出示图片）<u>你们用没用过"JUZI 汉语"？</u>（板书，齐读）

大卫：我用过。

安娜：我没用过。

师：大卫，你喜不喜欢"JUZI 汉语"？

大卫：喜欢。

师：（根据例句总结格式）

　　　S + V + 没 + V + 过（+ O）？

2. 操练

操练1：看图提问

操练2：口语交际

说一件自己经历过的事，并且用正反疑问句提问其他同学。

如：我包过粽子，你包没包过粽子？

📖 案例 **8**：情景举例法

1. 导入和讲解

师：大家去过故宫吗？

生：去过。

师：我们还可以问：大家去没去过故宫？（板书，齐读）

生：大家去没去过故宫？

师：大家吃没吃过北京烤鸭？（板书，齐读）

生：大家吃没吃过北京烤鸭？

师：（根据例句总结格式）

　　S＋V＋没＋V＋过（＋O）？

2. 操练

操练1：看图说话

你去没去过美国？

你吃没吃过青团？

你看没看过医生？

你做没做过志愿者？

你喝没喝过咖啡？

你剪没剪过剪纸？

操练2：口语交际

用正反疑问句来询问对方的经历，看看对方去过哪些地方、吃过哪些美食等。

如：你去没去过北京？ 你吃没吃过北京烤鸭？

五 学习带能愿动词的正反疑问句

案例9：图片法

1. 导入和讲解

师：（出示图片）同学们，你们看，这是哪儿？

生：长城。

师：大卫，你想去长城吗？

大卫：我不想去长城。

师：我们还可以这么问大卫：你想不想去长城？（板书，齐读）

生：你想不想去长城？

师：（出示图片）安娜，你想不想去圆明园？（板书，齐读）

生：你想不想去圆明园？

安娜：我想去圆明园。

师：你们会不会拍照？（板书，齐读）

生：你们会不会拍照？

师：（根据例句总结格式）

S＋想不想／会不会＋V（＋O）？

2. 操练

看图说话

案例 10：情景举例法

1. 导入和讲解

师：安娜，你爸爸做什么工作？

安娜：我爸爸是医生。

师：你想当医生吗？

安娜：我不想当医生。

师：我们还可以这么问：<u>你想不想当医生？</u>（板书，齐读）

生：你想不想当医生？

师：大卫，<u>你想不想当老师？</u>（板书，齐读）

大卫：我想当老师。

师：（根据例句总结格式）

　　　S＋想不想＋V（＋O）？

2. 操练

操练 1：看图说话

操练 2：口语交际

教师提供一些词语，学生根据这些词语联想并尽可能多地造句。

词语：上课、游泳、电影、唱歌、吃饭……

如：电影——你想不想看电影？你想不想去电影院？

课堂活动

1 租房子

两个学生一组，一个学生扮演房客，另一个学生扮演房东，尽可能多地使用正反疑问句，如"房子大不大？""房子里面有没有……？"等。各小组扮演结束后，请几组学生上台表演。

2 20 个问题

把学生分成两组，一组随便想出一个人名或者一个事物的名字，写在纸上交给教师。另一组学生只能用正反疑问句提问，如"这是不是人？这个东西能不能吃？它是不是红色的？"等，猜中答案后换组猜，问的问题少者获胜，如果超过 20 个问题还没猜出来，就算输。

课后练习

一、听一听，判断对错。🎧

1. 李明早上没有吃早饭。 （ ）
2. 李明没吃过烤鸭，他喜欢吃饺子。 （ ）
3. 王华和李明约好下班之后一起吃饺子。 （ ）
4. 王华和李明今晚去唱歌。 （ ）

二、根据图片内容，用正反疑问句造句，看看谁造的句子多。

三、将下列句子改为正反疑问句。

1. 明天是星期三。

_____

2. 故宫人很多。

_____

3. 他上课很认真。

_____

4. 姐姐上周去上海了。

_____

5. 王明没去过北京。

_____

6. 教室里面有电视。

_____

7. 他下周想去滑雪。

_____

8. 她会弹古筝。

_____

四、将下列句子改为正反疑问句。

1. 你想家吗?

_____

2. 北京离天津远吗?

_____

3. 你会说北京话吗?

_____

4. 你想学相声吗？

_____

5. 你喝过豆汁儿吗？

_____

6. 你去过长城吗？

_____

五、调查本班同学或自己家人的周末安排并完成表格，然后在班里汇报。

如：你周末看不看电影？你周末去不去饭店吃饭？

姓名	看电影	吃饭	运动	……

句 类

感叹句1：太……了！（一级）

感叹句是指说话人直接抒发强烈感情的句子，句尾常用感叹号表达感叹语调。感叹句的形式主要有：

1. 直接用感叹词，如：

哎哟！

2. 用副词"真、太、好、多、多么"以及指示代词"这么、那么"等修饰形容词或某些动词，句尾可用语气助词"啊"及其变体。如：

真漂亮啊！ 太好了！ 好累呀！ 多好吃呀！ 这孩子多么爱看手机啊！

今天这么冷啊！ 阳光那么明亮！

感叹句都可用来表达说话人的自我感受或对事物的评价，但在语义上，"真……啊！""太……了！""多……啊！"各有侧重：

"真……啊！"重在突显其确定性，只能用于对现实的感叹。如：

今天天气真好啊！

"太……了！"重在感叹程度的异常，可用于对现实的感叹，也可用于对假设情况的感叹。如：

（1）今天天气太好了！

（2）如果你能来就太好了！

"多……啊！"有提醒听话人注意某程度之高的意味，可用于假设性、推断性感叹。如：

（1）你看！这裙子多漂亮啊！

（2）你要是在多好啊！

本教学设计仅涉及"太……了！"。

格式：太 + Adj / V_心 + 了！

（1）太困了！

（2）她学得太认真了！

（3）我太喜欢了！

常见偏误

1 * 我特别爱吃的是蛋挞，太好吃！我几乎每天都买来吃。

改为：我特别爱吃的是蛋挞，太好吃了！我几乎每天都买来吃。

* 你对我太好！我真的非常感谢你！

改为：你对我太好了！我真的非常感谢你！

* 你的字写得太漂亮！我以后要跟你学习。

改为：你的字写得太漂亮了！我以后要跟你学习。

分析："太"可以用于单纯的陈述，如：这菜太咸。但"太……了"用于表达感叹时需配对使用，语气助词"了"不能缺少。

2 * 你还减肥，你可瘦了！

改为：你还减肥，你多瘦啊！

分析："可……了"用于传递新信息，而该句有提醒听话人注意的意味，并非传递新信息，可用"多……啊"。

3 * 你的汉语说得可好了！

改为：你的汉语说得太好了！/ 你的汉语说得真好啊！

分析："可……了"用于传递新信息，该句并非传递听话人不知道的新信息，而是单纯感叹程度高，可用"太……了"或者"真……啊"。

教学提示

1 注意几个感叹表达的区别："真……啊！""太……了！"感叹句可以不依赖听话人而存在；而"可……了！"感叹句则强制要求听话人出现，意图在于传达新信息；"多……啊！"有提醒听话人注意之意。

2 "真……啊！""可……了！"只能对事实表示感叹，而"太……了！""多……啊！"还可对假设的情况表示感叹。

3 注意句尾语气助词的使用，应采用构式语法观，整体教给学生。

教学案例

📖 案例**1**：图片法

1. 导入和讲解

师：（出示图片）他觉得冰激凌怎么样？

生：很好吃。

师：如果你觉得特别好吃，没有想到这么好吃，而且想发表感叹，这时候我们可以说：这个冰激凌太好吃了！（板书，齐读）

生：这个冰激凌太好吃了！

师：（出示图片）这个卫生间干净吗？

生：这个卫生间太干净了！（板书，齐读）

师：这样的酒店好吗？你们喜欢吗？

生：太好了！太喜欢了！（板书，齐读）

师：（根据例句总结格式）

太 + Adj / V心 + 了！

2. 操练

操练 1：回答问题

（1）今天天气怎么样？

（2）明天早上 6 点上课怎么样？

（3）明天晚上 10 点上课怎么样？

（4）你们的班长怎么样？

（5）烤鸭好吃吗？

（6）"龍"这个字难吗？

操练 2：补全句子

（1）这部电影＿＿＿＿＿＿＿＿＿＿＿，我还要再看一遍。

（2）＿＿＿＿＿＿＿＿＿＿＿，我能吃 10 头牛。

（3）＿＿＿＿＿＿＿＿＿＿＿，明天不想上班了。

（4）我想睡觉了，＿＿＿＿＿＿＿＿＿＿＿。

案例 2：情景举例法

1. 导入和讲解

师：（找出一个汉字写得特别漂亮的学生的本子，感叹）

哇！你的字写得太漂亮了！（板书，齐读）

师：（出示汉字）这个汉字你们见过吗？难吗？

生：很难。

师：用"太……了"怎么说？

生：太难了！（板书，齐读）

师：（根据例句总结格式）当我们客观地说一个事实的时候，可以说"很难"；

当我们要表达强烈的感情、感叹的时候，可以说：

太……了！

大家可以对比一下：

这个字很难。	这个字太难了！
安妮的裙子很漂亮。	安妮的裙子太漂亮了！
我很喜欢饺子。	我太喜欢饺子了！

2. 操练

操练1：夸赞同桌

如：你太聪明了！你的衣服太漂亮了！你的汉语说得太好了！

操练2：看图说话

课堂活动

1 欢迎光临

　　模拟购物情景，学生两人一组，分别扮演顾客和售货员，用"太……了！"进行会话练习。两人进行一轮后，可互换角色。教师可先给出示范。

　　A：欢迎光临！您想买什么？

　　B：我想买一件大衣。

　　A：（拿出一件大衣）您可以试试这件。（B试完衣服）这件衣服太适合您了！

　　B：我不喜欢黑色的，有灰色的吗？

　　A：有，这件灰色的可以吗？

　　B：可以，这件灰色大衣太好看了！多少钱呢？

　　A：这件800块。

　　B：太贵了！可以打折吗？

　　A：可以打8折，640元。

B：太好了！我要这一件。

A：好的，我给您包起来。

2 同物不同人

小组活动，每组抽一张图片，组员分别用"太……了！"表达对它的看法，看看不同的人对同一个事物有什么不同的看法。

沙漠

冲浪

榴莲

开车

狮子

天坛

课后练习

一、听一听，判断对错。

1. 那只小猫太可爱了！　　　　　　　　　　　　　　　　（　　）

2. 今天的天气太热了！　　　　　　　　　　　　　　　　（　　）

3. 你对我太好了！　　　　　　　　　　　　　　　　　　（　　）

4. 大卫跳舞跳得太好了！　　　　　　　　　　　　　　　（　　）

5. 刘老师写得太好看了！　　　　　　　　　　　　　　　（　　）

二、用感叹句改写句子。

1. 这个女孩儿特别漂亮。

_____

2. 这个小男孩儿特别可爱。

_____

3. 大卫的汉语说得非常好。

_____

4. 周末故宫的人特别多。

_____

5. 图书馆的书非常多。

_____

6. 妈妈做的菜特别好吃。

_____

三、用"太……了！"补全句子或对话。

1. A：这是我的狗，可爱吗？

　　B：_____

2. 明天要六点半上班，_____（早）

3. 你看，这棵树_____（高）

4. A：成龙的功夫厉害吗？

　　B：_____

5. A：今天的考试怎么样？

　　B：_____（难）

6. 颐和园_____（美）

句　类

感叹句 2：真……啊！（一级）

本体知识

　　本教学设计仅涉及"真……啊！"。

格式：真 + Adj / V心 + 啊！

（1）真累呀！

（2）这花真漂亮呀！

（3）他睡得真香啊！

（4）我真喜欢这样的天气啊！

常见偏误

* **要是我能带妈妈去看一看，真好啊！**

改为：要是我能带妈妈去看一看，就太好了！ / 该多好啊！

* **要是当时没决定来中国，真后悔啊！**

改为：要是当时没决定来中国，该多后悔啊！

分析："真……啊"只能用于对现实的感叹，不能用于对假设情况的感叹。

教学提示

　　见感叹句 1。

教学案例

📖 案例：图片法

1. 导入和讲解

师：（出示图片）你们看，长城长吗？

生：很长。

师：对，那我们可以说：<u>长城真长啊！</u>（板书，齐读）

生：长城真长啊！

师：我们看到长城这么漂亮，可以说：<u>长城真漂亮啊！</u>（板书，齐读）

生：长城真漂亮啊！

师：（出示图片）看到这张图片你会怎么说？

生：<u>人真多啊！</u>（板书，齐读）

师：你们爬过长城吗？

生：爬过。/ 没爬过。

师：大卫，爬长城累吗？

大卫：<u>爬长城真累啊！</u>（板书，齐读）

师：安娜没爬过长城，你想爬长城吗？

安娜：<u>我真想爬一次长城啊！</u>（板书，齐读）

师：（根据例句总结格式）表达自己的感叹或对某事物的感叹，我们可以用：

真＋Adj / V心＋啊！

2. 操练

操练 1：看图说话

操练 2：模仿

学生模仿图片上的动作，并用"真……啊！"说出自身的感受。

操练 3：夸一夸

（1）安娜今天穿了新衣服。

（2）玛丽的中文特别好。

（3）大卫考了 100 分。

课堂活动

同物不同人

　　小组活动，每组抽一张图片，组员分别用"真……啊！"表达对它的看法，看看不同的人对同一个事物有什么不同的看法。

沙漠

狮子

③
冲浪

④
开车

⑤
榴莲

⑥
天坛

课后练习

一、听一听，判断对错。🎧

1. 那个女孩儿真可爱啊！ （　　）

2. 今天的天气真好啊！ （　　）

3. 你对我真好啊！ （　　）

4. 火锅太好吃了！ （　　）

5. 大卫跳舞跳得真好啊！ （　　）

6. 这个字写得真好看啊！ （　　）

二、用"真……啊！"改写句子。

1. 这个男孩儿很聪明。

_____

2. 这只小狗很可爱。

_____

3. 大卫的汉语说得很好。

_____

4. 周末故宫有很多人。

_____

5. 图书馆的书很多。

_____

6. 这间教室很干净。

_____

三、用"真……啊!"补全句子或对话。

1. A：这是我家的猫，可爱吗?

　　B：_____

2. A：我八点就到了。

　　B：你来得_____

3. 昨晚我喝酒了，今天早上起来头_____（疼）

4. 我周末去了北海公园，_____（多）

5. 你看到今天的日落了吗? _____（美）

句 类

反问句 1：不是……吗？（三级）

本体知识

　　反问句就是用疑问的形式表达和字面相反的意思的句子，其语用主要是加强语气，使表达更加清晰、有力。反问句比一般的陈述句语气更加强烈，更能引起人们的深思与反思。多用于某行为让说话人觉得不满或者惊讶的场合。

　　《等级标准》初等涉及的反问句主要有：

　　1. 不是……吗？（三级）

　　语用目的是提醒对方注意某种显而易见的事实或者确认某个事实。常用来表达说话人的疑问、不满情绪或者表示提醒。如：

　　（1）他不是已经告诉你了吗？（= 他已经告诉你了。）

　　（2）今天不是星期天吗？　　（= 今天是星期天。）

　　2. 难道……吗？（三级）

　　表达说话人的不理解、不满等情绪，甚至是用来责问对方。如：

　　（1）连北京烤鸭都没吃过，你难道不是北京人吗？

　　（2）你为什么这么做？难道你不爱她了吗？

　　（3）你这什么态度？难道真想辞职吗？

　　本教学设计仅涉及"不是……吗？"。

格式：（S + ）不是……吗？

　　（1）你不是美国人吗？为什么不会说英语？

　　（2）这么贵？不是打折吗？

　　（3）天气预报不是说今天有雨吗？这大太阳晒得。

348

常见偏误

1 * 这也不是人性自私面的写照吗?

改为：这不也是人性自私面的写照吗?

* 生死之选择也不是人类拥有的自由吗?

改为：生死之选择不也是人类拥有的自由吗?

分析："是"字句中只用"不……吗"就可以，注意副词"也"的位置，应在"不"和"是"之间。

2 * 这是不是人的本性吗?

改为：这不是人的本性吗? / 这是不是人的本性?

分析：如果说话人已经认定"是人的本性"，只是通过反问的形式表达肯定的意思，就用"不是……吗?"；说话人如果没有确定，则用"是不是……"，不能将二者糅在一起。

3 * ……，不是"代沟"就能解决吗?

改为：……，代沟不是就能解决了吗?

* 不是古人说：失败为成功之母吗?

改为：古人不是说"失败为成功之母"吗?

分析：除非强调主语，"不是"一般应该放在主语后。

4 * 老师，我不是交我的作文了吗?

改为：老师，我已经交作文了。

分析：反问句一般不对长辈使用。

教学提示

1 反问句的教学重点是使学生体会到反问句的语义和语用，体会反问句含有的责问、质疑、不满、惊讶等语气，要让学生从语用层面明白为什么要用反问句以及如何用反问句。

2 反问句是无疑而问，教学中要强调回答反问句的重点是解释说话人的疑问，而不是是非的回答。

3 注意"不是"放在主语前后意思不同，如果不是强调主语，一般放在主语后。

教学案例

📖 **案例：情景举例法**

1. 导入和讲解

师：（可根据本班学生的情况设置语境）我们都知道山本是日本人，但他说他不知道富士山。你们觉得可能吗？奇怪吗？

生：很奇怪，不可能。

师：对，一个日本人不知道富士山真的很奇怪，我们不相信，我们可以说：你不是日本人吗？（板书，齐读）怎么会不知道富士山呢？

生：你不是日本人吗？

师：如果老师没去过长城，你们会怎么说？

生：老师，你不是北京人吗？（板书，齐读）

师：如果你告诉同屋记得关灯，可他还是没关，你很生气，你可以说：我不是已经告诉你了吗？（板书，齐读）

生：我不是已经告诉你了吗？

师：你和朋友说好了，今天见面，你等了半天他没来，你很生气，你会怎么说？

生：昨天不是已经说好了吗？（板书，齐读）

师：如果你买的菜很好吃，但你的朋友觉得不好吃，你可以说：这不是很好吃吗？（板书，齐读）

生：这不是很好吃吗？

师：你看到一只可爱的小狗，但是你的朋友觉得不可爱，你可以怎么说？

生：这只小狗不是很可爱吗？（板书，齐读）

师：（根据例句总结格式）如果要表达不理解、很奇怪、不满意或者生气的语气，可以用：

不是 N 吗？　　　（＝是 N。）

不是 V 了吗？　　（＝已经 V 了。）

不是很 Adj 吗？　（＝很 Adj。）

2. 操练

操练 1：看图完成对话

A：你的房间太乱了，收拾一下吧。

B：＿＿＿＿＿＿＿＿＿＿＿＿

A：这朵玫瑰花真好看啊！

B：＿＿＿＿＿＿＿＿＿＿＿＿

A：我忘记今天考试了。

B：＿＿＿＿＿＿＿＿＿＿＿＿

A：我今天吃了两个汉堡包和一包薯条。

B：＿＿＿＿＿＿＿＿＿＿＿＿

操练 2：口语表达

用"不是……吗？"表达你的不理解。

（1）一个美国人不会说英语。（他不是美国人吗？）

（2）一个汉语老师不知道"把"字句。（他不是汉语老师吗？）

（3）一个学生不做作业。（他不是学生吗？）

（4）一个北京人没去过天安门。（他不是北京人吗？）

（5）一个人答应了帮你，但最后不帮了。（不是答应帮我了吗？）

（6）一个人同意参加比赛，但最后没参加，使你们的比赛成绩受到影响。（不是同意参加比赛了吗？）

（7）一个人说借给你自行车，你要骑的时候，他说不能借。（不是答应借给我自行车了吗？）

课堂活动

我不明白的事

每人讲一件不开心或者疑惑的事情，尽可能多地使用"不是……吗？"。

如：我不开心的事情是爸爸妈妈答应暑假带我去游乐场，但是他们没有带我去。他们不是答应我了吗？怎么又不带我去了？妈妈说暑假太热了，而且人很多。可是每年暑假不是都很热吗？每年暑假不是都有很多人吗？

课后练习

一、听一听，选择正确答案。🎧

1.这是大卫的自行车吗？
   A.这是大卫的自行车。　　B.这是大卫借的自行车。
   C.这不是大卫的自行车。

2.他是几点出发的？
   A.三点　　　　　　　　　B.四点　　　　　　　　　C.五点

3.明天放假吗？
   A.他们都不知道。　　　　B.男的知道。　　　　　　C.女的知道。

二、用"不是……吗？"改写句子。

1.今天是星期一。

_____

2.你不应该乱扔垃圾。

_____

3.上课不能吃东西。

_____

4.一个人在家要关门。

_____

5.下雨应该打伞。

_____

三、用"不是……吗？"回答问题

　　1. A：明天几点见面？

　　　　B：＿＿＿＿＿＿＿＿＿＿＿＿

　　2. A：你怎么穿这件衣服？

　　　　B：＿＿＿＿＿＿＿＿＿＿＿＿

　　3. A：我没有吃过北京烤鸭。

　　　　B：＿＿＿＿＿＿＿＿＿＿＿＿

　　4. A：今天太阳真大！真晒啊！

　　　　B：＿＿＿＿＿＿＿＿＿＿＿＿

　　5. A：抽烟抽得我难受。

　　　　B：＿＿＿＿＿＿＿＿＿＿＿＿

四、根据括号里的内容，用"不是……吗？"完成对话。

　　1. A：你该做作业了。

　　　　B：＿＿＿＿＿＿＿＿＿＿＿＿＿＿＿（我已经做完作业了）

　　2. A：暑假我想去上海。

　　　　B：＿＿＿＿＿＿＿＿＿＿＿＿＿＿＿（你去过上海）

　　3. A：我去上班，这件事情明天再说吧。

　　　　B：＿＿＿＿＿＿＿＿＿＿＿＿＿＿＿（今天是星期天）

句 类

反问句 2 : 难道……吗? (三级)

本体知识

"难道……吗?" 表示说话人感到奇怪、意外、不理解、不满,甚至用来责问对方。如:

　　(1) 来北京这么久了,你难道没去过天安门吗?

　　(2) 作为学生,难道你不应该好好学习吗?

"难道……吗?" 也可表示推测,用一个有待证实的事情来对所发生的事情表示猜测。如:

　　到现在还没来,难道他忘了吗?

本教学设计涉及表示反问的 "难道……吗?"。

格式: 难道……吗?

　　(1) 你怎么买了这么多蛋糕和巧克力?难道你不减肥了吗?

　　(2) 你不是两点就出发了吗?难道路上花了三个多小时吗?

　　(3) 你这么喜欢中国古诗,难道不知道大诗人李白吗?

常见偏误

1 * 难道你不认识吧?

　　改为:难道你不认识吗?

　　分析:如果要表达反问,应用反问句 "难道……吗?"。

2 * 难道他没来,原来他生病了。

　　改为:难怪他没来,原来他生病了。

　　分析:"难道" 用于反问句,而该句并非表达反问,而是突然明白了原因,应该用 "难怪"。

教学提示

见反问句 1。

教学案例

📖 案例：情景举例法

1. 导入和讲解

师：我们来复习一下昨天的生词。

（有学生遗忘）

师：我们昨天刚学的，<u>难道今天就忘了吗？</u>（板书）老师说这句话的意思是，你们应不应该忘记？

生：不应该。

师：对，老师认为昨天学的今天不应该忘，但实际上你们忘记了。我感到很惊讶，还有点儿生气。我就会说：<u>昨天刚学的，难道今天就忘了吗？</u>（齐读）

师：一个人一直在减肥，但他今天吃炸鸡汉堡，还要喝可乐，如果你是他妈妈你会怎么说？

生：<u>难道你不减肥了吗？</u>（板书，齐读）

师：你和你的好朋友约好今天去超市，但是她迟到了两个小时，你会怎么说？

生：我们约好了，<u>难道你忘了吗？</u>（板书，齐读）

师：（根据例句总结格式）当你觉得很奇怪、很惊讶、不理解，甚至有点儿生气的时候，可以用：

难道……吗？

2. 操练

操练1：完成对话

A：我们昨天说好去图书馆，你怎么没来？<u>难道你忘了吗？</u>

B：我没有忘记，我临时有事。

A：那你怎么不给我打电话？<u>难道你不知道我会一直等你吗？</u>

B：对不起，我昨天被锁在房间里了。

A：<u>难道你家没人吗？</u>

B：是的，我也没有手机。

A：好吧，那我们下次再一起去吧。

操练2：情景交际

下列情况你会说什么？用"难道……吗？"说句子。

（1）一个朋友说无论遇到什么事情，他都会帮助你，但你真遇到困难时他却不帮你。

（难道你忘了你说过的话吗？难道你不是我的朋友吗？难道我认错人了吗？）

（2）一个北京人不知道烤鸭什么味道。

　　（难道你不是北京人吗？难道你没吃过烤鸭吗？难道你没听别人说过吗？）

（3）一个中国同学说不知道长城什么样。

　　（难道你没去过长城吗？难道你没看过长城的图片／视频吗？）

（4）昨天老师告诉大家今天要考试，一个同学说不知道。

　　（难道你昨天没来上课吗？难道你忘了吗？难道你昨天请假了吗？）

（5）一个人在图书馆大声说话。

　　（难道你不知道在图书馆不能大声说话吗？）

（6）一个病人不按时吃药。

　　（难道你不知道你生病了吗？难道你不知道要按时吃药吗？）

课堂活动

1　我不明白的事

　　每人讲一件自己感到特别奇怪或者不明白的事情，尽可能多地使用"难道……吗？"。

2　谁是批评高手

　　教师给出图片，学生根据图片内容用"难道……吗？"说句子，看看谁能想出更多的句子，看看谁是批评高手。

　　如：

　　（1）你难道不减肥了吗？刚吃完饭，你难道又饿了吗？你难道能吃这么多吗？

　　（2）你难道不知道喝酒不开车吗？你难道不知道要遵守交通规则吗？

（3）你难道不知道考试不能作弊吗？你难道想做一个不诚信的人吗？

（4）你难道要当着孩子的面抽烟吗？你难道不知道吸烟有害健康吗？

（5）你难道不知道地铁上不能吃东西吗？你难道不知道不能乱扔垃圾吗？

（6）你难道不能好好说话吗？

课后练习

一、听一听，选择正确答案。🎧

1. 李明知道今天考试吗？

A. 知道　　　　　B. 不知道　　　　　C. 不确定

2. 他们什么时候去古北水镇？

A. 他们不去古北水镇了。

B. 他们明天去古北水镇。

C. 他们下周去古北水镇。

3. 大卫还减肥吗？

A. 减肥　　　　　B. 不减肥　　　　　C. 不知道

二、用"难道……吗？"改写句子。

1. 今天真的有考试？

_____

2. 你是北京人，真的没去过长城？

_____

3. 上课不能吃东西，你应该知道。

_____

4. 你自己说过的话，不应该忘了。

_____

5. 你是学生，应该知道要做作业。

_____

三、用"难道……吗？"完成对话。

1. A：明天几点出发？

B：老师昨天已经通知了，_____

2. A：你怎么穿这么厚的衣服？

B：天气预报说今天要下大雪，_____

3. A：我没有吃过北京烤鸭。

B：_____

4. A：哎呀！下大雨了，我都淋湿了。

B：_____

5. A：我买了一顶绿帽子。

B：_____

句　型

形容词谓语句（一级）

本体知识

形容词谓语句是指由形容词性词语充当谓语的句子。主要用于对人或物的性质、特征等进行描写或评价，又叫描写句。

汉语中单个形容词充当谓语是不自由的，一般要求前面有状语或者后面有补语，或者有对比意味，或者有前后句，或者用在问答句中。如：

（1）她哥哥很高。

（2）你的发音棒极了！

（3）他的房间大，我的房间小。

（4）你多穿点儿衣服，夜里冷。

（5）A：哪本书好？

　　　 B：这本好。

汉语中多数形容词可以作句子的谓语，但应注意区别词不能直接作谓语。形容词作谓语时不需要用"是"。

格式：　**1**　**疑问形式：S + Adj + 吗？ / S + Adj + 不 + Adj？**

　　　　　　她聪明吗？ / 她聪明不聪明？

　　　　2　**肯定形式：S + 很 + Adj**

　　　　　　她很聪明。

　　　　3　**否定形式：S + 不 + Adj**

　　　　　　她不聪明。

常见偏误

1 * **我不知道哪一种人是好。**

　　改为：我不知道哪一种人好。/ 我不知道哪一种人更好。

* **我的家是很舒服。**

　　改为：我的家很舒服。

* **中国是很漂亮。**

　　改为：中国很漂亮。

359

分析：汉语中形容词作谓语，前面不用"是"。

2 * **最近我奶奶身体好。**

改为：最近我奶奶身体很好。

* **除了行为以外，在精神上父母对孩子的影响大。**

改为：除了行为以外，在精神上父母对孩子的影响也很大。

分析：汉语中形容词单独作谓语，一般有比较的意味；如无比较的意思，要在形容词前面用
"很、非常、特别"等程度副词。

3 * **汉语课很有意思了。**

改为：汉语课很有意思。

分析："了"的误加。"了"强调变化，但该句无变化，不应该用"了"。

4 * **这里的空气很清新的。**

改为：这里的空气很清新。

* **这里的景色很优美的。**

改为：这里的景色很优美。

分析：形容词作谓语，如果不强调，句尾不需要加"的"。

5 * **大家觉得太容易的这个方法。**

改为：大家觉得这个方法太容易了。

分析："觉得"后面应为小句，小句中形容词作谓语。

教学提示

1 形容词一般情况下不单独作谓语，如单独作谓语常有比较的意味，否则语义未完。

2 形容词作谓语，前面一般要加"很"等程度副词，"很"不重读。

3 形容词谓语句是初等一级语法点，教学中注意用词的难度。

教学案例

📖 **案例1**：情景举例法

1. 导入和讲解

师：（根据实际情况设定情景）<u>现在天气热吗?</u>（板书）

生：（可能会说错）天气是热。/ 天气热。（教师板书后用"红叉"表示不对）

师：我们应该说：<u>天气很热。</u>（板书，齐读）

生：天气很热。

师：昨天下雨了，<u>天气热不热？</u>（板书，齐读）

生：不热。

师：对，我们可以说：<u>天气不热。</u>（板书，齐读）

师：（根据例句总结格式）

　　疑问形式：S＋Adj＋吗？ / S＋Adj＋不＋Adj？

　　肯定形式：S＋很＋Adj

　　否定形式：S＋不＋Adj

2. 操练

操练 1：说一说

教师给定一个对象，学生用形容词谓语句进行描述。

师：我们的学校怎么样？

生 1：我们的学校不大。

生 2：我们的学校很漂亮。

操练 2：猜一猜

　　学生用三个句子来描述教师给定的对象，其他人猜猜描述的对象是什么，猜对的学生继续描述下一个对象。

给定的对象：苹果、笔、熊猫、本子、烤鸭……

生 1：它很红。它很好吃。我很喜欢。

生 2：苹果！

生 1：对啦！

生 2：它很大。它很可爱。它不多。

生 3：熊猫！

……

📖 案例 2：图片法

1. 导入和讲解

师：（出示图片）你们知道这是哪儿吗？

生：颐和园。

师：对，是颐和园。<u>颐和园很好看。</u>（板书，齐读）

生：颐和园很好看。

师：还有呢？<u>颐和园大不大？</u>（板书）

生：<u>颐和园很大。</u>（板书，齐读）

师：大家还可以说一说吗？

生1：颐和园很美。

生2：颐和园很干净。

生3：……

师：（根据例句总结格式）

  疑问形式：S＋Adj＋吗？ ／S＋Adj＋不＋Adj？

  肯定形式：S＋很＋Adj

  否定形式：S＋不＋Adj

2. 操练

操练1：连连看

连线并说出完整的句子。

很高   很忙   不大   很冷

操练2：看图说话

两人一组，根据图片内容互相问答。

课堂活动

1 说说他／她

每个学生至少要从三个方面表扬自己的同桌／同屋／朋友。

2 七嘴八舌

教师说出一个对象，如一种水果或者大家都熟悉的一个人，学生进行描述，看谁说得最多最准确。

课后练习

一、听一听，选择正确的图片。

1.

　　　　A.

　　　　B.

2.

　　　　A.

　　　　B.

3.

　　　　A.

　　　　B.

二、根据实际情况及所给提示回答问题。

1. 你觉得汉语怎么样？　　　　　　　　（有意思、难、容易）

2. 你觉得北京怎么样？　　　　　　　　（大、多、现代）

3. 你觉得北京烤鸭怎么样？　　　　　　（好吃、油、贵）

4. 你觉得英语怎么样？　　　　　　　　（有意思、难、容易）

5. 你觉得你的同桌怎么样？　　　　　　（聪明、高、刻苦）

6. 你觉得你的妈妈、爸爸、姐姐、妹妹、哥哥或弟弟怎么样？

三、把下列句子改为疑问形式和否定形式。

1. 汉语很有意思。

_____

2. 她很聪明。

_____

3. 他很高。

_____

4. 这个菜很好吃。

_____

5. 我的同桌很可爱。

_____

四、判断正误，将错误的句子改正。

1. 他女朋友非常漂亮。 （ ）
2. 这个房间是很大。 （ ）
3. 今天是太冷，我不想出门了。 （ ）
4. 这家店的水果是便宜。 （ ）
5. 北京的冬天是特别冷。 （ ）
6. 北京烤鸭不是贵。 （ ）

五、选一张全家福照片，用形容词谓语句描写你的家人，然后在班里向同学们介绍你的家庭。

句 型

名词谓语句（二级）

名词谓语句是由名词性词语充当谓语的句子。名词谓语句一般用于口语，常用来描写一个人的外貌、籍贯、年龄等，也可用来说明具体某一天的天气情况、日期，以及某东西的重量、长度、价钱等。如：

（1）她大眼睛长睫毛。

（2）我中国人，他美国人。

（3）我女儿 6 岁。

（4）今天晴天。

（5）今天星期六。

（6）这杯奶茶 10 块钱。

主语后如果用"都、已经"等副词，可以构成特殊的名词谓语句，即说话人认为已经到了某个顺序中比较靠后的某个节点，所以作谓语的名词必须处于某个时间序列上。有时主语可以省略。如：

（1）他这么年轻，都已经教授了。

（2）你都大姑娘了，说话别这么咋咋呼呼的。

（3）都天津了，马上就到北京，快收拾一下行李。

（4）今天都周四了吗？这么快！

本教学设计仅涉及描写某人、某天的天气和日期的名词谓语句。

格式：S + N/NP

（1）她黄头发。

（2）我北京人。

（3）他今年 50 岁。

（4）今天阴天。

（5）今天星期一。

（6）明天国庆节。

常见偏误

* **城市的名字东京。**

改为：城市的名字是东京。

* **我的姓名明秀。**

改为：我的名字是明秀。/ 我的名字叫明秀。

* **我在日本大学生，学习中文。**

改为：我在日本是大学生，学习中文。

* **我喜欢的颜色绿色。**

改为：我喜欢的颜色是绿色。

* **我们很久的恋人。**

改为：我们是很久的恋人。

* **河内市我们越南的首都。**

改为：河内市是我们越南的首都。

分析：以上各例中前后的名词都是归属或者等同关系，应该用判断句，并没有描写说明的意思，不能使用名词谓语句。

教学提示

1 注意名词谓语句的使用条件：一般是描写某人的外貌、籍贯、年龄等，或者说明天气、日期，或者说明东西的价格、大小、长短等，不能随便使用名词谓语句，特别是前后名词并非描写说明的关系，而是判断关系的时候应该用"是"字句。如果掌握不好这一点，很可能出现大量泛化偏误，即应该使用"是"字句，却错误地使用名词谓语句。

2 可从学生比较熟悉的介绍某个人、某天的天气、日期等导入，讲解并总结名词谓语句的使用条件。

教学案例

📖 **案例1：情景举例法**

▶ **第一步：学习说明某天的情况**

1. 导入和讲解

师：同学们早上好！今天星期几？（板书）

生：星期一。

师：是的，今天星期一。（板书，齐读）外面什么天气？

生：外面阴天，很冷。

师：今天阴天。（板书，齐读）

生：今天阴天。

师：今天几度？（板书）

生：今天 1 度。（板书，齐读）

师：（根据例句总结格式）我们说一天是星期几、几月几日，天气怎么样，可以用：

　今天 / 昨天 / 明天……＋星期几 / 几月几日 / 阴天 / 晴天 / 多少度

2. 操练

操练 1：看图说话

操练 2：说一说

让学生用名词谓语句描述昨天和明天的情况。

如：昨天 12 月 5 日。昨天星期三。昨天晴天。昨天 3 度。

▶ 第二步：学习描写某人

1. 导入和讲解

师：现在让我们一起做个游戏。老师先介绍一位同学，你们猜猜他是谁：他今年 22 岁，他高个子、小眼睛、黄头发、高鼻梁，喜欢跑步和画画儿，还喜欢帮助同学，大家都很喜欢他。他是谁？

生：是大卫。

师：猜对了！是大卫。大卫今年多大了？

生：<u>大卫今年 22 岁。</u>（板书，齐读）

师：大卫长得怎么样？

生：<u>大卫高个子，小眼睛，黄头发，高鼻梁。</u>（板书，齐读）

师：安娜今年多大了？长得什么样？

生：<u>安娜今年 22 岁。安娜高个子、大眼睛、小嘴巴，很好看。</u>（板书，齐读）

师：（根据例句总结格式）当我们想要说明一个人的情况，就可以用：

S + 多大了 /……个子 /……眼睛 /……头发 /……嘴巴 /……

2. 操练

操练 1：看图说话

操练 2：介绍我的好朋友

如：这是我的朋友，他叫小张。他今年 23 岁。他高个子、大眼睛、高鼻梁，很帅气。

案例 2：图片法

▶ 第一步：学习说明某天的情况

1. 导入和讲解

师：（出示图片）同学们，<u>这天几月几日？</u>（板书）

生：10 月 19 日。

师：<u>这天 10 月 19 日。</u>（板书，齐读）

生：这天 10 月 19 日。

师：<u>这天星期几？</u>（板书）

生：<u>这天星期四。</u>（板书，齐读）

师：（出示图片）这天天气怎么样？

生：这天下雨。

师：我们可以说：这天雨天。（板书，齐读）

生：这天雨天。

师：这天几度？

生：这天 19 度。（板书，齐读）

师：（根据例句总结格式）我们说一天是星期几、几月几日，天气怎么样，可以用：

今天 / 昨天 / 明天……＋星期几 / 几月几日 / 阴天 / 晴天 / 多少度

2. 操练

操练 1：看图说天气

大雨　　　多云　　　晴　　　雨夹雪　　　大风　　　雾霾

操练 2：口语交际

教师提前准备好日历随机翻，或者随机在黑板上写下日期和星期，学生用名词谓语句抢答。

▶ 第二步：学习描写某个动物

1. 导入和讲解

师：（出示图片）大家看，大象长得怎么样？

生：长鼻子，大耳朵。

师：大象长鼻子，大耳朵。（板书，齐读）

生：大象长鼻子，大耳朵。

师：这只大象今年多大？

生：这只大象今年 40 岁。（板书，齐读）

40 岁

师：（出示图片）长颈鹿长得怎么样？

生：长颈鹿长脖子。（板书，齐读）

师：这只长颈鹿今年多大？

生：这只长颈鹿今年 5 岁。（板书，齐读）

5 岁

师：（根据例句总结格式）当我们想要说明一个动物的情况，就可以用：

S＋多大了 / ……鼻子 / ……耳朵 / ……脖子 / ……

2. 操练

操练1：看图说话

操练2：介绍我喜欢的动物

如：我喜欢熊猫。熊猫圆脑袋，短尾巴。

课堂活动

1 词语错搭

教师将全班分成两组，一组在卡片上写日期、星期或节日，另一组在卡片上写天气。写完后教师将卡片收好，请学生抽卡片造句，看看哪些句子合理、哪些句子不合理。教师可先做示范，如"国庆节下雪"。

2 猜一猜

教师先描述班级的一个学生做示范，如"他今年23岁。他黄皮肤，短头发，小眼睛，单眼皮"。看看谁先猜中，接下来，请猜中的学生描述下一个学生，其他学生猜，以此类推。

也可将猜同学换成猜动物。全班玩"动物园里有什么"的游戏，让每个学生想一个具有典型特征的动物，通过描述动物的外貌让其他学生猜，如"它长鼻子，长牙齿，大耳朵"。

3 接力画画儿

教师将全班分成两组，A组先说一个句子，B组画出来。可以是这一天的情况，如"今天晴天"；也可以是一个人或者动物的形象，如"他大脑袋""它长鼻子"。两组依次轮流说和画，看看最后的画儿到底是什么样的。

课后
练习

一、听一听，连一连。🎧

12 月 5 日	星期二	多云
5 月 12 日	星期五	小雪
7 月 23 日	星期四	晴天
3 月 19 日	星期六	雨天

二、看图说话。

_____   _____

_____   _____

三、根据实际情况回答问题。

1. 今天几月几日？

2. 今天天气怎么样？

3. 今天星期几？

4. 你的生日几月几日？

5. 你的妈妈什么样子？

6. 你最好的朋友什么样子？

四、阅读下面的短文，判断对错。

今天是 10 月 1 日，国庆节。今天晴天。我和妈妈一起去商店买了礼物，因为爸爸明天生日。我们明天想去野餐，但是明天雨天。我们只好下次再去。

1. 今天 10 月 1 日。	（	）
2. 今天多云。	（	）
3. 爸爸生日 10 月 2 日。	（	）
4. 明天雨天。	（	）

五、小作文。

写一篇自我介绍，包括姓名、家乡、身高、体重、爱好等。

句　型

03 主谓谓语句（三级）

本体知识

　　由主谓短语作谓语的句子叫主谓谓语句。主谓谓语句主要是用来描述一个人、一个地方或一个东西。主谓谓语句中否定词应放在小主语之后。

格式：　S　s　V/Adj
　　　　　　└─→P

（1）他个子很高。
（2）那家商场东西很贵。
（3）这款手机功能强，价格便宜。
（4）他什么菜都会做。

　　　　　　S　s　不　V/Adj
　　　　　　└─→P

（1）他个子不高。
（2）那家商场东西不贵。
（3）这款手机功能不强，价格也不便宜。
（4）他什么菜都不会做。

常见偏误

1 * 但是我说得汉语不好。

改为：但是我汉语说得不好。/ 但是汉语我说得不好。

分析：汉语中补语应该紧跟动词，该句应该把"汉语"迁移用作大主语或小主语。

2 * 她是身材也很好。

改为：她身材也很好。

分析：描写一个对象时用主谓谓语句，大小主语之间不需要用"是"。

373

3 * 这家饭店有名海鲜。

改为：这家饭店海鲜很有名。

分析：描写一个对象的某一方面，应该用主谓谓语句。

4 * 她不性格好。

改为：她性格不好。

分析：主谓谓语句中否定词应放在小主语后。

教学提示

1 对某一对象的某一方面进行描写说明时应用主谓谓语句。

2 注意主谓谓语句的否定形式，否定词应出现在小谓语中。

教学案例

📖 案例 **1**：情景举例法

1. 导入和讲解

师：大家好！你们到北京半年了，你们喜欢北京吗？

生：喜欢。/ 不喜欢。

师：为什么？北京交通方便吗？环境好吗？东西贵吗？（板书）

生：北京交通很方便，环境很好，东西也不贵。（板书，齐读）

师：非常好！那你的家乡怎么样？

生 1：我来自法兰克福，那里人口少，环境很好，交通很方便，但物价有点儿贵。（板书）

生 2：……

师：（根据例句总结格式）当我们要从某一方面描写说明一个对象的时候，可以用：

大 S +（小 S + V/Adj）

大 S +（小 S + 不 + V/Adj）

这样的句子我们常用来介绍一个人、一个地方或者一个东西。

2. 操练

看图说话

两人一组，根据图片内容相互问答。

 　　身材　头发　皮肤……

　　颜色　味道　价格……

　　图书　环境　灯光……

📖 案例 2：图片法

1. 导入和讲解

师：（出示图片）这是我的朋友。大家看，这个女孩儿怎么样？

生：（可能各种答案）很好，很漂亮……

师：你们还不太了解她，我来给你们介绍一下我这个朋友：她眼
睛很大，个子很高，头发很长，性格很好，学习也很努力。
（板书，齐读）现在你们知道她怎么样了吗？（示意大家一起
再说一遍）

生：她眼睛很大，个子很高，头发很长，性格很好，学习也很努力。

师：很好，你们说得太好了。那我们的班长怎么样？大家可以说一说吗？

生：（可能不会一下子熟练掌握主谓谓语句，继续使用以前学过的）我们班长长得很漂亮，
经常帮助我们。

师：怎么说班长长得漂亮呢？我们可以说：班长身材很好，眼睛很大，头发很长。（板书，
齐读）班长怎么样？

生：班长身材很好，眼睛很大，头发很长。

师：班长为什么会帮助我们呢？她性格很好，脾气也不急。（板书，齐读）

生：她性格很好，脾气也不急。

师：（根据例句总结格式）当我们要从某一方面描写说明一个对象的时候，可以用：

大 S +（小 S + V/Adj）

大 S +（小 S + 不 + V/Adj）

这样的句子我们常用来介绍一个人、一个地方或者一个东西。

2. 操练

两人一组，讨论自己家乡的季节。

课堂活动

1　旅行计划

马上放假了，我们想一起出去旅游，去哪儿呢？请大家商量，要用上今天学的语法，从不同的方面来说明你的选择。我们要去的地方有：黑龙江、海南、上海、新疆。

2　毛遂自荐

一家公司在招聘汉语翻译，你会怎样在面试中介绍自己？说说自己的汉语水平、性格、工作经验、学历等。

3　礼貌退货

你买了一件衣服，但回家后发现一些问题，请礼貌地向售货员退货。

如：您好，我买的这件衣服，颜色很好看，面料也很好，但是袖口有一个洞，我想退一下，谢谢您。

课后练习

一、连词成句。

　　1. 疼　他　头

　　————————————————————

　　2. 嗓子　她　不舒服

　　————————————————————

3. 甜　很　水果　新疆

_____

4. 怎么样　北京的冬天　天气

_____

5. 国庆节的天安门　多　很　人

_____

二、美食体验官。

朋友刚来到你的城市，请你给朋友推荐一家饭馆。说说这家饭馆的价格、味道、环境等。

三、移民月球。

每个人写一段话，讨论一下月球是否适合人类居住。

如：我觉得月球不适合人类居住，因为月球白天太热，晚上太冷，氧气也很少，水也很少，还
　　是地球更好。

句 型

存现句 1："有" 字句（二级）

本体知识

　　存现句是现代汉语中比较特殊的句式，表示某个处所存在某人或某物，或某个处所有某人或某物出现或消失。

　　从意义上来看，存现句主要有三种：

　　1. 表示存在（二级）。如：

　　　　（1）桌子上有一本书。

　　　　（2）桌子上放着一本书。

　　　　（3）箱子里是书。

　　2. 表示出现（四级）。如：

　　　　前面来了一个人。

　　3. 表示消失（四级）。如：

　　　　我们班走了一个学生。

　　从结构上来看，其特殊性主要表现为：

　　1. 存现句句首的处所词语主要由表示处所的名词、"名词＋方位词"、方位词、代词等充当。如：

　　　　名词：门口挂着一盏灯。

　　　　名词＋方位词：他是个小酒鬼，他的房间里桌子上、床上、床下都堆满了酒瓶。

　　　　方位词：上有天堂，下有苏杭。

　　　　代词：那边是一架钢琴。

　　2. 存现句的宾语往往具有无定性，一般不能带确指的定语。如：

　　　　（1）他桌子上放着一本书。

　　　　　　＊他桌上放着那本书。

　　　　（2）教室里坐着一位老师。

　　　　　　＊教室里坐着王老师。

　　本教学设计仅涉及带 "有" 的存现句，即 "有" 字句。

格式： **1** P＋有＋数量＋N

教室里有几个人。

2 P＋有＋N＋吗？（**问问题时不用数量**）

教室里有人吗？

3 P＋没有＋N（**否定表达也不用数量**）

教室里没有人。

常见偏误

1 * **前面教室有一个小超市。**

　　改为：教室前面有一个小超市。

　　分析：方位词应该放在处所名词的后面。

2 * **桌子上有我的书。**

　　改为：我的书在桌子上。

　　分析：存现句的宾语一般是未知的、不确指的。如是确定的，一般不用存现句，
　　　　　除非是为了表示强调对比，如：桌子上是我的书，不是你的书。

3 * **桌子上没有一本书。**

　　改为：桌子上没有书。

　　分析：存现句的否定句中，宾语前不用表示数量的定语。

教学提示

1 存现句的句首一定是处所词语，而且处所词语前不能加"在"。

2 存现句的宾语是未知的、不确指的。

3 "P（处所词语）＋有＋O"和"P（处所词语）＋是＋O"的不同：前者不具
排他性，即有此物可能还有他物；而后者具有排他性，即只有此物。

教学案例

📖 **案例1：情景举例法**

1. 导入和讲解

师：（指着教室墙上的地图）大家看，这是什么？

生：地图。

师：对，一张地图。它在哪儿？

生：墙上。

师：对，我们可以说：<u>墙上有一张地图。</u>（板书，齐读）

生：墙上有一张地图。

师：大家看看教室前面有什么？后面有什么？

生：<u>教室前面有一个黑板，后面有一张地图。</u>（板书，齐读）

师：<u>教室里有自行车吗？</u>（板书，齐读）

生：<u>教室里没有自行车。</u>（板书，齐读）

师：（根据例句总结格式）

    P＋有＋数量＋N

    P＋有＋N＋吗？（问问题时不用数量）

    P＋没有＋N （否定表达也不用数量）

2. 操练

提前让学生拍自己房间的照片，在班里拿着照片介绍。

如：我的房间不太大。房间里有一张床、一张桌子、一把椅子和一个衣柜。桌子上有……

📖 案例 2：图片法

1. 导入和讲解

师：（指着图片里的墙问）大家看，这些是什么？

生：画儿。

师：它们在哪儿？

生：在墙上。

师：我们可以说：<u>墙上有五幅画儿。</u>（板书，齐读）

生：墙上有五幅画儿。

师：沙发上有什么呢？

生：<u>沙发上有一个老人。</u>（板书，齐读）

师：桌子上有什么呢？

生：<u>桌子上有一瓶花。</u>（板书，齐读）

师：<u>房间里面有小猫吗？</u>（板书，齐读）

生：<u>房间里面没有小猫。</u>（板书，齐读）

师：（根据例句总结格式）

    P＋有＋数量＋N

    P＋有＋N＋吗？（问问题时不用数量）

    P＋没有＋N （否定表达也不用数量）

2. 操练

看图说话

▶ **对比"是""有"存现句的不同**

📖 案例3：图片法

1. 导入和讲解

师：（出示图片）这个盘子里有什么？

生：<u>这个盘子里有草莓。</u>（板书，齐读）

师：（出示图片）那这个篮子里有什么？

生：<u>这个篮子里有草莓、苹果、香蕉、葡萄。</u>（板书，齐读）

师：我们比一比，第一个盘子里有草莓，还有别的东西吗？

生：没有。

师：如果没有别的，我们还可以说：<u>这个盘子里是草莓。</u>（板书，齐读）

师：（根据例句总结格式）

当一个地方只有一种东西的时候，我们可以说：

P＋是／有＋N

当一个地方除了这一种东西之外，还有别的东西的时候，我们只能说：

P＋有＋N

2. 操练

看图说话

**课堂
活动**

1 火眼金睛

根据教室里的环境用"有"字句进行说明，一分钟内看谁说的"有"字句最多。

如：教室里有一个黑板，有很多桌子和椅子。教室里没有汽车。教室里没有大树。
　　桌子上有一个粉笔盒，粉笔盒里面有一些粉笔。

2 认字比赛

教师在黑板上写一些汉字，让学生用"有"字句来识别。

如：黑板上有一个"问"字，有一个"巨"字。

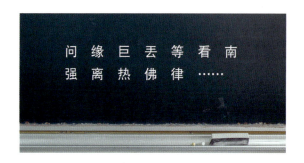

3 找不同

如：上面的图中有一只老鼠，下面的图中没有老鼠。

课后练习

一、画地图。

　　有朋友要去你家做客，但不知道你家在哪儿。请你画一张地图说明你家周围的建筑、道路等，让朋友能够找到你家，第二天向小组或全班介绍。

二、城乡对比。

　　城市里有什么？乡村里有什么？你更喜欢住在哪里？

三、最爱的中国菜。

　　说说自己最爱的中国菜是什么？里面都有什么？

句 型

存现句 2：P + V 着（+ 数量）+ N（二级）

本体知识

本教学设计仅涉及说明某人或某物具体存在状态的带 "V 着" 的存现句。

格式：　**1** P + V 着（+ 数量）+ N

（1）墙上贴着一张地图。

（2）他头上戴着一顶鸭舌帽，上身穿着西服，下身穿着喇叭裤，很滑稽。

2 P + V 着 + N + 吗？

他头上戴着帽子吗？

3 P + 没（有）+ V（+ 着）+ N

他头上没戴（着）帽子。

常见偏误

1 * **春天到了，到处开了漂亮的花。**

改为：春天到了，到处开着漂亮的花。

分析："着" 表状态的持续，"了" 表示动作已完成。

2 * **一个人站着在外面。**

改为：外面站着一个人。

分析：处所词放在句首，正确语序为："P + V 着（+ 数量）+ N"。

3 * **桌子放着一个蛋糕。**

改为：桌子上放着一个蛋糕。

分析：普通名词不能直接作处所词语，应该在该名词后面加上方位词。

4 * **教室外面站着我朋友。**

改为：我朋友站在教室外面。

分析：存现句的宾语一般是未知的、不确指的，如是确定的，一般不用存现句。

教学提示

1 存现句"P＋V着（＋数量）＋N"中名词前常有表示数量的定语。如：
前面站着一个人。

2 可从带"有"的存现句导入，引导学生注意二者的不同，即带"V着"的存现句更具体地说明存在的状态。

教学案例

案例**1**：情景举例法

1. 导入和讲解

师：（复习旧知带"有"的存现句）大家看我们教室的墙上有什么？

生：墙上有一张地图。

师：对，墙上有一张地图，我们还可以说：墙上贴着一张地图。（板书，齐读）

生：墙上贴着一张地图。

师：墙上还有什么？

生：墙上还有一个黑板。

师：对，墙上挂着一个黑板。（板书，齐读）

生：墙上挂着一个黑板。

师：黑板上有什么？

生：（可能有人还继续用"有"，但也可能会有学生用"V着"）黑板上有几个字。／黑板上写着几个字。

师：很好，黑板上写着几个字。（板书，齐读）

生：黑板上写着几个字。

师：看看你的桌子上放着什么？

生：……

师：（根据例句总结格式）

P＋V着（＋数量）＋N

2. 操练

提前让学生拍自己房间的照片，在班里拿着照片介绍。

如：我的房间不太大。房间里放着一张床、一张桌子、一把椅子和一个衣柜。
墙上挂着一幅地图。桌子上摆着一个花瓶……

📖 案例 2：图片法

1. 导入和讲解

师：（复习旧知带"有"的存现句，指着图片里的墙问）

看，墙上有什么？

生：墙上有五幅画儿。

师：对，我们还可以说：<u>墙上挂着五幅画儿。</u>（板书，齐读）

生：墙上挂着五幅画儿。

师：老人在哪儿？

生：沙发上。

师：我们可以说：<u>沙发上坐着一个老人。</u>（板书，齐读）

生：沙发上坐着一个老人。

师：那桌子上的花呢？

生：<u>桌子上放着一瓶花。</u>（板书，齐读）

师：老人上身的衣服呢？

生：<u>老人上身穿着一件绿色和紫色的衣服。</u>（板书，齐读）

师：老人下身的裤子呢？

生：<u>老人下身穿着一条棕色的裤子。</u>（板书，齐读）

师：老人脚上的鞋子呢？

生：<u>老人脚上穿着一双棕色的鞋子。</u>（板书，齐读）

师：（根据例句总结格式）

P＋V 着（＋数量）＋N

2. 操练

看图说话

教师引导学生练习"V 着"，并可融入中国文化知识。如：

中国过春节的时候到处都是红色。我们看中国过春节的时候，门两边贴着什么？门两边贴着的红色的纸叫"对联"，门两边贴着对联。门前挂着灯笼。窗户上贴着"福"字窗花。

案例 **3**：游戏法

1. 导入和讲解

师：我说一个人，大家听一听我说的是谁。<u>他头上戴着一顶黑色的帽子，上身穿着一件白色的 T 恤，下身穿着一条黑色的裤子，脚上穿着一双蓝色的运动鞋，手上戴着一块手表。</u>（板书）

生：是大卫。

师：对，是大卫。请大卫站起来，大家来说一下大卫。

生：大卫头上戴着一顶黑色的帽子，上身穿着一件白色的 T 恤，下身穿着一条黑色的裤子，脚上穿着一双蓝色的运动鞋，手上戴着一块手表。

师：（根据例句总结格式）

P ＋ V 着（＋数量）＋ N

2. 操练

猜猜他是谁

让学生描述班里的一个同学，大家猜是谁，猜到的人继续描述下一个人。

如：他的手上戴着三个戒指，他的 T 恤上画着一只老虎，他的脚上穿着一双白色的鞋。

课堂活动

1 **机场接人**

两人一组，扮演两个不认识的人打电话，说明各自的穿着以及带着的东西。

A：喂，李先生，您好，您到了吗？

B：您好，张先生，我已经到了。我上身穿着一件蓝色的牛仔外套，手里拿着一个红色的包。头上戴着一顶黑色的帽子。您呢？

A：我身上穿着绿色的套装，手里拿着一个牌子，牌子上面写着"欢迎李明"。

B：我看到您了！

2 **速记比赛**

教师展示一张多彩的照片，学生用 20 秒的时间来观察并记忆，比比谁记住的颜色最多。

如：桌上放着蓝色的笔、绿色的笔、红色的笔……

3 接龙

学生根据图片说句子，下一个人的第一个词必须是上一个人的最后一个词。

如：森林里住着一只兔子。——兔子的后面藏着一只长颈鹿。——长颈鹿的身后有一条路。——
路上有很多人。

**课后
练习**

一、寻犬启事。

你的狗走丢了，你希望找到它。请用"P + V 着（＋数量）＋ N"写一条寻犬
启事。

寻犬启事

大家好！我叫安娜，是一名留学生，住在国际文化学院 1709 房间。我的
狗叫豆豆，昨天它走丢了。它身上穿着一件粉色的衣服，眼睛上面长着一个
黑点，耳朵上长着一些棕色的毛。我很担心它，如果你们看见它了，请联系
我，我的电话是 09876893，谢谢！

二、重大节日。

　　说说你们国家在重要的节日家里是什么样子的。

三、难忘的旅行。

　　用"P＋V 着（＋数量）＋N"描述自己最喜欢的一张旅游照。

　　如：我最喜欢这张照片。天上飘着白白的云，地上长着绿绿的草，河里流着干净的水。我身
　　　　上穿着白色的裙子，头上戴着帽子。我的心情很好，真想再回到那个美丽的地方！

句　型

连动句1（二级、三级）①

本体知识

　　两个或两个以上的谓词结构连用构成谓语，谓词结构共用一个主语，中间没有语音停顿，也没有任何关联词语，这样的句子叫作连谓句，传统上也叫连动句。根据前后两个谓词结构之间的语义关系，常见的连谓句可以分为以下几种：

　　1. 表示先后或连续发生的动作或情况，后一动作或情况发生时，前一动作已经结束。如：

　　　　奶奶吃完饭散步去了。

　　2. 后一动词或动词短语表示的是前一动作的目的。如：

　　　　他去电影院看电影了。

　　3. 前一动词或动词短语表示的是后一动作所采用的方式或工具。如：

　　　　（1）我坐高铁去上海。

　　　　（2）我用筷子吃。

　　4. 前一动词为"有"或"没有"。可格式化为"主语＋有／没有＋名词＋动词"。如：

　　　　在国内我们没有机会练口语。

　　5. 前后两个动词或动词短语表示的是互相补充、说明的关系，前一动词表示肯定的意思，后一动词表示否定的意思，从正反两个方面说明一个事实。如：

　　　　他站着不动。

　　本教学设计仅涉及第一种和第二种语义关系。

格式： **1** S＋V1＋O1＋V2＋O2　　　　**2** S＋来／去＋P＋V＋O

　　（1）他穿上衣服出门了。　　　　　　　（1）我来中国学汉语。

　　（2）我吃完饭去散步。　　　　　　　　（2）我去银行换钱。

---

　　① 第一种语义关系，即表示先后或连续发生的动作或情况，在《等级标准》中标注为"二级"。第二种语义关系，即后一动词或动词短语表示的是前一动作的目的，在《等级标准》中标注为"三级"。

常见偏误

1 * 吃了晚饭，我独自出去了赏月。

改为：吃了晚饭，我独自出去赏月了。

分析：如果后面第二个动作已经完成，"了"放在第二个动词后。

2 * 我去找你到北京。

改为：我到北京去找你。

分析：汉语遵循自然顺序原则，连动句中先发生的动作在前，后发生的动作在后。

3 * 他想去旅游北京。

改为：他想去北京旅游。

分析：正确语序是"去哪儿旅游"，"旅游"是不及物动词，不能带宾语。

4 * 我现在可以来超市和买东西。

改为：我现在可以去超市买东西了。

分析：连动句中两个动词之间不需要用"和"。

教学提示

1 表示后一动作发生时，前一动作已经结束的连动句，前一动作常有表示动作完结的"了""完""过"。

2 连动句中前后两个动词的顺序是不可颠倒的，否则意思不同，如"我去上海坐飞机"和"我坐飞机去上海"。

3 使用连动句时，完成动作所需要的地点应该放在"来/去"之后，在教学中应该有意识设计并格式化呈现，提醒学生。

教学案例

<u>一</u> 学习表示两个动作先后发生的连动句

📖 **案例 1：情景举例法**

1. 导入和讲解

师：安娜，下课后你要做什么？

安娜：下课后我要去图书馆。

师：<u>安娜下了课去图书馆。</u>（板书，齐读）

　　大卫，下了课你要做什么？

大卫：下了课我要去吃饭。

师：大卫下了课去吃饭。（板书，齐读）

你们呢？你们下了课做什么？

生：……

师：你们吃完饭做什么？

大卫：我吃完饭去散步。（板书，齐读）

安娜：我吃完饭回宿舍。

生：……

师：（根据例句总结格式）一个动作结束紧接着做另一个动作，可以用：

S + V1（了 / 完）+ O1 + V2 + O2

2. 操练

操练 1：看图说话

操练 2：说说你的一天

（1）起床后　吃完饭　去上学　去上班

（2）下课后　去图书馆　去打球　去超市

（3）写作业　看电视　洗澡　睡觉

二　学习表示后一动作是前一动作的目的的连动句

📖 案例 2：情景举例法

1. 导入和讲解

师：安娜，这个周末你打算去哪儿？

安娜：我打算去图书馆。

师：你去图书馆做什么呢？

安娜：我去图书馆借书。（板书，齐读）

师：大卫，这个周末你去哪儿？

大卫：我去动物园。

师：你去动物园做什么呢？

大卫：我去动物园看大熊猫。（板书，齐读）

师：你们来北京做什么？

生：我们来北京学汉语。（板书，齐读）

师：你们来教室做什么？

生：我们来教室上课。（板书，齐读）

师：（根据例句总结格式）去什么地方，做什么事情，第二个动作是第一个动作的目的，我们可以用：

S＋来／去＋P＋V＋O

2. 操练

操练1：看图说话

操练2：口语表达

两人一组，一人说一个地方，另一人说"去"或"来"这个地方做什么事情。一分钟之内，说出句子最多的小组获得奖励。

教师也可以准备表示"地方"的图片或词语卡片，让学生看着图片或卡片上的词语，用连动句表达。

📖 案例 3：图片法

1. 导入和讲解

师：（出示图片）这是哪儿？

生：超市。

师：对，老师明天去超市。你们猜：<u>老师去超市做什么？</u>（板书，齐读）

生：<u>老师去超市买东西。</u>（板书，齐读）

师：（出示图片）大卫去羽毛球场做什么？

生：<u>大卫去羽毛球场打羽毛球。</u>（板书，齐读）

师：（出示图片）你们去过长城吗？你们去长城做什么了？（根据学生的实际情况调整，如学生没去过，可问：你们想去长城吗？你们想去长城做什么？）

生：我们去过长城，<u>我们去长城看风景了。</u>（板书，齐读）

师：（根据例句总结格式）

$$S + 来 / 去 + P + V + O$$

2. 操练

回答问题

（1）你们来中国做什么？

（2）你们最想去中国的哪个城市？去做什么？

（3）你去图书馆 / 书店 / 篮球场做什么？

（4）你昨天都去哪儿了？做了什么？

课堂活动

1 **我是小记者**

　　采访同班同学，询问他们这个周末（某个假期）去哪儿、去那个地方做什么，完成表格。然后不看表格向全班汇报。

姓名	去哪儿	做什么

2 我是小导游

　　周末，班级要出去春游（秋游），请小组讨论，为班级制订一次出行计划，请小组代表向全班汇报。

　　如：早上八点，我们到餐厅吃早餐。

　　　　八点半，我们到校门口集合。

　　　　八点四十，我们坐车去植物园。

　　　　十二点，……

　　　　下午三点，……

3 找朋友

　　准备三种不同颜色的卡片，上面分别写上人物、地点和活动，学生抽取卡片，并找到其他合适的卡片，组成正确的连动句。

　　人物卡片：我、爷爷、妈妈、学生、老师、朋友

　　地点卡片：图书馆、操场、学校、医院、中国、超市、饭店

　　活动卡片：上课、借书、写作业、跑步、打羽毛球、旅游、学中文、买东西、吃饭

课后练习

一、听一听，连一连。🎧

| 爸爸 | 妈妈 | 我 | 姐姐 |

| 去图书馆 | 去游泳馆 | 去公司 | 去商场 |

| 看看 | 买东西 | 看书 | 游泳 |

二、看图说话。

❶
❷

三、根据实际情况回答下列问题。

1. 你上个周末去哪儿了？做什么了？

2. 明天你要去哪儿？做什么？

3. 你来北京做什么？

4. 你和好朋友经常去哪儿？做什么？

5. 吃完午饭你经常做什么？

四、小调查。

调查五个朋友，问问他们上个周末去哪儿了、去那儿做什么了、这个周末准备去哪儿、去那儿做什么，然后在班里汇报。

姓名	上个周末		这个周末	
	去哪儿了	做什么了	去哪儿	做什么

句　型

连动句 2（三级）

本体知识

本教学设计仅涉及前一动作是后一动作的工具、方式的连动句。

格式：　**1** S + V1 + O1 + V2 + O2

（1）我骑车去上班。

（2）我用铅笔写汉字。

2 S + 没（有）/ 不 + V1 + O1 + V2 + O2

（1）他没有坐飞机去上海。

（2）在中国，我不用美元买东西。

常见偏误

1 * **我从法国来中国坐飞机。**

改为：我从法国坐飞机来中国。

分析：乘坐的工具应该放在"来"的前面。

2 * **昨天我开车很早去商场。**

改为：昨天我很早就开车去商场了。

分析：时间状语"很早"应该放在第一个动词前。

3 * **今天早上他打自行车去一个花园。**

改为：今天早上他骑自行车去了一个花园。

* **在这个城市开摩托车上班很难。**

改为：在这个城市骑摩托车上班很难。

分析：工具不同，所用动词也不同，"自行车""摩托车"应该用"骑"。

4 * **我想坐飞机去在昆明。**

改为：我想坐飞机去昆明。

分析："去什么地方"，地点名词前不需要再加"在"。

教学提示

1 注意工具不同，所用动词不同：骑自行车、开车、坐飞机等。

2 学习连动句 2 时，教师应该有意识地将否定形式呈现出来，提醒学生应将否定词放在第一个动词之前。

3 当句子中间出现"来 / 去 + 地方"时，要注意该短语的位置，只有当第二个动作是"来 / 去 + 地方"的目的时，才将该短语放在前面。学习连动句 1 时，教师在教学中应该有意识地设计并避免出现使用连动句 2 的情况。

教学案例

📖 案例1：情景举例法、图片法

1. 导入和讲解

师：（出示一些交通工具的图片，复习交通工具和相应的动词）

（分别指着图片）这是什么？

生：这是汽车 / 自行车 / 摩托车 / 地铁 / 出租车 / 公交车。

师：安娜，你今天怎么来学校的呢？

安娜：（可能会说）我骑自行车。

师：安娜骑自行车来学校。（板书，齐读）

大卫，你怎么来学校呢？

大卫：我坐公交车来学校。

师：大卫坐公交车来学校。（板书，齐读）

我们周末要去天安门，怎么去呢？

生：（可能会说）我们坐地铁去。

师：我们可以说：我们坐地铁去天安门。（板书，齐读）

还可以怎么去天安门？

生：（可能会说）坐公交车 / 坐出租车 / 骑自行车……

师：我们坐公交车去天安门。（板书，齐读）

师：（根据例句总结格式）

　　S＋V1＋O1＋来/去＋O2

师：你们是走路来北京的吗？

生：不是。

师：我们可以说：我们不是走路来北京的。（板书，齐读）

师：你们是骑摩托车来北京的吗？

生：我们不是骑摩托车来北京的。（板书，齐读）

师：（根据例句总结格式）

　　S＋不是＋V1＋O1＋V2＋O2＋的

2. 操练

操练 1：看图说话

去法国　　　　　　去日本　　　　　　去上海　　　　　　去北京

操练 2：小组问答

两人一组，互相问答，说说是怎么来中国的、去过中国什么地方、是怎么去的等。

📖 案例 2：图片法

1. 导入和讲解

师：（出示图片）他们在干什么？

生：吃饭。

师：他们用什么吃饭？

生：（可能会说）用筷子。

师：他们用筷子吃饭。在中国，你们用什么吃饭？

生：我们用筷子吃饭。（板书，齐读）

师：（出示图片）他用什么吃饭？

生：他用叉子吃饭。（板书，齐读）

师：（出示图片）她在买东西，她用什么买东西？

生：她用现金买东西。（板书，齐读）

师：在中国，你们用什么买东西？

生：<u>我们用支付宝买东西。</u>（板书，齐读）

师：（根据例句总结格式）

　　　S＋用＋O1＋V2＋O2

师：在中国，你们用叉子吃饭吗？

生：（可能会说）不用。

师：我们可以说：在中国，<u>我们不用叉子吃饭。</u>（板书，齐读）

师：在中国，你们用美元买东西吗？

生：在中国，<u>我们不用美元买东西。</u>（板书，齐读）

师：（根据例句总结格式）

　　　S＋不＋用＋O1＋V2＋O2

2. 操练

操练1：看图说话

操练2：抽盲盒

　　将写有工具名称的小卡片放在一个盒子里，让学生抽卡片，并说出自己用／不用这些工具做什么。

　　卡片内容：牙刷、毛巾、水杯、毛笔、钢笔、电脑、洗衣机、身份证、手机

课堂活动

1 你用这些工具做什么

筷子　　电脑　　手机　　洗衣机　　身份证

毛笔　　钱　　微信　　课本　　耳机

线上教学：PPT上呈现图片，学生看着图片说句子。

线下教学：将图片打印出来，让学生抽图片，根据抽到的图片说句子。

2 **猜猜看**

两人一组，一个人说地方，另一个人说应该怎么去。

A：北京

B：我们坐飞机去北京。

**课后
练习**

一、听一听，连一连。🎧

| 爸爸 | 妈妈 | 我 |

| 走路 | 开车 | 骑自行车 |

| 去上班 | 去学校 | 去买东西 |

二、看图说话。

三、根据实际情况回答下列问题。

1. 你上个周末去哪儿了？怎么去的？

2. 你怎么来北京的？来北京做什么？

3. 放假你准备去哪儿？准备怎么去？去那里做什么？

4. 你的家人平常怎么去上班、去上学？

四、小调查。

调查四个人，可以是你的家人、朋友、学生或邻居，问问他们周末（某个假期）去哪儿、怎么去、去那儿做什么，然后在班里汇报。

姓名	去哪儿	怎么去	做什么

句 型

兼语句（三级）

本体知识

　　把一个动宾短语和一个主谓短语套叠在一起，其中前一个动宾短语的宾语兼作后一个主谓短语的主语，这样的短语叫作兼语短语。由兼语短语充当谓语或独立成句的句子叫作兼语句。

　　兼语句的格式为："S1 + V1 + O/S + V2"。根据 V1 的不同，《等级标准》中的兼语句可分为以下四类。

　　1. 使令类（三级）

　　表示使令意义的兼语句有一定的强制意味。V1 常是含有使令意义的及物动词，V2 是 V1 的结果或目的。V1 常用：派、留、使、叫、让、劝、逼、催、请、要、托、求、号召、组织、发动、命令、动员、禁止等。如：

　　校长叫你去办公室。

　　2. 爱憎类（四级）

　　表示爱憎、好恶等意义的兼语句。V1 常是表示喜爱、赞许或厌恶、责怪的及物动词，V2 表示原因。V1 常用：爱、感谢、佩服、夸奖、称赞、嫌、恨、气、怨、可怜、笑、骂、讨厌等。如：

　　我们都嫌他太懒。

　　3. 称谓 / 认定类（四级）

　　表示称谓或认定意义的兼语句。V1 常用：叫、称、推选、选举、追认、拜等。如：

　　我们都选他当代表。

　　4. 致使类（五级）

　　表示主语是引起兼语做出某事情或发生某变化的原因，主语并不是有意要求、命令这样做。如：

　　这连绵阴雨使人心情很不好。

　　本教学设计仅涉及使令类兼语句。

格式： **S＋请/让/叫＋某人＋V**

（1）我们请老师再说一遍。

（2）领导让李明做报告。

（3）妈妈叫他回家吃饭。

<table>
<tr><td rowspan="6">

**常见
偏误**

</td></tr>
</table>

1 * **如果贵公司让当导游的话我很高兴。**

改为：如果贵公司让我当导游的话，我很高兴。

分析：兼语成分遗漏。

2 * **你们相信我，这一次，女儿不会失望爸妈。**

改为：你们相信我，这一次，女儿不会让/叫爸妈失望。

分析："失望"为不及物动词，应改为："让/叫＋某人＋失望"。

3 * **我使我朋友不要撒谎。**

改为：我让我朋友不要撒谎。

分析："使"和"让"混淆。"让"的使用范围大于"使"。"使"的主语通常是表示某个事件或某个抽象事物的名词，V2常是一种状态，而不是具体的动作，如："这件事使她很生气"。而"让"的主语虽然也可以是某事件，但通常是某个具体的人，V2可以是某状态也可以是某具体动作。如："这件事让她很生气""老师让我们写作业"。

4 * **如果我们把两个班的学生明白这个道理，那就太好了。**

改为：如果我们使/让这两个班的学生明白这个道理，那就太好了。

分析："把"字句的基本语法意义是通过一个动作使宾语发生改变，该句没有使"学生"发生改变的具体动作，应用兼语句。

5 * **他们觉得国家富强被人们觉得幸福。**

改为：他们觉得国家富强让人们感到幸福。

分析："国家富强"和"人们幸福"具有因果关系，前者并非受事，应用兼语句。

6 * **听到这句话让我更加努力学习汉语了。**

改为：这句话让我更加努力学习汉语了。

分析：兼语句的主语一般是名词性成分。

教学提示

1 兼语句用法并不单一，应分阶段教学，不可排山倒海一次教给学生。

2 注意"让、使、令"的不同：

	词性	用法	例句
让	动词	·口语 ·用于人、事情	（1）妈妈让他去商店。 （2）考试让人不能休息。 （3）这儿真漂亮，让人舍不得离开。
	介词	·相当于"被"	衣服让雨淋湿了。
使	动词	·书面语 ·用于事情、情况	（1）工厂加强了质量管理，使产品合格率不断上升。 （2）那里风景秀丽，使人流连忘返。
令	动词	·书面语 ·令＋人＋心理感受	（1）这件事情令人高兴。 （2）你的表现令我失望。 （3）*妈妈令他去商店。

教学案例

📖 案例1：动作演示法

1. 导入和讲解

师：同学们好！上课了！请你们把笔拿出来。请你们把书翻到第 46 页。请你们做完第 3 题。

（学生做动作）

师：（看大家是否完成）很好。刚才老师让你们做什么了？

生：老师让我们把笔拿出来，把书翻到第 46 页，做完第 3 题。（板书，齐读）

师：对，口语中我们还可以说：老师叫我们把笔拿出来，把书翻到第 46 页，做完第 3 题。（板书，齐读）如果你没听清楚，想请老师再说一遍，你怎么说？

生：老师，请您再说一遍。（板书，齐读）

师：（根据例句总结格式）

　　S＋请/让/叫＋某人＋V

2. 操练

请你让你后桌的同学做一件事，然后后桌的同学说明做了什么，说明的同学再问自己的后桌。接龙问下去。

师：（对 A 说）请你擦黑板。

A：老师让我擦黑板。（对 B 说）请你站起来。

B：A 让我站起来。（对 C 说）请你打开书。

C：B 让我打开书。……

📖 案例 2：情景举例法

1. 导入和讲解

师：老师的新书出版了，今天特别高兴，我今天请你们去吃饭，好吗？

生：（各种说法）太好了！祝贺老师！老师的新书可以给我们一本吗？

师：（随机应变）大卫让老师给他一本书。（板书）没问题。

大卫：老师，可以写上您的名字吗？

师：大卫让老师写上自己的名字。（板书）这叫签名。可以怎么说？

生：大卫请老师签名。（板书，齐读）

师：请你们先读一遍课文，完成作业，然后我们一起出去吃饭。老师让你们做什么？

生：老师让我们读课文、做作业。（板书，齐读）

师：口语中我们也可以说：老师叫我们读课文、做作业。（板书，齐读）

生：老师叫我们读课文、做作业。

师：（根据例句总结格式）

S＋请／让／叫＋某人＋V

2. 操练

你说我做

每个人让自己的同桌做一些事，再反过来。

如：请你把手机给我。

请你站起来。

请你点头。

课堂活动

1 家庭规则

如果你是爸爸 / 妈妈，你会让孩子做什么？不让孩子做什么？

如：我会让我的孩子早点儿睡觉，因为对身体好。我不会让我的孩子晚上 12
点出去玩，因为很危险。

2 今天我来当老师

今天如果你当老师，你会让学生们做什么？

提示：听写、写字、读课文、预习课文

3 自己的事情自己做

朋友让你帮忙，你觉得哪些能接受？哪些不能接受？

如：朋友叫我帮他写作业，我不能接受。

课后练习

一、把括号中的词语放在合适的位置。

1. A 你让 B 他 C 来 D。 （别 / 不要）

2. 我们 A 想 B 明天 C 他 D 来做讲座。 （请）

3. A 爸爸 B 让 C 我 D 再去。 （明天）

4. 他 A 弟弟 B 去 C 买水果 D。 （让）

5. 老王让 A 周末 B 去他家 C 看 D 球赛。 （我）

二、为了保护环境，请你向大家提出倡议。

如：请大家不要乱扔垃圾。请大家节约水资源。

三、假如你是地铁的志愿者，你要提醒乘客安全乘车、文明乘车，你会怎么说？

如：请大家不要在地铁里抽烟。

请大家给孕妇让座位。

请大家不要大声说话。

上电梯时，请大家注意自己的头。

特殊表达

时间表达1：年、月、日、星期（一级）

本体知识

　　汉语表达时间的顺序是从大到小，即"……年……月……日 / 号，星期……"。

　　"年"的表示法是在数字之后直接加上"年"。如：1987 年，读作"一九八七年"。年份最常见的读法是将每个数字依次读出，没有位数词"个、十、百、千"等。

　　"月"的表示法是在数字 1 ～ 12 后加上"月"。如：4 月，读作"四月"；11 月，读作"十一月"。

　　"日"的表示法是在数字 1 ～ 31 后加上"日"或"号"，一般书面语中多使用"日"，口语中多使用"号"。如：2 日，读作"二日"或"二号"；12 日，读作"十二日"或"十二号"。

　　"星期"的表示法是在"星期"后加上数字一至六，如：星期一、星期二、星期六。在汉语中第七天为"星期日"或"星期天"。

格式：

1 **……年……月……日（号）**

2023 年 4 月 15 日

2 **……年……月……日（号），星期……**

2023 年 4 月 15 日，星期六

3 **其他常用时间词**

大前年　前年　去年　今年　明年　后年　大后年

大前天　前天　昨天　今天　明天　后天　大后天

常见偏误

1 * **每个年我都去奶奶家。**

改为：每年我都去奶奶家。

* **那个天下雨，我没去。**

改为：那天下雨，我没去。

分析："年""天"本身就是时量词，前面不需要用量词，二语学习者经常把"年""天"当成名词，在前面误加量词。

2 * 我来北京一月了。

改为：我来北京一个月了。/ 我一月来北京的。

分析："月"前面加不加量词，意思不同：加量词，表示时间段，放在动词后作时量补语；不加量词，表示时间点，放在动词前作状语。

3 * 我二千六年三月来中国。

改为：我二〇〇六年三月来中国的。

* 二〇十四年十一月六日。

改为：二〇一四年十一月六日。

分析：年份的读法错误。应该按照数字顺序依次读出，之后直接加上"年"，不需要加"十、百、千"等。

4 * 我昨年来了。

改为：我去年来的。

* 我下个年回来。

改为：我明年回来。

分析："年""月"和"天"的表达序列不完全对称，正确的表达方式为：

前年—去年—今年—明年—后年

前天—昨天—今天—明天—后天

上上个月—上个月—这个月—下个月—下下个月

5 * 我的生日是 9 月 20 日 1998 年。

改为：我的生日是 1998 年 9 月 20 日。

分析：汉语中时间的表达是从大到小，即顺序是年、月、日。

**教学
提示**

1 年份的读法是直接读出每个数字，留学生容易将后两位数字误读成"几十几"。"1978 年"应读成"一九七八年"，而留学生经常读成"一九七十八年"。

2 汉语中时间的表达顺序是从大到小。

3 表达时间段时，"月"和"星期"前要加量词，"年""天"前不用量词。

4 要对比"一月"和"一个月"等的区别，让学生理解并避免混淆。

教学
案例

📖 案例 **1**：图片法

▶ 第一步：学习"年"

1. 导入和讲解

师：（出示数字 2）同学们会读吗？请读一下。

生：会读！二。

师：（出示数字 0）请读一下。

生：〇。

师：（出示数字 2）请读一下。

生：二。

师：（出示数字 3）请读一下。

生：三。

师：我们再一起读一遍"二〇二三"。

生：二〇二三。

师：（出示汉字"年"及拼音）大家看拼音，这个怎么读？

生：年。（教师注意纠音）

师：（出示图片）今年是哪一年？

生：（可能会说错）今年是二〇二十三年。

师：今年是二〇二三年，去年是哪一年？

生：去年是二〇二二年。

师：明年是哪一年？

生：明年是二〇二四年。

师：（总结并领读）

大前年→前年→去年→今年→明年→后年→大后年

年份要一个数字一个数字地读。

2. 操练

教师迅速在黑板上写出一些年份，也可以提前写在纸上或者 PPT 上，随意指一个年份让学生来读。

如：1990 年　1998 年　1987 年　1999 年　1978 年　1868 年　2000 年

　　2001 年　2009 年　2010 年　2011 年　2012 年　1989 年　2002 年

该操练也可以改成教师说出某一年份，让学生在黑板上写出来；或者一个学生说，另一个学生写。

▶ 第二步：学习"月"

1. 导入和讲解

师：（板书"月"及拼音）怎么读？

生：月。（教师注意纠音）

师：（出示图片）一年有多少个月？

生：一年有 12 个月。

师：一年有 12 个月。（带领学生齐读）一月、二月、三月……十二月。

师：现在是几月？

生：现在是四月。

师：这个月是四月，上个月是几月？

生：上个月是三月。

师：下个月是几月？

生：下个月是五月。

师：这个月、上个月、下个月。（板书，齐读）

（带领学生区分几月和几个月）一年有 12 个月（板书"12 个月"），两年有多少个月？三年呢？

生：两年有 24 个月，三年有 36 个月。（教师板书"24 个月""36 个月"，圈出"个"）

师：（指着年历）没有 24 月，没有 36 月。

2. 操练

教师快速翻动 12 个月的月历，让学生快速说出 12 个月的叫法。

▶第三步：学习"日""号"和"……年……月……日"

1. 导入和讲解

师：（出示当日日历图片）<u>今天是 4 月 15 日。</u>（板书，齐读）也可以说：<u>今天是 4 月 15 号。</u>（板书，齐读）

生：今天是 4 月 15 日。今天是 4 月 15 号。

师："日"一般用作书面语，"号"一般用作口语。

　　明天是几号？

生：明天是 16 号。

师：<u>今天是 2023 年 4 月 15 号。</u>（板书，齐读）

生：今天是 2023 年 4 月 15 号。

师：明天呢？ 昨天呢？

生：明天是 2023 年 4 月 16 号。昨天是 2023 年 4 月 14 号。

2. 操练

准备一个日历，教师随便指出某一天，问学生"今天是几月几号？"。

▶第四步：学习"星期"

1. 导入和讲解

（教师出示"星期"及拼音，教学生读星期一到星期天）

师：（指着星期日）我们这一天不用"星期七"，应该说星期天或星期日。（教学生说）这个星期、上个星期、上上个星期、下个星期、下下个星期。

师：今天星期几？

生：今天星期六。

师：（出示月历图片）4 月 26 号是星期几？

生：4 月 26 号是星期三。

　　……

师：今天是几月几号星期几？

生：今天是 4 月 15 号星期六。

师：上个星期天是几月几号？

413

生：上个星期天是 4 月 9 号。

师：（出示图片）上个月的 20 号是星期几？

生：上个月的 20 号是星期一。

　　……

师：（带领学生对比"年""日""月""星期"）一年、一日，不用"个"；
　　一个月、一个星期，要用"个"。

2. 操练

利用本班的课程表，带领学生练习"星期"。

师：你们哪天有汉语课／体育课？

生：……

师：你最喜欢星期几？为什么？

生：……

> **总操练**：整体练习"年、月、日、星期"。教师快速指出某一天，让学生说出"年、月、日、
> 星期"。

2024年8月

星期日 Sunday	星期一 Monday	星期二 Tuesday	星期三 Wednesday	星期四 Thursday	星期五 Friday	星期六 Saturday
				1	2	3
4	5	6	7	8	9	10
11	12	13	14	15	16	17
18	19	20	21	22	23	24
25	26	27	**28**	29	30	31

大前天　　前天　　昨天　　今天　　明天　　后天　　大后天

📖 案例 **2**：板书法

▶第一步：学习"年"

1. 导入和讲解

师：（板书"2"）同学们，怎么读？

生：二。

师：（板书"0"）这个呢？

生：〇。

师：（板书"2"）怎么读？

生：二。

师：（板书"3"）怎么读？

生：三。

师：连起来，（领读）"二〇二三"。

生：二〇二三。

师：（板书"2022""2024"）怎么读？

生：二〇二二，二〇二四。

师：（画一个简易的年历或出示年历图片）我们学习"年"。（板书"年"及拼音）

生：年。（教师注意纠音）

师：今年是哪一年？

生：（可能会说错）今年是二〇二十三年。

师：今年是二〇二三年，去年是哪一年？

生：去年是二〇二二年。

师：明年是哪一年？

生：明年是二〇二四年。

师：（写出年份并强调"去年"与"昨天"不同）

2020 → 2021 → 2022 → 2023 → 2024 → 2025 → 2026

大前年→前年→去年→今年→明年→后年→大后年

年份要一个数字一个数字地读。

2. 操练

教师迅速在黑板上写出一些年份，也可以提前写在纸上或者 PPT 上，随意指一个年份让学生来读。

如：1990 年　1998 年　1987 年　1999 年　1978 年　1868 年　2000 年

2001 年　2009 年　2010 年　2011 年　2012 年　1989 年　2002 年

该操练也可以改成教师说出某一年份，让学生在黑板上写出来；或者一个学生说，另一个学生写。

▶ 第二步：学习"月"

1. 导入和讲解

师：（圈出年历上的某月，最好是本月）这是"月"。（板书"月"及拼音）

生：月。（教师注意纠音）

师：一年有多少个月？

生：一年有 12 个月。

师：一年有 12 个月。（领读）一月、二月、三月……十二月。

师：现在是几月？

生：现在是十一月。

师：（板书"十一月""这个月"）这个月是十一月，上个月是几月？

生：上个月是十月。（教师板书"十月""上个月"）

师：下个月是几月？

生：下个月是十二月。（教师板书"十二月""下个月"）

师：这个月、上个月、下个月。

（再次提问学生）上个月是几月？下个月是几月？这个月是几月？

生：上个月是十月，下个月是十二月，这个月是十一月。

师：（带领学生区分"几月"和"几个月"）一年有 12 个月（板书"12 个月"），两年有多少个月？三年呢？

生：两年有 24 个月，三年有 36 个月。（教师板书"24 个月""36 个月"，圈出"个"）

师：（指着年历）没有 24 月，没有 36 月。

2. 操练

让一个学生说一个月份，另一个学生分别说出这个月的上一个月和下一个月的名称，学生接龙说下去。

▶ 第三步：学习"日""号"和"……年……月……日"

1. 导入和讲解

师：（出示当日日历图片或在本月月历中标出当日，板书"日"及拼音）

今天是 11 月 1 日。（板书，齐读）也可以说：今天是 11 月 1 号。（板书，齐读）

生：今天是 11 月 1 日。今天是 11 月 1 号。

师："日"一般用作书面语，"号"一般用作口语。

师：明天是几号？

生：明天是 2 号。

师：今天是 2023 年 11 月 1 号。（板书，齐读）

生：今天是 2023 年 11 月 1 号。

师：明天呢？昨天呢？

生：明天是 2023 年 11 月 2 号。昨天是 2023 年 10 月 31 号。

2. 操练

准备一个日历，教师随便指出某一天，问学生"今天是几月几号？"。

▶ 第四步：学习"星期"

1. 导入和讲解

（在月历上圈出一个星期并板书"星期"及拼音。教学生读星期一到星期天，要强调星期天的读法）

师：（指着星期日）我们这一天不说"星期七"，应该说星期天或星期日。

（教学生说）这个星期、上个星期、上上个星期、下个星期、下下个星期。

师：今天星期几？

生：今天星期三。

师：2023 年 10 月 5 号是星期几？（可让学生查看手机或出示月历图片）

生：2023 年 10 月 5 号是星期四。

　　……

师：今天是几月几号星期几？

生：今天是 11 月 1 号星期三。

师：上个星期一是几月几号？

生：上个星期一是 10 月 23 号。

师：上个月的 20 号是星期几？

生：上个月的 20 号是星期五。

　　……

师：（带领学生对比"年""日""月""星期"）一年、一日，不用"个"；一个月、一个星期，要用"个"。

2. 操练

利用本班的课程表，带领学生练习"星期"。

师：你们哪天有汉语课 / 体育课？

生：……

师：你最喜欢星期几？为什么？

生：……

总操练：教师随便说一个日期，如"2023年2月20号星期一"，让学生接龙把日期说下去。

课堂活动

1 你知道这些节日吗

准备一些节日的图片，让学生说出日期，或者准备一些日期，让学生说出节日。

2 生日聚会

每个学生假装准备一次生日聚会，邀请同学们参加聚会，被邀请的人询问生日聚会是哪天、星期几，举办聚会的人回答并说出自己的日程安排。

3 日期

准备一些日历图片，有年、月、日、星期。一个学生说"今天是 X 年 X 月 X 日，星期 X"，另一个学生说"昨天是……"，这样依次说下去。

准备一张大的年历图片，让一个学生上台指出一天，其余学生说出"X 年 X 月 X 日，星期 X"。

课后练习

一、听一听，选择正确答案。 🎧

1. 几月几号开学？
   A. 6 月 4 号　　　　B. 10 月 1 号　　　　C. 5 月 4 号　　　　D. 2 月 1 号

2. 他们星期几去北京？
   A. 星期二　　　　　B. 星期四　　　　　C. 星期六　　　　　D. 星期日

3. 他们哪天有汉语课？
   A. 星期一　　　　　B. 星期二　　　　　C. 星期三　　　　　D. 星期五

二、看图说话。

June 27	January 12 星期五	June 23
问：＿＿＿＿＿？ 答：今天是＿月＿号。	问：＿月＿日是星期几？ 答：＿月＿日是星期＿。	问：今天是 6 月 23 号，后天是几月几号？ 答：后天是＿月＿号。
MON	FRI	TUE
问：今天是星期一，昨天是星期几？ 答：昨天是＿＿＿＿。	问：这个星期五是 10 月 7 号，上个星期五是几月几号？ 答：上个星期五是＿＿＿。	问：你星期几有汉语课？ 答：＿＿＿＿＿。

三、完成对话。

1. A：10 月 5 号是我的生日，你们来我家，怎么样？

   B：好啊。＿＿＿＿＿？

   A：10 月 5 号是星期三。

   B：有时间，没问题。

2. A：上个星期天，你去哪儿了？

   B：＿＿＿＿＿＿。

   A：颐和园好玩吗？

   B：很好玩，这个星期天我们一起去吧。

3. A：今年是 2023 年，明年呢？

   B：＿＿＿＿＿。去年呢？

   A：＿＿＿＿＿。

四、改正句子。

1. 去年的去年是后年。

_____

2. 今月我去了天安门。

_____

3. 我学汉语二月了。

_____

4. 今天几日？

_____

5. 十月三十日二〇二二年是星期天。

_____

五、说说特殊的日子。

写出五个对你或你们家来说比较特殊的日子，并说明这个日子为什么特殊。

六、阅读下列短文，判断对错。

今天是四月八号，星期四，晴天。

今天我要去超市，因为明天是妈妈的生日，我要去给妈妈买一个礼物。

1. 四月八号是妈妈的生日。   （   ）

2. 星期五是妈妈的生日。   （   ）

3. 妈妈的生日是四月九日。   （   ）

4. 我的生日是四月八号。   （   ）

特殊表达

时间表达2：点、分、刻、秒（一级）

本体知识

　　"点、分、刻、秒"是时间单位，一般与数词搭配使用，如"十一点、十五分、一刻、十秒"。

　　时刻的表达顺序是从大到小，即"……点……分……秒"。

　　"三十分"也可以说成"半"，"十五分"也可以说成"一刻"，"四十五分"也可以说成"三刻"。

　　如果"分"前的数字小于十，"点"和"分"前的数字之间可以加"零"或者"过"，如"九点零/过五分"；如果"分"前面的数字大于十，"分"可以省略，如"九点十五（分）"；如果"分"前的数字接近六十，即时间接近整点，也可以用"差……分……点"来表示，如"差五分八点"（即七点五十五分）。

格式：

1 **……点**

八点（8:00）

2 **……点零/过……分**

九点零/过五分（9:05）

3 **……点……分**

十点十分（10:10）

4 **……点……刻**

九点一刻（9:15）

5 **……点半**

十点半（10:30）

6 **差……分/刻……点**

差三分十点（9:57）

差一刻九点（8:45）

常见偏误

1 * **然后，差不多两个点的时候，我们看海狗表演。**

　　改为：然后，差不多两点的时候，我们看海狗表演。

　　* **……每一个秒都那么美丽。**

　　改为：……每一秒都那么美丽。

　　分析："点""秒"都是时量词，和数词组合后，中间不需要量词。

2 * 二点回去洗澡。

改为：两点回去洗澡。

* 我们下课以后，二点我跟辅导见面。

改为：我们下课以后，两点我跟辅导（老师）见面。

分析：属于"二"和"两"的偏误。后面跟量词时，应该用"两"。

3 * 我们在 8:30 点坐长途汽车。

改为：我们 8:30 坐长途汽车。

分析：8:30 读作"八点半"或者"八点三十分"，不需要在后面再加"点"。

4 *12 点 10 分钟我去吃中午饭。

改为：12 点 10 分我去吃中午饭。

分析："分"和"分钟"的混淆。"分钟"只能用于表达时间段，不用于时间点的表达。

教学提示

1 和"点"搭配时，"二"与"两"的混用偏误率较高，需提醒学生，因为"点"是量词，应该读成"两"。

2 注意"点"和"点钟"、"分"和"分钟"的区别。

教学案例

📖 案例**1**：实物道具法

▶第一步：学习整点的表达

1. 导入和讲解

对于低龄学生，可先用相关儿歌引起兴趣，如《时间歌》。

成人学生可直接进行数字复习。

师：（复习数字，为学习时间做准备）请大家读一下这些数字：

1、2、3、4、5、6、7、8、9、10、11、12

生：一、二、三、四、五、六、七、八、九、十、十一、十二。

师：（展示闹钟或者自制的表盘）现在几点？

（学生可能摇头表示不知道怎么说）

师：（把表盘拨到8:00）现在八点。（板书，齐读）

生：现在八点。

师：（把表盘拨到 9:00）现在几点？（板书，齐读）

生：现在九点。

师：（把表盘拨到 2:00）现在几点？

生：（可能会说错）现在二点。

师：我们说：现在两点。（板书，齐读）

生：现在两点。

师：（根据例句总结格式）

现在几点？

现在……点。

2. 操练

教师转动表盘或者出示整点图片，让学生大量练习说整点。

▶ 第二步：学习"……点……分"

1. 导入和讲解

师：（把表盘拨到 9:05）现在几点？

（学生可能摇头表示不知道）

师：现在九点五分。（板书，齐读）

也可以说：现在九点零 / 过五分。（板书，齐读）

师：现在几点？

生：现在九点零 / 过五分。

师：一到九分可以说"……点零 / 过……分"。

师：（拨到 9:10）现在几点？

生：现在九点十分。（板书，齐读）十分或大于十分不说"零"或者"过"。

2. 操练

操练 1：

教师迅速将表盘拨到几点几分，让学生轮流用"几点几分"回答"现在几点？"。

师：现在几点？

生：现在十点（零）七分。

师：还可以说……？

生：现在十点过七分。

操练2：

教师在黑板上写下时间，让学生说出这些时间。

师：（板书 13:10）现在几点？

生：十三点十分。

师：对，十三点十分，也可以说：下午一点十分。

生：下午一点十分。

......

▶ 第三步：学习"……点半"

1. 导入和讲解

师：（把表盘拨到 10:30）现在几点？

生：现在十点三十分。

师：对，现在十点三十分。我们还可以说：<u>十点半</u>。（板书，齐读）

2. 操练

教师迅速拨动表盘，让学生轮流用"几点半"回答"现在几点？"。

▶ 第四步：学习："……点……刻"

1. 导入和讲解

师：（把表盘拨到 9:15）现在几点？

生：现在九点十五分。

师：很好，现在九点十五分。我们还可以说：<u>九点一刻</u>。（板书，齐读）

（板书：9:15 ＝九点一刻）

2. 操练

教师迅速拨动表盘，让学生轮流用"几点几刻"回答"现在几点？"。

▶ 第五步：学习"差……分……点"

1. 导入和讲解

师：（把表盘拨到 8:55）现在几点？

生：现在八点五十五分。

师：很好，现在八点五十五分。我们还可以说：<u>差五分九点。</u>（板书，齐读）

（板书：8:55 = 差五分九点）

2. 操练

教师迅速拨动表盘，让学生轮流用"差……分……点"回答"现在几点？"。

▶ 第六步：学习"秒"

1. 导入和讲解

师：（指时针）点，（指分针）分，（指秒针）<u>秒</u>（板书，齐读）。

生：秒。（教师注意纠音）

师：（转动指针）这是几点？（指示时、分、秒）

生：十一点十一分十一秒。

师：（出示 2 秒）这个怎么说？

生：（可能会说错）二秒。

师：我们说"两秒"。

别人问几点，一般不用说秒。

2. 操练

教师出示秒表，学生说出秒数。

总操练：当学生学习完"点、分、刻、秒"后，教师在表上拨出一些时间，如：6:05、7:30、8:15、8:50、9:04、10:45、11:55、13:25 等，让学生迅速说出时间。另外，可给出一些词语或图片，如"起床""上课""吃饭""看电视""睡觉"等，由学生说出自己做这些事的时间。

📖 案例 **2**：数字板书法

▶ 第一步：学习整点的表达

1. 导入和讲解

师：（指着自己的手表）现在几点？

（学生可能摇头表示不知道怎么说）

师：（板书 8:00）现在八点。（板书，齐读）

师：现在几点？

生：现在八点。

2. 操练

教师板书整点时间，让学生说时间。

▶ 第二步：学习"……点……分"

1. 导入和讲解

师：（板书 9:05）现在几点？

（学生可能说对，也可能说错）

师：现在九点五分。（板书，齐读）也可以说：现在九点零 / 过五分。（板书，齐读）

师：（板书 8:10）现在几点？

（学生可能说对，也可能说错）

师：现在八点十分。（板书，齐读）十分或大于十分，不说"零"或者"过"。

师：（板书 14:05）现在几点？

生：现在十四点零五分。

师：对，现在十四点零五分。我们也可以说：现在下午两点零五分。（板书，齐读）

（板书：14:00 = 下午两点，15:00 = 下午三点）

2. 操练

教师在黑板上写下时间，让学生说出这些时间。

（1）2:05	3:08	4:10	5:15	6:20	7:12
（2）13:20	13:15	14:10	15:05	15:12	20:03

▶ 第三步：学习"……点半"

1. 导入和讲解

师：（板书 9:30）现在几点？

生：现在九点三十分。

师：对，现在九点三十分。但"三十分"我们常说"半"。现在九点半。（板书，齐读）

师：（板书 8:30）现在几点？

生：现在八点半。

师：（板书 2:30）现在几点？

生：（可能会说错）现在二点半。

师：应该说：现在两点半。（板书，齐读）

2. 操练

教师在黑板上写下时间，让学生用"……点半"回答"现在几点？"。

▶第四步：学习"……点……刻"

1. 导入和讲解

师：（板书 6:15）现在几点？

生：现在六点十五分。

师：对，现在六点十五分。"十五分"我们也常说"一刻"。现在六点一刻。（板书，齐读）

2. 操练

教师在黑板上写下时间，让学生用"……点……刻"回答"现在几点？"。

▶第五步：学习"差……分……点"

1. 导入和讲解

师：（板书 10:50）现在几点？

生：现在十点五十分。

师：对，现在十点五十分。还可以说：现在差十分十一点。（板书，齐读）

生：现在差十分十一点。

2. 操练

教师在黑板上写下时间，让学生用"差……分……点 "回答"现在几点？"。

▶第六步：学习"秒"

1. 导入和讲解

师：秒（板书，齐读）。

生：秒。（教师注意纠音）

师：<u>2秒、10秒、11秒、29秒、50秒……</u>（板书，齐读）

师：请大家注意"两秒"，不说"二秒"。

2. 操练

教师写出几点几分几秒，让学生练习说。

如：8点30分12秒、12点10分10秒、9点9分9秒

> **总操练：** 当学生学习完"点、分、刻、秒"后，教师随便在黑板上写出一些时间，如：6:05、
> 7:30、8:15、8:50、9:04、10:45、11:55、13:25等，让学生迅速说出时间。

课堂活动

1 **时间大转盘**

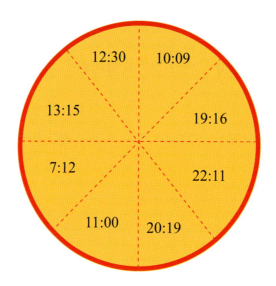

　　让学生轮流拨动教师自制的转盘，并问"现在几点？"，其他学生回答。或者让每个学生写时间，教师问学生A"现在几点？"，学生A回答后问学生B，接龙问下去。

2 **我们说你们写 / 我们写你们说**

　　教师提前在两张纸上写出一些时间，如：

　　A组时间：6:30、7:20、8:00、8:50、9:10、10:20、10:30、11:45、13:50

　　B组时间：7:30、8:20、9:00、9:50、10:10、11:20、12:30、13:45、14:50

把学生分成两大组。每组的第一个学生说出纸条上的第一个时间，最后一个学生在黑板上写出听到的时间。然后每组的第二个学生说出纸条上的第二个时间，最后一个学生在黑板上写出听到的时间。以此类推，看哪一组做得又快又准确。

3 时间接龙

第一个学生随便说出一个时间，后面的学生分别加上 5 分钟，说出一个新的时间。玩完一轮后，再分别加上 6 分钟、8 分钟、10 分钟、15 分钟、20 分钟、30 分钟等，如：3 点—3 点 5 分—3 点 10 分—3 点 15 分—3 点 20 分……说错的学生在黑板上写出这个时间。

4 世界时间猜猜看

一个学生上台介绍自己的国家和首都，其他学生来猜当地的时间。若所有学生都来自一个国家，教师可以提供简易的时区图，让学生说出不同国家的当地时间。

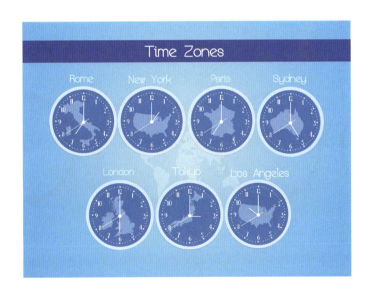

课后练习

一、听一听，选择正确答案。

1. 现在几点？

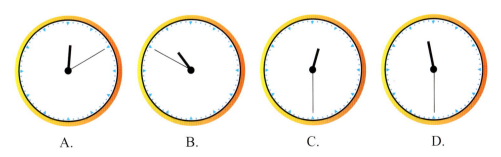

A.　　　　　B.　　　　　C.　　　　　D.

2. 今天几点下课？

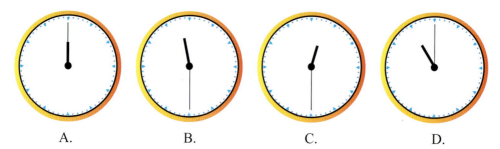

A. B. C. D.

3. 明天几点上课？

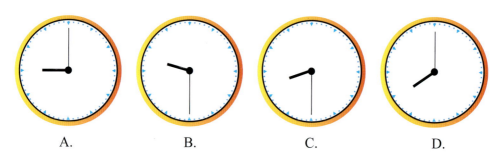

A. B. C. D.

4. 乔治几点吃饭？

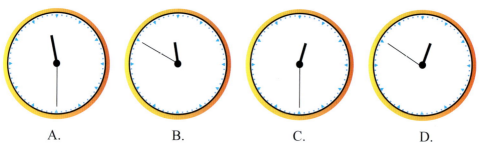

A. B. C. D.

二、看钟表，说时间。

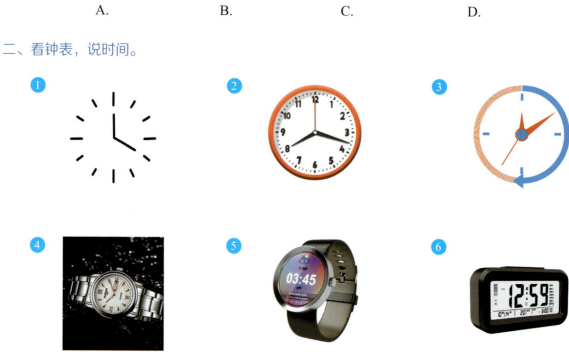

三、说出下列日期和时间。

四、连词成句。

1. 现在　十一　点　半

_____

2. 现在　九点　五分　差

_____

3. 十　一　点　刻　现在

_____

4. 零　分　七　点　十二　现在

_____

五、小调查。

　　调查你家周围的饭店、商店、咖啡厅、超市、银行、邮局等公共场所的营业时间，然后在班里汇报。

特殊表达

概数表达 1：多（二级）

本体知识

当说话人不清楚、不想或者没有必要说出准确的数目时，就可以用一个大概的数目来表达，汉语中概数表达法有很多，常见的方法如数词与"来、多、左右、前后、把"等词语搭配使用和两个相邻数词连用等。

本教学设计仅涉及概数词"多"。"多"表示略多于前面那个数，常用于口语。前面的数词不同，词序就不同。

格式： **1** Num（1～9）+ M + 多（+ N）

1 年多	5 块多（钱）	3 岁多
2 个多小时	1 个多月	

2 Num（以 0 结尾）+ 多 + M（+ N）

10 多个小时	20 多斤水果	30 多岁
500 多个人	1000 多千米	10000 多块钱

常见偏误

1 * 我在这儿住了三个月多了。

改为：我在这儿住了三个多月了。

* 3 多小时后手术就好了。

改为：3 个多小时后手术就好了。

* 我睡了半多个小时。

改为：我睡了半个多小时。

分析：数词是 1～9 或为"半"时，"多"应放在量词后。

432

2 * 那就是宝贵的纪念邮票，几十多张的纪念邮票。

　　改为：那就是宝贵的纪念邮票，几十张的纪念邮票。

　　分析：概数词"多"前面应该是确定的数量，如果是不确定的数量，不能用"多"。

3 * 我想我比她小一两岁多。

　　改为：我想我比她小一两岁 / 一岁多。

　　分析：两个相邻数词"一两"本身表示的就是概数，表示概数的"多"与之一起使用就语义赘余了，保留一个即可。

4 * 它的总面积 72 万 m²，有 9900 多房子……

　　改为：它的总面积 72 万 m²，有 9900 多间房子……

　　* 今天气温很高，大概 30 度多。

　　改为：今天气温很高，大概 30 多度。

　　分析：在整十、整百的数词后，"多"应该放在量词前。

**教学
提示**

1 引导学生注意数词不同，词序不同。

2 "多"前面的数词应该是确定的数量，不能是概数。

**教学
案例**

▶ **第一步：学习数词是 1 ~ 9 的情况**

📖 **案例 1：图片法**

1. 导入和讲解

师：（出示图片）你们觉得这个小男孩儿几岁了？

生：三岁？四岁？（也可能会说错）多三岁了。

师：我们可以说：这个小男孩儿三岁多了。（板书，齐读）

生：这个小男孩儿三岁多了。

师：他在玩水，你们猜猜他玩了多久。

生：一个小时？两个小时？

师：他今天玩了两个多小时。（板书，齐读）

生：他今天玩了两个多小时。

师：（根据例句总结格式）"多"是 more than 的意思，表示比前面的数多。我们不需要或者不太容易说出准确的数字，就可以说：

Num（1～9）＋M＋多（＋N）

2. 操练

操练1：猜一猜

她今天学了多久？

他大概几岁？

她大概几岁？

哑铃大概多重？

她买了几斤水果？

她睡了多久？

操练2：说一说

师：你们来中国大概几个月了？

生：……

师：你们每天大概学习几个小时？

生：……

师：你们每天做作业大概需要几个小时？

生：……

案例 2：情景举例法

1. 导入和讲解

师：现在几点了？

生：现在八点十二分。

师：八点过了，但还没到九点，我们可以说：<u>现在八点多了。</u>（板书，齐读）

生：现在八点多了。

师：你们每天要学习几个小时？

生：四个多小时。/（也可能会说错）四个小时多。

师：<u>我们每天要学习四个多小时。</u>（板书，齐读）

生：我们每天要学习四个多小时。

师：（根据例句总结格式）"多"是 more than 的意思，表示比前面的数多。

我们不需要或者不太容易说出准确的数字，就可以说：

Num（1 ～ 9）＋ M ＋ 多（ ＋ N）

2. 操练

看图说话

右图中的商品大概多少钱？

如：胡萝卜是四块多。

香蕉是三块多。

苹果是五块多。

葡萄酒是八块多。

牛奶是一块多。

案例 3：实物演示法

1. 导入和讲解

师：（展示称重计，把一瓶水放上去，边展示称重结果边说）

<u>一瓶水的重量是一斤多。</u>（板书，齐读）

（在教室中寻找适合称重的物品，也可以让学生来称重）

<u>一本词典的重量是两斤多。/ 五本汉语书的重量是三斤多。/</u>

<u>全班同学作业本的重量是七斤多。</u>……（板书，齐读）

师：（根据例句总结格式）"多"是 more than 的意思，表示比前面的数多。我们不需要或者
不太容易说出准确的数字，就可以说：

Num（1～9）+M+多（+N）

2. 操练

操练 1：时间连线

| 五点多 | 四点多 | 一点多 | 七点多 | 十点多 |

操练 2：接龙问答

师：你的笔多少钱？

生 1：我的笔三块多钱。你的小狗多少斤？

生 2：我的小狗六斤多。你的书包多少斤？

生 3：我的书包八斤多。……

▶ 第二步：学习数词以 0 结尾的情况

📖 案例 4：图片法

1. 导入和讲解

师：（出示图片）你们觉得这位老师多大？

生：（可能会说错）可能 20 岁多。

师：这个老师不到 30 岁，但超过了 20 岁，我们可以说：她 20 多岁。

（板书，齐读）

生：她 20 多岁。

师：那你们猜一猜老师（指自己）多大了。

生：老师 20 多岁 / 30 多岁……

师：你们呢？你们多大了？

生：……

师：（出示图片）你们猜一猜，这一辆车多少钱？

生：大概 400 万。

师：你们很厉害，猜得差不多，这辆车的价格是 410 万。我们可以说：

这辆车 400 多万。（板书，齐读）

生：这辆车 400 多万。

师：（根据例句总结格式）"多"是 more than 的意思，表示比前面的数多。我们不需要或者不太
容易说出准确的数字，就可以说：

Num（以 0 结尾）＋多＋M（＋N）

2. 操练

看图说话

请学生用"多"猜一下图中商品的价格。也可以采用小组问答的形式完成练习。

如：蛋糕的价格是 30 多块。

牛奶的价格是 10 多块。

葡萄酒的价格是 100 多块。

📖 案例 5：情景举例法

1. 导入和讲解

师：我们班有多少个学生？

生：我们班有 22 个学生。

师：那我们可以说：我们班有 20 多个学生。（板书，齐读）

生：我们班有 20 多个学生。

师：我们的汉语书是多少钱？

生：61 块。

师：那我们可以说：我们的汉语书 60 多块钱。（板书，齐读）

生：我们的汉语书 60 多块钱。

师：我们的汉语书一共有多少页？

生：235 页。

师：用"多"可以怎么说？

生：我们的汉语书有 200 多页。（板书，齐读）

师：（根据例句总结格式）"多"是 more than 的意思，表示比前面的数多。我们不需要或者不太容易说出准确的数字，就可以说：

Num（以 0 结尾）＋多＋M（＋N）

2. 操练

操练 1：下列数字用"多"怎么说？

（1）323 页　　　（2）112 斤　　　（3）34 个小时　　　（4）32 斤　　　（5）82 个人

（6）63 块钱　　　（7）230 万　　　（8）61 米　　　（9）1203 斤　　　（10）863 块钱

操练 2：猜一猜

让每个学生选择一种自己喜欢的食物，并用"多"猜一下它的价格。

课堂活动

1 你问我答

模拟购物情景，每四个学生一组，第一个学生询问商品价格，第二个学生回答具体的价格，第三个学生使用概数表达法"多"来将具体价格转化成概数形式，第四个学生继续询问商品价格。依次循环。在规定时间内用"多"转换价格正确次数最多的小组获胜。

A：苹果多少钱一斤？

B：苹果 5.2 元一斤。

C：苹果五块多一斤。

D：香蕉多少钱一斤？

……

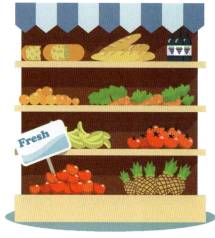

2 说真话

两人一组，自由对话。一人提问，另一人用概数表达法"多"来回答。可参考以下问题：

（1）现在几点了？　　　　　　　　（2）你今年多大？

（3）你昨晚几点睡的？　　　　　　（4）你来中国多久了？

（5）你每天睡觉睡多长时间？　　　（6）你学汉语学多久了？

（7）你的衣服多少钱？　　　　　　（8）你多高？

（9）这本课本多少钱？　　　　　　（10）从宿舍到教室有多远？

课后练习

一、请用"多"表示下面句子中的数字。

1. 这节课一共上了 1 个小时 20 分钟。　　　　　　　（　　　　　）

2. 小明在这里住了 11 年了。　　　　　　　　　　　（　　　　　）

3. 我们今天去买衣服，一共花了 321 元。　　　　　　（　　　　　）

4. 从宿舍到教室一共是 530 米。　　　　　　　　　　（　　　　　）

5. 这条河的深度是 3.2 米。　　　　　　　　　　　　（　　　　　）

6. 妈妈给大卫买了 12 本书。　　　　　　　　　　　　（　　　　　）

7. 今天一共有 33 名同学来上课。　　　　　　　　　　（　　　　　）

8. 艾米的作文一共写了 820 个字。　　　　　　　　　　（　　　　　）

9. 我来中国 2 年零 3 个月了。　　　　　　　　　　（　　　　　　）

10. 我明天上午 9:15 到北京。　　　　　　　　　　　（　　　　　　）

二、改正下面句子中错误的地方。

1. 我离开韩国三个月多了。

_____

2. 人们排队排了一百米多。

_____

3. 今天的气温有 40 度多。

_____

4. 她给幼儿园的孩子们准备了一百多饺子。

_____

5. 从这里坐火车到北京需要 14 多个小时。

_____

6. 我们班女生有 20 个多。

_____

7. 我昨天晚上睡了五个半多小时。

_____

8. 我想我比他小 1~2 岁多。

_____

三、根据实际情况回答问题。

1. 你每天大概睡多长时间？（小时）

2. 你每天大概学习多长时间？（小时）

3. 你们班有多少同学？（个）

4. 从这儿坐飞机到你们国家要多长时间？（小时）

5. 教室离你的宿舍有多远？（米）

四、去附近的超市看一下下面商品的价格，按照示例填写表格。

商品	单价	用"多"表示
苹果	5.20 元 / 斤	五块多一斤
方便面		
冰激凌		
薯片		
酸奶		
卫生纸		
可乐		

特殊表达

概数表达 2：相邻数词连用表示概数（三级）

本体知识

　　两个相邻的数词连用表示概数，一般是按照从小到大的顺序，如：三四个、五六朵、七八天。"两""三"连用，不用"二""三"，如：两三千人、两三万个。"三两天"是例外，"三两"表示少的意思，如"我三两天就回来"。"九"和"十"不能连用表示概数。

格式：

1 **"十"以内的数：相邻 Num + M（+ N）**

三四个（人）、五六点（钟）、六七条（路）

2 **"十"以上、"百"以下的数：（……）十 + 相邻 Num + M（+ N）**

十一二个（人）、（三）十五六岁、（五）十七八只猫

3 **以 0 结尾的十以上的数：**

相邻 Num + 十 / 百 / 千 / 万 / 亿 + M（+ N）

一二十个、两三百朵、五六千块、七八万条、两三亿只

常见偏误

1 * **我的书包里有七还是八本书。**

改为：我的书包里有七八本书。

* **一到六点或七点，会塞车塞得不得了。**

改为：一到六七点，塞车就非常严重。

分析：两个个位数直接相连表示概数，中间不用"或 / 或者""还是"。

2 * **我们班有十七、十八个学生。**

改为：我们班有十七八个学生。

分析：如果两个相邻的数词含有相同的位数词，位数词只需说一次。

442

3 * 他在新大学习，一天有四五课，所以我们不常见面，只有周末有空儿。

改为：他在新大学习，一天有四五节课，所以我们不常见面，只有周末有空儿。

* 有四五楼高。

改为：有四五层楼高。

分析：相邻数词连用表示概数时，需要在后面搭配对应的量词。

4 * 这篇课文我念了九、十遍。

改为：这篇课文我念了十来遍。

* 我有十、十一个朋友。

改为：我有十来个朋友。

* 我们老师大概三十、三十一岁。

改为：我们老师三十来岁。

分析：两个数词的尾数是"9"和"0"或"0"和"1"时，两个数词不能连用，跨位数相连会造成混乱。需根据情况选择合适的概数表达方法。

5 * 导游留我们在那里一二个小时才接着出发。

改为：导游把我们留在那里一两个小时才接着出发。

* 今天早上八点到下午一二点我有课。

改为：今天早上八点到下午一两点我有课。

* 所以，我打算去中国学习一二年。

改为：所以，我打算去中国学习一两年。

分析："一""二"相邻表达概数时，"二"应为"两"，因为后面一般都有量词。

教学提示

1 两个相邻的数词含有相同的位数词，位数词只需说一次。

2 相邻数词连用表示概数时，一般需在后面搭配对应的量词。

3 两个个位数表概数时中间不用"或／或者""还是"。

4 理论讲解不如多练形成语感，需要带领学生多练习。

教学案例

▶ 第一步：学习"十"以内的数

📖 案例**1**：图片法

1. 导入和讲解

师：（出示图片1）看，他们家有几口人？

生：三口人。

师：（出示图片2）他们家呢？

生：四口人。

师：中国家庭一般都是三口人或者四口人。
我们可以说：中国家庭一般有三四口人。（板书，
齐读）

生：中国家庭一般有三四口人。

师：（再次出示图片1）这个家庭有几个孩子？

生：一个。

师：很好。（再次出示图片2）那么这个家庭呢？

生：两个。

师：我们可以说：中国家庭一般有一两个孩子。（板
书，齐读）（此处提醒"两"和"二"的区别）

生：中国家庭一般有一两个孩子。

师：玛丽，美国家庭一般有几个孩子？

玛丽：美国家庭一般有三四个孩子。

师：大卫，英国呢？

大卫：英国家庭一般有两三个孩子。

师：（根据例句总结格式）当我们要表达大概的数量时，可以把两个相邻的
数词放在一起。

相邻 Num＋M（＋N）

（边说边将数轴画在黑板上）

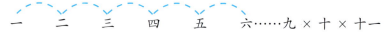

一　二　三　四　五　　六……九 × 十 × 十一

一两个　两三个　三四个　四五个　五六个 ……

大家要注意，一和二（念两）能连，二（念两）和三能连……但是九
和十、十和十一不能连。

2. 操练

操练 1：看图回答问题

这个小女孩儿大概几岁？

现在大概什么时间？

桌子上大概有几本书？

这只小狗大概几斤？

夏天大概什么时候到来？

桌子上大概有几杯茶？

操练 2：说一说

　　寒冷的冬天你大概会穿几件衣服？炎热的夏天你大概会穿几件衣服？其中上身穿几件？下身穿几件？然后问问你的同桌。

师：现在老师请大家用刚才学的语法说一说，你今天穿了几件衣服？

生 1：我今天穿了六七件衣服。

师：那你上身穿了几件？下身呢？

生 1：我上身穿了三四件，下身穿了两三件。

师：那六七月份的时候你会穿几件衣服？

生 2：我会穿两三件衣服。

师：好，请大家问一问你的同桌。

▶ 第二步：学习以 0 结尾的十以上的数

📖 案例 2：图片法

1. 导入和讲解

师：（出示图片）你们觉得这两位老人多大年纪了？

生 1：七十岁。

生 2：八十岁。

生 3：……

师：我们不太能确定，可以说：<u>他们今年七八十岁。</u>（板书，齐读）

　　（出示图片）那大家可以估计一下这有几百朵花吗？

生：两百 / 三百 / 两三百。

师：很好，我们可以说：<u>这有两三百朵花。</u>（板书，齐读）

生：这有两三百朵花。

师：（出示图片）这儿呢？大概有多少朵花？

生 1：<u>两三千朵。</u>（板书，齐读）

生 2：五六千朵。

生 3：八九千朵。

师：（根据例句总结格式）

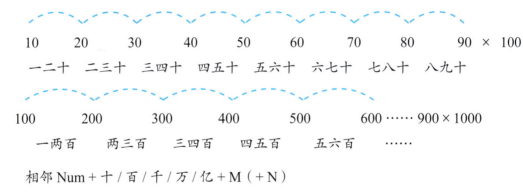

| 10 | 20 | 30 | 40 | 50 | 60 | 70 | 80 | 90 × 100 |

一二十　二三十　三四十　四五十　五六十　六七十　七八十　八九十

| 100 | 200 | 300 | 400 | 500 | 600 …… 900 × 1000 |

一两百　　两三百　　三四百　　四五百　　五六百　　……

相邻 Num ＋ 十 / 百 / 千 / 万 / 亿 ＋ M（＋N）

2. 操练

操练 1：读一读

用相邻数词表达下列数量。

10 ～ 20　　30 ～ 40　　80 ～ 90　　20 ～ 30　　70 ～ 80

100 ～ 200　　200 ～ 300　　300 ～ 400　　400 ～ 500

500 ～ 600　　600 ～ 700　　700 ～ 800　　800 ～ 900

1千 ～ 2千　2千 ～ 3千　3千 ～ 4千　4千 ～ 5千　5千 ～ 6千

6千 ～ 7千　7千 ～ 8千　8千 ～ 9千

操练 2：价格连线

以人民币为单位，打乱价格和图片的顺序，让学生猜测并连线，连线后复述。

电脑 一两万块钱

耳机 四五百块钱

手机 五六千块钱

手表 七八百块钱

运动手环 一两百块钱

闹钟 三四十块钱

▶ 第三步：学习"十"以上、"百"以下的数

📖 案例 3：情景举例法

1. 导入和讲解

师：你们有的十八岁，有的十九岁，怎么说？

生：我们十八九岁。（板书，齐读）

师：大家觉得老师多大了呢？

生：二十多岁。

师：每个人都猜一猜。

生1：二十五岁。

生2：二十四岁。

师：（手势表示大概）你们可以说：<u>我觉得老师今年二十四五岁。</u>（板书，齐读）

生：我觉得老师今年二十四五岁。

师：你们的父母现在有的四十五岁，有的四十六岁，怎么说呢？

生：<u>我们的父母四十五六岁。</u>（板书，齐读）

师：（根据例句总结格式）

11   12   13   14 …… 19 × 20

十一二个 十二三个 十三四个

41   42   43   44 …… 49 × 50

四十一二岁 四十二三岁 四十三四岁

（……）十 + 相邻 Num + M（ + N）

2. 操练

操练 1：看图回答问题

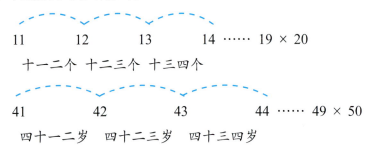

你觉得他们多大了？桌上有几杯茶？

不用数，你觉得总共有多少种蔬菜？多少种绿色蔬菜？
多少种黄色蔬菜？多少种红色蔬菜？多少种白色蔬菜？

不用数，你觉得总共有多少盘菜？多少盘蔬菜？
多少盘肉菜？多少个杯子？多少个碗？多少双筷子？

操练2：说一说

你的小学班级里有多少名同学？中学呢？大学呢？现在的教室里呢？然后问问你的同桌。

师：老师请大家用刚才学的语法说一说，现在的教室里大概有多少个人？

生1：十三四个人。

生2：十四五个人。

师：你上小学的时候，教室里大概有多少个同学？

生3：三十四五个同学。

生4：五十六七个同学。

师：你上中学的时候呢？上大学的时候呢？互相问一问。

课堂活动

1 接龙问答

从教师开始，问教室里东西的数量，找一个学生回答，这个学生接着问下一个学生，依次进行。如：

师：玛丽，教室里有多少张桌子？

玛丽：教室里有一二十张桌子。

师：对啦，玛丽你来问下一个吧！

玛丽：大卫，教室里有多少个同学？

大卫：教室里有十三四个同学。

……

2 比一比

教师提前准备一些日常用品的图片。如：

教师展示一张图片，学生要说大概有多少个图上的物品，拥有这个物品的数量最多的学生可以获得物品卡片，最后比一比谁的卡片最多。如：

师：大家看，这是什么？

生：帽子。

师：非常好，大家大概有多少顶帽子？

玛丽：我有一两顶帽子。

大卫：我有三四顶。

亨特：我有四五顶。

师：亨特最多。那我们把帽子卡片送给亨特。

课后练习

一、读一读，判断对错。

1. 我们教室有十三十四个同学。　　　　　　　　　　（　　）

2. 这里有二十五六个少数民族。　　　　　　　　　　（　　）

3. 情人节要送女友九十九一百朵玫瑰花。　　　　　　（　　）

4. 自然界有三四万种植物。　　　　　　　　　　　　（　　）

二、看图说话。

三、用相邻的数词表达下面的数量。

1. 20 ～ 30 张   2. 17 ～ 18 本   3. 300 ～ 400 棵

4. 450 ～ 560 公里   5. 2000 ～ 3000 块   6. 1 ～ 2 周

7. 38 ～ 39 岁   8. 4 万 ～ 5 万字   9. 80 ～ 90 斤

10. 3 ～ 4 米

四、用相邻的数词改写下列句子。

1. 这部手机大概两千块。

_____

2. 我的中文老师大约三十岁。

_____

3. 我上网买了几本书。

_____

4. 我现在体重五十多公斤。

_____

5. 这条鳄鱼有四米多长。

_____

特殊表达

概数表达 3：左右（三级）

本体知识

　　"左右"表示与实际数值相差不远，略多或略少。"左右"要与数量短语一起用（当数值在"十"以上，在特定语言环境中表示年龄和日期时，量词可以省略）。"左右"表示时间时，可用于时点，也可用于时段，但只能用于数量词表示的时间词语后，不能用在时间名词后。如：

　　　　一年左右、十五个左右、十二点左右

　　　　十五（岁）左右、二十（号）左右

　　　　*春节左右、*中午左右

格式：

1 **Num + M（+ N）+ 左右 （一般不用 N）**

四十岁左右、三年左右、十个左右、三十块（钱）左右

2 **T + 左右（T 是时间点）**

7 月份左右、6 点左右

3 **T + 左右（T 是时间段）**

30 年左右、一天左右、一个小时左右、三分钟左右

常见偏误

1 *天气一般在三十五左右。

改为：气温一般在三十五度左右。

分析：用"左右"表示概数时，需要在前面搭配相应的量词。

2 *我傍晚左右回家。

改为：我傍晚前后回家。

* 我们元旦左右有一个小考。

改为：我们元旦前后有一个小考。

分析："左右"一般用于时段词语后，虽然也可以用于时点词语后，但这个时点不能是时间名词。如果是时间名词后面应加"前后"表示大概的时间点。

教学提示

1 注意区分"时点"和"时段"两个概念："时点"一般用来回答"什么时间"，而"时段"多用来回答"多长时间"。

2 既然是概数表达，前面一般就不能是一个非常具体的数量。如：
* 我们班的同学有 14 个左右。

3 注意"左右"与"前后"的区别，见"概数表达 4：前后"。

教学案例

▶ **第一步：学习表示大概的数量**

📖 **案例1：图片法**

1. 导入和讲解

师：（出示图片）这辆车很贵，你们猜猜这辆车几百万。

生 1：大概 400 万。

生 2：大概 500 万。

师：我们不需要或者不太容易说出准确的数字，就可以用大概的数量来表达，如：这辆车 400 万左右。（板书，齐读）

生：这辆车 400 万左右。

师：（出示图片）这束花大概有多少枝？

生：100 枝左右。（板书，齐读）

师：猜一猜这束花多少钱。

生 1：500 块左右。（板书，齐读）

生 2：400 块左右。（板书，齐读）

师：（根据例句总结格式）要表达大概的数量，可以用：

Num＋M（＋N）＋左右 （一般不用 N）

2. 操练

操练1：猜一猜

请每个学生选择自己喜欢的服饰，并用"左右"猜一下价格。

操练2：看图回答问题

广州离北京多远？坐高铁多少钱？

这栋楼有多高？有多少层？

他多少岁？

他多少斤？

这个戒指多少钱？

这台电脑多少钱？

📖 案例 2：情景举例法

1. 导入和讲解

师：（可根据实际情况设置情景）昨天考试考得怎么样？你们觉得自己能考多少分？

大卫：大概 90 分。

师：大卫觉得他大概能考 90 分，我们可以说：<u>90 分左右</u>。（板书，齐读）

　　你们呢？猜一猜大概多少分。

生 1：<u>80 分左右</u>。（板书，齐读）

生 2：……

师：（根据例句总结格式）要表达大概的数量，可以用：

　　Num ＋ M（＋N）＋ 左右（一般不用 N）

2. 操练

快问快答

（1）我们班大概有多少张桌子？

（2）我们班有多少名同学？

（3）外面的气温大概多少度？

（4）今天的生词大概多少个？

（5）你每个月大概花多少钱？

（6）你的室友大概多高？

▶第二步：学习表示大概的时间点

📖 案例 3：图片法

1. 导入和讲解

师：（出示图片）大家看，太阳马上要出来了，太阳大概几点出来？

生：大概 6 点。

师：对，大概 6 点。我们可以说：早上 6 点左右。（板书，齐读）

师：（出示图片）太阳要落下去了，太阳几点落下去？

生：晚上 6 点半左右。

师：对，我们可以说：晚上 6 点半左右。（板书，齐读）

生：晚上 6 点半左右。

师：（根据例句总结格式）要表达大概的时间，可能早一点儿也可能晚一点儿，可以说：

　　　　T + 左右（T 是时间点）

2. 操练

用"左右"描述一下安娜暑假的一天。

时间	内容
7:00	起床
8:00	吃早饭
10:00	写作业
12:00	吃午饭
14:00	画画儿
18:00	吃晚饭
19:00	看电视
20:00	读书
22:00	睡觉

如：安娜 7 点左右起床，上午 8 点左右开始吃早饭，12 点左右吃午饭，下午 2 点左右开始画画儿，晚上 7 点左右看电视……

📖 案例 4：情景举例法

1. 导入和讲解

师：我们每天 8 点上课，你们每天几点到教室？

安娜：差不多 7 点半。

师：安娜每天 7 点半左右到教室。（板书，齐读）

生：安娜每天 7 点半左右到教室。

师：你们呢？

生：……

师：大卫，你每天几点起床？

大卫：6 点左右。（板书，齐读）

师：（根据例句总结格式）要表达大概的时间，可能早一点儿也可能晚一点儿，可以说：

T + 左右 （T 是时间点）

2. 操练

操练 1：说一说

用"左右"说一说下面的时间。

（1）5:09　　　　　　　　（2）17:36　　　　　　　　（3）8:23

（4）21:59　　　　　　　（5）18:04　　　　　　　（6）14:05

操练 2：回答问题

（1）你们每天几点起床？

（2）你们每天几点睡觉？

（3）你能猜一猜老师每天几点起床、几点睡觉吗？

（4）你们每天几点开始写作业？

（5）你们每天什么时候吃午饭？

（6）你们每天什么时候吃晚饭？

▶第三步：学习表示大概的时间段

📖 案例 5：图片法

1. 导入和讲解

师：（出示图片）请大家算一算，白天大概多长时间？

生：（可能会说错）12 个左右小时。

师：我们应该说：12 个小时左右。（板书，齐读）

师：（根据例句总结格式）要表达大概多长时间，可能长一点儿也可能短一点儿，可以说：

T + 左右（T 是时间段）

06:07

18:37

2. 操练

用"左右"描述一下安娜暑假的一天都做了什么、做了多长时间。

时间	内容	时间	内容
6:40 — 7:20	起床、洗漱、吃早饭	16:00 — 17:00	写作业
7:20 — 12:00	学习汉语、数学	17:00 — 18:00	吃晚饭
12:00 — 12:30	吃午饭	18:00 — 19:30	玩游戏
12:30 — 13:00	午睡	19:30 — 21:00	读课外书
13:00 — 16:00	学习英语	21:00 — 21:15	洗澡

如：安娜上午学了 4 个小时左右。中午睡了半个小时左右。下午学了 4 个小时左右。晚上玩了一个半小时左右。……

📖 案例 6：情景举例法

1. 导入和讲解

师：大卫每天 11 点左右睡觉，6 点左右起床，每天睡 7 个小时左右。（板书，齐读）
安娜，你呢？

安娜：我每天 11 点左右睡觉，7 点左右起床，（可能会说错）睡 8 个左右小时。

师：我们应该说：我每天睡 8 个小时左右。（板书，齐读）
安娜每天睡几个小时？

生：安娜每天睡 8 个小时左右。

师：你们呢？

生 1：我每天睡 7 个小时左右。

生 2：……

师：（根据例句总结格式）要表达大概多长时间，可能长一点儿也可能短一点儿，可以说：
T + 左右（T 是时间段）

2. 操练

操练 1：快问快答

（1）你每天学习多长时间？

（2）你每天运动多长时间？

（3）你每天睡多长时间觉？

（4）我们课间休息多长时间？

（5）你每天准备生词需要多长时间？

（6）你每天写作业需要多长时间？

操练2：说一说

用"左右"说一说你平时和假期的生活有什么不一样。

如：我平时6点左右起床，假期9点左右起床。

我平时10点左右睡觉，假期11点左右睡觉。

**课堂
活动**

1 看看谁猜得准

教师逐一展示图片和问题，每个学生猜一次，最后教师公布答案，看谁猜得最接近，误差最小的评为"最佳猜手"。

这辆车多少钱？

这是多少枝花？

她的耳环多少钱？项链多少钱？

这张京剧脸谱要画多长时间？

她练舞蹈练了多少年？

她多大了？

2 购物节

教师准备一些商品的卡片，让学生"购物"，要求学生用"左右"说明自己选择的商品的数量、重量、价格等。

抽纸

咖啡豆

鸡蛋

化妆品

课后练习

一、读一读，判断对错。

1. 我们教室有十名左右同学。 （　　）

2. 老师二十岁左右。 （　　）

3. 我想在春节左右出去旅游。 （　　）

4. 九月左右大家纷纷返回校园。 （　　）

二、看图用"左右"回答问题。

现在大概几点钟？

现在大概是什么时候？

它多大了？

大概有多少个西瓜？

这座塔有多高？

这个青花瓷花瓶大概多少钱？

三、下列数字用"左右"怎么说?

1. 7:54   2. 10:04   3. 12:50   4. 49 岁   5. 69 斤

6. 78 米   7. 101 天   8. 112 个   9. 4100 元   10. 2 小时 54 分

四、用"左右"回答下列问题。

1. 你每个月要花多少钱?

2. 你们的汉语老师多大了?

3. 你每天几点完成作业?

4. 不看表,你能猜一猜现在几点了吗?

5. 你们的汉语书多少钱?

特殊表达

概数表达 4：前后（三级）

"前后"只用于表示时点的时间后，而且多是时间名词后，如：春节前后、五一前后。表示时点的数量词语后很少用"前后"，如不大说"星期一前后""九月前后"等。

"前后"和"左右"都可以表示概数，但是它们的用法不完全一样。对比如下：

	时点	时段	其他数量
前后	*六点前后	*六个小时前后	*十公斤前后
	春节前后	*三年前后	*一米七前后
左右	六点左右	六个小时左右	十公斤左右
	*春节左右	三年左右	一米七左右

二者的区别：

1. "前后"只能用于时间，"左右"还可用于年龄、重量、距离等。

2. "前后"只用于时点词语后，"左右"还可用于表示时段的词语后。

3. 表示时间时，"前后"可用于名词、动词或小句之后，"左右"只用于数量词后。

本教学设计涉及表示概数的"前后"和"左右"，但以"前后"为主。

格式： **T̤ + 前后（T̤ 是时间点）**

春节前后、开学前后

常见偏误

* 我们等了三天前后。

改为：我们等了三天左右。

* 我来上海有两年前后了。

改为：我来上海有两年左右了。

分析："前后"表示时间的概数时，只能用于表示时点的词语后面，不能用于表示时段的词语后面。时段词语"三天""两年"后应用"左右"。

教学提示

1 注意"前后"和"左右"的区别，"左右"的使用范围要大于"前后"，具体见本体知识。

2 "前后"前面的时间点词语具有一定的限制，可把常见的节日一起教给学生，避免出现过度类推。

教学案例

📖 案例 1：情景举例法

1. 导入和讲解

师：我们什么时候期末考试？

生：大概是圣诞节的时候。

师：大概是圣诞节的时候，我们可以说：<u>圣诞节前后</u>。（板书，齐读）

我们什么时候期末考试？

生：圣诞节前后。

师：你们打算什么时候回国？

生：<u>我们打算新年前后回国</u>。（板书，齐读）

师：你回国的飞机需要多长时间？（要求用"左右"）

生 1：7 个小时左右。

生 2：10 个小时左右。

师：你们打算在家待多长时间？（要求用"左右"）

生：我打算在家待 1 个月左右。

师：你们觉得老师什么时候回老家看爸爸妈妈？

生：<u>老师可能春节前后回老家</u>。（板书，齐读）

师：你们猜老师坐火车回老家得多长时间。（要求用"左右"）

生1：3个小时左右。

生2：……

师：（根据例句总结格式）当我们要说一个大概的时间时，可以用：

　　　T + 前后（T 是时间点）

　　　T + 左右（T 是时间段）

2. 操练

操练1：快问快答

（1）在你们国家什么时候打折最多？会打多少折？

（2）在你们国家一般什么时候回家和父母团聚？在家住多长时间？

（3）在中国一般什么时候出去旅游的人最多？

（4）在中国什么时候商店的东西最便宜？

（5）什么时候去天安门的人最多？

（6）在你们国家什么节日一家人一起吃团圆饭？

操练2：连线并说句子

（1）端午节前后，	a. 许多同学要因为毕业而分别了。
（2）春节前后，	b. 中国人喜欢吃粽子。
（3）中秋节前后，	c. 学生们纷纷返回校园。
（4）六月左右，	d. 大家赏月、吃月饼。
（5）九月左右，	e. 一家人又可以团聚吃饺子了。

📖 案例2：图片法

1. 导入和讲解

师：（出示图片）大家知道这是中国的什么节日吗？

生：春节。

师：大家说得对，是春节，中国有自己的日历（calendar），每年过春节的时间都不一样，有时候在1月底，有时候在2月份。所以我们可以说：春节在每年的2月份左右。（复习"左右"，板书并齐读）

中国人过春节的时候要做什么？

生：……（学生说自己知道的）

师：好，我们来一起看看，春节前后人们要做什么。

（图片呈现，融入中国文化）

春节前后人们要买年货。（板书，齐读）

春节前后人们会贴春联、放鞭炮。（板书，齐读）

春节前后人们会走亲戚拜年。（板书，齐读）

师：春节前后，中国人要做什么？（让学生复述或自由说）

生：……

师：中国人春节放多长时间假？（要求学生用"左右"）

生：一般一个星期左右，老师和学生一个月左右。（板书，齐读）

师：（出示图片）这是圣诞节，那圣诞节前后会做什么呢？（跨文化对比）

玛丽：我们会互相送礼物。

师：好，我们说：圣诞节前后，大家会互相送圣诞礼物。（板书，齐读）

生：圣诞节前后，大家会互相送圣诞礼物。

师：（出示图片）看，大家还会做什么？

生：圣诞节前后，大家还会在家里放一棵圣诞树。

师：圣诞节你们放多长时间的假？（要求用"左右"）

生：一般是 20 天左右。

师：（根据例句总结格式）当我们要说一个大概的时间时，可以用：

T + 前后（T 是时间点）

T + 左右（T 是时间段）

2. 操练

操练 1：节日与美食

教师出示食物图片，学生说出该食物出现的节日并说出完整句子。

如：春节前后中国人一定会吃饺子。

操练 2：看图说话

桃花每年 3 月份左右开花。

春节前后，房檐上挂着红灯笼。

春节前后，长辈给小孩子发红包。

复活节前后有很多彩蛋。

十点左右就该睡觉了。

她六点左右起床。

课堂活动

1 试运气

每一张图片对应一个数字，让学生选择一个数字点开图片，用"左右"或者"前后"造一个句子。

2 购物节

教师准备一些商品的卡片，让学生"购物"，要求学生用"左右"或者"前后"说明自己在什么时间购物，以及购买的商品的数量、重量、价格等。

参考词语：双 11、双 12、黑色星期五、圣诞节、春节、花钱……

3 我的假期计划

要求学生用上"左右""前后"说明假期里的计划，如大概什么时间做什么、做多长时间等。

课后练习

一、读一读，判断对错。

1. 我们教室有十名前后同学。　　　　　　　　　　　（　　）
2. 玫瑰花六月左右开放。　　　　　　　　　　　　　（　　）
3. 我想在春节左右出去旅游。　　　　　　　　　　　（　　）
4. 国庆节前后大家纷纷出去旅游。　　　　　　　　　（　　）

二、用"左右"或者"前后"描述下面的图片。

三、用"前后"或者"左右"改写下列句子。

1. 这种花大概在端午节开放。

2. 我的中文老师会在端午节那几天包粽子给我们吃。

_____

3. 她圣诞节那几天回国。

_____

4. 我一般中午不到 12 点吃饭。

_____

5. 我一般早上 7 点多起床。

_____

6. 春节那段时间，可以见到很多老朋友。

_____

四、调查中国节日的农历时间，使用"左右"一词来描述，并用"前后"说明节日里中国人一般做什么，然后在班里汇报。

参考答案

特殊句式

01 "是"字句（一级）

一、

小莎 ——— 中国人 ——— 学生
小明 ——— 美国人 ——— 司机
中原 ——— 英国人 ——— 老师
安妮 ——— 日本人 ——— 医生

二、 1. A：我是中国人。

B：我不是中国人。

2. A：我是医生。

B：我不是医生。

三、 1. 他是美国人吗？ / 他是不是美国人？

他不是美国人。

2. 她是医生吗？ / 她是不是医生？

她不是医生。

3. 张明是中国人吗？ / 张明是不是中国人？

张明不是中国人。

4. 这是教室吗？ / 这是不是教室？

这不是教室。

四、 1. 这是门。　 2. 这是电脑。　 3. 这是黑板。　 4. 这是教室。

5. 她是厨师。　 6. 他是老师。　 7. 他们是学生。　 8. 他们是医生。

五、 1. ×　　　 2. √　　　 3. ×　　　 4. ×　　　 5. √

02 "有"字句（一级、二级）

一、 1. ×　　　 2. √　　　 3. √　　　 4. ×

二、 1. 安妮有手机吗？

安妮有没有手机？

安妮有手机，安妮没有电脑。

2. 大卫有姐姐吗？

大卫有没有姐姐？

大卫有姐姐，大卫没有哥哥。

3. 你的房间有书桌吗？

你的房间有没有书桌？

我的房间有书桌，我的房间没有沙发。

4. 你有自行车吗？

你有没有自行车？

我有自行车，我没有小汽车。

5. 安娜有汉语词典吗？

安娜有没有汉语词典？

安娜有汉语词典，安娜没有英语词典。

03 "比"字句 1：A 比 B + Adj（一级）

一、1. √　　　2. ✕　　　3. √　　　4. √

二、1. 姐姐比弟弟高。

弟弟没有姐姐高。

2. 三亚的冬天比哈尔滨的冬天温暖。

哈尔滨的冬天没有三亚的冬天温暖。

3. 大象比小老鼠重。

小老鼠没有大象重。

三、1. 大卫比安娜高。/ 安娜比大卫矮。

2. 汉语的声调比泰语少。/ 泰语的声调比汉语多。

3. 哈尔滨冬天的平均气温比广州低。/ 广州冬天的平均气温比哈尔滨高。

4. 徐老师的年龄比杨老师小。/ 杨老师的年龄比徐老师大。

5. 长江比黄河长。/ 黄河比长江短。

04 "比"字句 2：A 比 B + Adj + 数量（二级）

一、1. 北京比上海冷多了。　　　　　2. 上海比北京暖和得多。

3. 女生比男生多 7 个。　　　　　4. 男生比女生少 7 个。

二、1. 爷爷比奶奶大两岁。/ 爷爷比奶奶大一点儿 / 一些。

2. 她的裙子比我的漂亮多了 / 得多。

3. 口语课比综合课容易多了 / 得多。综合课比口语课难多了 / 得多。

4. 今天学的语法比昨天学的难多了 / 得多。

5. 她比妹妹高 5 厘米。/ 她比妹妹高一些。

三、小李比小王大两岁。小李比小王大一点儿 / 一些。

小王比小李高两厘米。小王比小李高一点儿 / 一些。

小王比小李重 20 公斤。小王比小李重得多 / 多了。

或者

小王比小李小两岁。小王比小李小一点儿 / 一些。

小李比小王矮两厘米。小李比小王矮一点儿 / 一些。

小李比小王轻 20 公斤。小李比小王轻得多 / 多了。

05 "比"字句3：A 比 B + 更 / 还 + Adj（二级）

一、 1. 北京很冷，哈尔滨比北京更冷，哈尔滨比上海冷多了。

2. 小红很胖，小张比小红更胖，小张比小马胖多了。

3. 天津的东西很贵，北京的东西比天津更贵，北京的东西比桂林贵多了。

4. 上海很热，武汉比上海更热，武汉比北京热多了。

二、 马克比大卫更高。马克比大卫更重 / 胖。

皮特比乔治更矮。皮特比乔治更轻 / 瘦。

大卫比皮特高得多 / 多了。大卫比皮特重得多 / 多了。

三、 1. 小丽　安娜　瘦 / 轻

2. 黄球　红球　大

3. 牛排　烤鸭　贵 / 好吃

四、 1. 奶奶比爷爷年龄更大。

2. 马克的考试分数比大卫更高。

3. 今天学的生词比昨天更多。

4. 明天的气温比今天更高。

5. 大卫家的狗比安娜家的更可爱。

6. 丽丽的房子比小美的更贵。

06 "比"字句4：A 比 B + V 得 Adj（三级）

一、 1. 大卫比玛丽拿得多。/ 大卫拿得比玛丽多。

2. 李华比王力吃得快。/ 李华吃得比王力快。

3. 这里比那里卖得贵。/ 这里卖得比那里贵。

4. 你比她去得早。/ 你去得比她早。

二、 1. C　　　2. A　　　3. C　　　4. A

三、 1. 我比她跑得快。/ 我跑得比她快。

2. 我长得没她高。/ 我没她长得高。

3. 大卫比她来得晚。

07 "比"字句5：A 比 B + 多 / 少 / 早 / 晚 + V + 数量（三级）

一、 1. 多　一件　　2. 会　来　　3. 多买一　　4. 少买两

二、 1. 安娜比玛丽早起一小时。

2. 大卫比艾米早到一个月。

3. 大卫比山姆少学一年。

4. 我比朋友少花了一百块。

5. 哥哥比弟弟多吃一个苹果。

08 等比句：A 跟 / 和 B 一样 / 不一样（二级）

一、 1. B　　2. D　　3. C　　4. B

二、 1. 我的爱好跟姐姐一样。

2. 李华的裙子颜色跟上衣一样，都是红色的。

3. 我跟我同屋一样（大），都是 22 岁。

4. 我的水杯跟她的不一样，我的是红色的，她的是蓝色的。

5. 我的兴趣跟她不一样。

6. 我的理想跟她不一样。

09 "是……的" 句（二级）

一、1. C   2. C   3. C   4. C

二、1. 了   的   的   的   的   了

    2. 了   的   的   的   的   了   了

三、1. A：安娜今天是怎么去学校的？

       B：安娜是走路去的。

    2. A：安妮是在哪里买的这箱牛奶？

       B：安妮是在超市买的 。

    3. A：大卫是什么时候去看的电影？

       B：大卫是昨天晚上去看的。

    4. A：大卫是和谁去爬山的？

       B：大卫是和安妮去的。

10 "把" 字句 1：S + 把 + O + V + 在 / 到……（三级）

一、1. A   2. C   3. B   4. A

二、1. 他把水果放在冰箱里了。

    2. 他把书放在头上了。

    3. 她把书放在书架上了。

    4. 妈妈和儿子把衣服挂在绳子上了。

三、1. A   2. A   3. D   4. B   5. A

四、1. CD   2. AD   3. AC   4. AB

五、1. ×。改为：我把我的词典放在桌子上了。

    2. ×。改为：他把钱包放在口袋里了。

    3. √。

    4. ×。改为：你不应该把垃圾扔到地上。

    5. ×。改为：我在网上买衣服。

11 "把" 字句 2：S + 把 + O1 + V（+ 给）+ O2（三级）

一、1. D   2. A   3. B   4. C

二、1. B   2. A   3. B   4. B

三、1. 小李把自行车借给我了。/ 我把自行车借给小李了。

    2. 我们把书还给图书馆了。

3. 我没有把照相机借给大卫。/ 大卫没有把照相机借给我。

4. 我们应该把捡到的钱交给警察。

5. 我想把电脑送给妹妹。/ 妹妹想把电脑送给我。

12 "把"字句3：S＋把＋O1＋V＋成＋O2（三级）

一、 1. D   2. A   3. A

二、 1. 把中文翻译成英文。

     2. 把美元换成欧元。

     3. 她把纸剪成"福"字。

三、 1. A   2. A   3. B   4. B

四、 1. ×。改为：她没有把那本书翻译成德语的。

     2. √。

     3. ×。改为：我把美元换成人民币了。

     4. ×。改为：她把那本书翻译成日语的了。

     5. ×。改为：你不应该把桌子摆成一条线。

13 "把"字句4：S＋把＋O＋V＋结果补语 / 趋向补语 / 状态补语（三级）

一、 1. ×   2. √   3. ×   4. √   5. √   6. ×

二、 1. C   2. B   3. B   4. D   5. B   6. C

     7. B   8. B

三、 1. ×。改为：她没有把窗户擦干净。

     2. ×。改为：我已经把饭吃完了。

     3. √。

     4. ×。改为：你别把时间记错了。

     5. ×。改为：她没把作业做完。

14 被动句："被"字句（三级）

一、 1. D   2. D   3. C   4. B

二、 1. 我的手机被摔坏了。

     2. 安娜被老师批评了。

     3. 你的杯子被打碎了。

     4. 你的帽子被大风刮跑了。

三、 1. B   2. B   3. B   4. B   5. B

固定格式

01 越来越……（二级）

一、
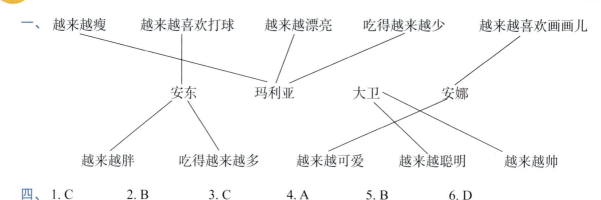

四、 1. C　　　　2. B　　　　3. C　　　　4. A　　　　5. B　　　　6. D

02 越……越……（三级）

一、 1. √　　　　2. √　　　　3. ×　　　　4. ×　　　　5. ×

二、 1. 水越喝越少。　　　　　　　　2. 她越长越高。

　　 3. 这座城市越变越美。　　　　　4. 她越说，妈妈越生气。

　　 5. 老师越讲，学生越糊涂。

三、 1. 她的身材越锻炼，改变得越大。　　2. 老师越说，我们越明白。

　　 3. 他的汉字越写越好。　　　　　　　4. 妈妈越反对，他越想出去。

　　 5. 他一直在参加训练，越训练跑得越快。

四、 1. 大卫越跑越快。　　　　　　　2. 妈妈越让安娜学习，安娜越不想学习。

　　 3. 安妮觉得汉语越学越简单。　　4. 现在学汉语的人越变越多了。

　　 5. 乔治越想越生气。

03 又……又……（二级）

一、 1. ×　　　　2. ×　　　　3. √

二、 1. 这只狗又小又可爱。　　　　　　2. 婴儿又软又可爱。

　　 3. 朋友们又说又笑，又吃又喝。　　4. 这个小男孩儿又跑又跳。

　　 5. 过年我们又包饺子又做中国结。

三、 1. 我又喜欢英语又喜欢汉语。　　　2. 这个蛋糕又好看又好吃。

　　 3. 我的房间又整齐又干净。　　　　4. 我又会打篮球又会踢足球。

　　 5. 他们又唱歌又跳舞。

四、 1. 杨松又想买篮球　　　　　　a. 又跳

　　 2. 小明又唱　　　　　　　　　b. 又安静

　　 3. 我常去的公园又漂亮　　　　c. 又善良

　　 4. 我的朋友又大方　　　　　　d. 又想买足球

04 一……就……（二级）

一、1. A　　　　2. B　　　　3. C

二、1. 她一考试就紧张。

　　她们一买东西就高兴。/ 她们一高兴就买东西。

　　我们一到北京就去故宫。

　　2. 天一冷，她就生病。

　　医生一给他打针，他就哭。

　　老师一表扬他，他就笑。

三、1. 一下班就回家了　　　　　　　2. 一学就会

　　3. 一见面就想哭　　　　　　　　4. 一看到就想买

　　5. 妈妈一离开，他就哭

05 该……了（二级）

一、1. 该找工作了　　　2. 该复习了　　　3. 该剪头发了

二、1. 小女孩儿该起床了。　　2. 她该刷牙了。

　　3. 花该开了。　　　　　　4. 该这个女孩儿面试了。

06 要 / 快……了（二级）

一、1. B　　　　2. A　　　　3. C　　　　4. A

二、1. 他快睡着了。　　2. 比赛要开始了。　　3. 晚饭快做好了。

　　4. 手机快没电了。　　5. 马上要过年了。

三、1. B　　　　2. C　　　　3. B　　　　4. C　　　　5. B

四、1. 要迟到了。　　2. 我们要出发了。　　3. 商店要关门了。

　　4. 我们要考试了。　　5. 我要毕业了。　　6. 要放假了。

　　7. 姐姐要结婚了。　　8. 妈妈要过生日了。

07 除了……（以外），……还 / 也 / 都……（三级）

一、1. A　　　2. C　　　3. B　　　4. B　　　5. A

二、1. 芒果，水果。

　　除了芒果，我还喜欢苹果和西瓜。

　　除了芒果，其他水果我都喜欢。

　　除了我，安娜也喜欢芒果。

　　2. 茄子，蔬菜。

　　除了茄子，我还喜欢青菜和玉米。

　　除了茄子，洋葱和紫薯也是紫色的。

除了我，他们也喜欢吃茄子。

　　3. 猫，动物。

除了猫，我还喜欢狗。

除了猫，其他动物我都喜欢。

除了大卫，其他人也都喜欢猫。

　　4. 自行车，交通工具。

除了骑自行车，我还可以坐公交车上学。

除了自行车，其他车我都不会骑。

除了我，山本和麦克也骑自行车上学。

四、1. 我们班除了大卫以外，都去过上海。

　　2. 我们昨天除了书店以外，还去了图书馆。

　　3. 在我们班除了大卫以外，安娜也喜欢唱歌。

　　4. 我们班除了安娜以外，都没有那本书。

　　5. 在我们班，除了维克多以外，麦克也喜欢语法。

　　6. 在中国我除了想学习汉语以外，还想到处看看。

08 一……都 / 也 + 没 / 不……（三级）

一、1. B　　　　2. A　　　　3. C　　　　4. B

二、1. 电影院里一个人都 / 也没有。　　2. 冰箱里一点儿东西都 / 也没有。

　　3. 他一根头发都 / 也没有。　　4. 车里一个人都 / 也没有。

　　5. 教室里一张桌子都 / 也没有。　　6. 大卫的作业一页 / 点儿都 / 也没做。

三、1. 大卫一分钱都 / 也没有了。　　2. 这里的照片我一张都 / 也没见过。

　　3. 同学们一节课都 / 也没有了。　　4. 教室里一个人都 / 也没有了。

四、1. 学校里一个学生都 / 也没有　　2. 我一句都 / 也没听懂

　　3. 一道题都 / 也没做错　　4. 我一本书都 / 也没买到

　　5. 一口饭都 / 也没吃

09 一点儿 + 都 / 也 + 没 / 不……（三级）

一、1. 他一点儿东西都 / 也没买。　　2. 她一点儿都 / 也不讨厌吃面条。

　　3. 箱子一点儿都 / 也不重。　　4. 一点儿都 / 也看不清。

　　5. 他一点儿都 / 也不喜欢吃。　　6. 这件衣服一点儿都 / 也不便宜。

二、1. 我一点儿都 / 也不饿。　　2. 我一点儿都 / 也不紧张。

　　3. 我一点儿都 / 也不会唱。　　4. 北京的春天一点儿都 / 也不热。

　　5. 一点儿都 / 也不近。

三、1. 不　　　2. 不　　　3. 没　　　4. 不　　　5. 不　　　6. 没

10 疑问代词 + 都 / 也……（三级）

一、 1. A　　　　2. A　　　　3. B　　　　4. A　　　　5. A

三、 1. 他们寝室什么时候都很热闹。　　　2. 我们班的同学谁都喜欢吃火锅。

3. 我们班谁也不喜欢考试。　　　　　4. 明天我们班谁都要早起上课。

5. 他很挑食，今天的饭菜他什么都不爱吃。

6. 他性格很好，怎么样都不会生气。

7. 他们谁都想去参加比赛。　　　　　8. 我们班谁都喜欢上口语课。

9. 这个便利店什么时候都开着门。　　10. 怎么样都能去学校。

11 谁……谁……（三级）

一、 1. ×　　　　2. √　　　　3. ×

二、 1. 他们谁也不听谁的解释。　　　　2. 谁也不认识谁。

3. 谁也不想见谁，谁也不爱谁。　　　4. 谁也不能帮助谁。

5. 谁也不能和谁说话。

三、 1. 刚开始的时候，他们两个谁都不喜欢谁。

2. 上周吵架后，他们谁都不理谁。

3. 上课的时候，你们谁也别和谁讨论。

4. 考试的时候，你们谁也别帮助谁。

5. 火车开走了，直到我们谁也看不见谁了，他才坐下来。

12 疑问代词……疑问代词……（三级）

一、 1. √　　　　2. √　　　　3. √　　　　4. ×

二、 1. 什么有用我们学什么。　　　　2. 什么时候写完作业什么时候出去。

3. 谁有时间谁参加。　　　　　　　4. 怎么省钱怎么来。

三、 1. 哪儿热闹我去哪儿旅游。　　　　2. 什么衣服质量好我买什么衣服。

3. 你什么时候方便我什么时候来找你吧。

4. 谁想看电影谁去买票。　　　　　5. 作业怎么快怎么写。

13 不 A 不 B（三级）

一、 1. ×　　　　2. √　　　　3. √　　　　4. √　　　　5. ×

二、 1. 秋天不冷不热。　　　　　　　　2. 这个面包不软不硬。

3. 我家离学校不远不近。　　　　　4. 小明说话不紧不慢。

5. 玛丽今天的妆化得不浓不淡，很好看。

三、1. 不长不短，我能接受　　　2. 颜色不深不浅，很好看

3. 现在不胖不瘦，很精神　　　4. 她的鼻子不高不低，嘴巴不大不小

14　都……了（三级）

一、1. ✗　　2. ✓　　3. ✓　　4. ✗　　5. ✓　　6. ✓

二、
1. 都 21 世纪了，　　　　　　a. 还这么忙？

2. 都研究生了，　　　　　　　b. 快起床！

3. 都当妈妈了，　　　　　　　c. 还有人没见过火车！

4. 都毕业了，　　　　　　　　d. 还没去过学校图书馆。

5. 都退休了，　　　　　　　　e. 这个问题都想不明白！

6. 都 12 点了，　　　　　　　f. 还像个小女孩儿，动不动就哭！

三、1. A　　2. B　　3. A　　4. B　　5. B　　6. B

15　X 就 X（点儿）吧（三级）

一、1. ✗　　2. ✗　　3. ✓　　4. ✗　　5. ✗

二、1. 热就热吧　　　　　　2. 1000 米就 1000 米吧

3. 四个人就四个人吧　　　4. 跑就跑吧

三、A：这条裙子多少钱？

B：900 元。

A：900 太贵了，便宜点儿吧。500 怎么样？

B：500 太便宜了，不卖。再加点儿。

A：我只有 500 块。

B：黄色这条 500 就 500，红色不行。

A：黄色就黄色吧。

16　X 什么（啊）（三级）

一、1. 跑什么步啊　　　　2. 玩什么游戏啊

3. 点什么家庭套餐啊　　4. 吃什么牛排啊

5. 考什么试啊

复 句

01 一边……，一边……（一级）

一、
1. 大卫 —— c. 一边看书一边拍桌子
2. 安娜 —— d. 一边看书一边听音乐
3. 玛丽 —— a. 一边看书一边吃东西
4. 萨沙 —— b. 一边走路一边看书

二、 1. 他刚刚边看报纸边和我说话。 　　2. 小张喜欢边跑步边听音乐。
3. 爸爸经常边洗澡边唱歌。 　　4. 我喜欢边吃饭边看电视。
5. 我能边唱歌边跳舞。

02 先……，然后 / 再……（二级）

一、 1. 然后 　　 2. 以后 　　 3. 然后 　　 4. 然而 　　 5. 后来
二、 1. 老师先教读音，再教汉字。 　　2. 我们先上课，然后商量旅游的事。
3. 你先说，然后我说。/ 我先说，然后你说。 　　4. 我先写日记，然后睡觉。
5. 你先洗手，然后再吃饭。

03 不但……，而且……（二级）

一、1. C 　　 2. D 　　 3. C 　　 4. A
二、 1. 不但年轻人喜欢玩手机，而且老人也喜欢玩手机。
2. 不但大卫会踢足球，而且李明也会踢足球。
3. 不但妹妹喜欢游泳，而且哥哥也喜欢游泳。
4. 不但爸爸在做饭，而且妈妈也在做饭。
5. 这个房间不但很大，而且很便宜。
6. 故宫不但很大，而且很美。

三、 1. 他不但会说德语，而且说得很好。
2. 他不但很帅，而且很聪明。
3. 在我们家，不但我喜欢英语，而且姐姐也喜欢英语。
4. 妈妈不但答应了，而且很高兴地答应了。
5. 抽烟不但对自己不好，而且对别人也不好。

04　虽然……，但是……（二级）

一、1. ×　　　2. ×　　　3. √　　　4. √

二、1. 虽然山本想出去玩，但是没有时间。

2. 老师虽然会打太极拳，但是打得不好。

3. 玛丽虽然只学了一个月汉语，但是汉语说得很好。

4. 虽然毛笔字很难，但是我们一定会学会毛笔字的。

5. 大卫虽然很晚才睡，但是很早就起床了。

6. 大卫虽然没有认真准备考试，但是考得很好。

三、1. A 虽然 C 但是　　　2. A 虽然 B 但是　　　3. A 虽然 C 但是

05　如果……，就……（二级）

一、1. ×　　　2. ×　　　3. ×　　　4. √

二、1. 如果天气好，我们就去公园。如果下雨的话，我们就去看电影。如果去公园，我们就走路去。如果去电影院，我们就坐公交车去。

2.（1）如果明天放假，大卫就去看电影。

（2）如果明天放假，安娜就去购物。

（3）如果明天放假，小王就去超市。

（4）如果明天放假，山本就去书店。

三、1. B　　　2. A　　　3. A　　　4. B

06　因为……，所以……（二级）

一、1——c　　　2——a　　　3——e　　　4——b　　　5——d

二、1. A　　　2. A　　　3. D　　　4. C　　　5. D

三、1. 所以不能出去玩　　　　　　2. 所以她身体很好

3. 因为她上课认真听讲　　　　　4. 因为他弄脏了衣服

5. 所以她从小就会说汉语

07　一方面……，另一方面……（三级）

一、1. AD　　　2. BD　　　3. BC　　　4. AC

二、1. 一方面我不喜欢跳绳，另一方面跳绳是考试内容之一。

2. 小张一方面很喜欢小狗，另一方面又害怕小狗咬人。

3. 一方面我想睡觉，另一方面玛丽约我去图书馆。

4. 一方面我要参加酒会，另一方面我还要开车。

5. 我喜欢这本书，一方面它的内容很有趣，另一方面它跟学习的内容有关。

6. 我去上海一方面是看朋友，另一方面是工作。

三、1. 这台电脑一方面外观好看，另一方面价格便宜。

2. 这碗面一方面分量很足，另一方面配菜很丰富。

3. 一方面小明不是中国人，另一方面小明周围人都不说中文。

4. 一方面这个字太难，另一方面马克没有练习写汉字。

08　不是……，就是……（三级）

一、1. ×　　　2. √　　　3. √

二、1. 他不是踢足球，就是打篮球。

2. 不是刮风，就是下雨。

3. 她不是玩手机，就是看电视。

三、1. ×　　　　√　　　　　√

2. ×　　　　√　　　　　√

五、1. 便宜　　2. 做作业　　3. 米饭　　4. 我

09　X 是 X，就是……（三级）

一、1. 这个包好看是好看，就是不实用。

这个包好看是好看，就是太小了。

2. 他努力是努力了，就是效果不明显。

3. 这个教室大是大，就是光线太暗了。

4. 她睡是睡了，就是没睡着。

二、1. 这辆车速度快是快，就是太费油了。

2. 这部小说有趣是有趣，就是太长了。

3. 这把伞好看是好看，就是带起来不太方便。

4. 这台电脑好用是好用，就是太贵了。

5. 这双鞋舒服是舒服，就是不好看。

句　类

01　是非疑问句 1：用"吗"提问（一级）

一、1. B　　　2. C　　　3. B　　　4. C

二、1. 她的姐姐是日本人吗？　　2. 他喜欢游泳吗？

她的姐姐不是日本人。　　　他不喜欢游泳。

3. 你们去长城吗？　　　　　4. 这种香蕉好吃吗？

我们不去长城。　　　　　　这种香蕉不好吃。

　　5. 他的中文好吗？

　　　他的中文不好。

三、1. 他是你哥哥吗　　　　　　　2. 你是美国人吗

　　　他是学生吗　　　　　　　　　你是英国人吗

　　　他学习汉语吗

02　是非疑问句2：用"吧"提问（二级）

一、1. CD　　　2. BC　　　3. AD　　　4. AB

二、1. 她是日本人吧？　　　　　　　　　2. 她生病了吧？

　　3. 你们都忘了做作业，老师生气了吧？　4. 这么贵的酒店，条件很好吧？

　　5. 这么好吃的菜，很贵吧？　　　　　6. 她学习这么好，很聪明吧？

三、1. 你们放暑假了吧　　　　　　　　2. 是去医院了吧

　　3. 一定很想家吧　　　　　　　　　4. 公司很忙吧

　　5. 是喜欢他吧

03　用"呢"的疑问句（二级）

一、1. A　　　2. B　　　3. A　　　4. C

二、1. 那我们吃什么呢

　　2. 他叫什么呢

　　3. 作业在哪儿呢

三、1. 我喜欢跳舞，你呢

　　2. 张华去过上海，李明呢

　　3. 意大利人喜欢吃比萨，中国人呢

四、1. 呢　　　2. 吗　　　3. 呢　　　4. 吧　　　5. 吧　　　6. 吗

04　特指疑问句（一级）

一、1. C　　　2. B　　　3. B　　　4. D　　　5. A　　　6. C

二、1. 我们什么时候去图书馆？　　　　2. 他喜欢吃什么？

　　3. 你们周末去哪儿？／周末你们去哪儿？　4. 你喜欢谁？／谁喜欢你？

三、1. 谁和大卫明天一起去电影院看电影？

　　　安娜和谁明天一起去电影院看电影？

　　　安娜和大卫什么时候一起去电影院看电影？

　　　安娜和大卫明天一起去哪儿看电影？

　　　安娜和大卫明天做什么？

　　2. 谁喜欢吃饺子？

　　　杰克喜欢吃什么？

　　3. 谁是中国人？

小明是哪国人？

谁喜欢听美国的乡村音乐？

小明喜欢听哪个国家的乡村音乐？

小明喜欢听什么音乐？

4. 谁喜欢上海？

大卫喜欢哪儿？

大卫喜欢哪个城市？

5. 谁想和山本去迪士尼看烟花？

安妮想和谁去迪士尼看烟花？

安妮想和山本去哪儿看烟花？

安妮想和山本去迪士尼做什么？

6. 谁明天能出发？

你什么时候能出发？

7. 她去哪儿买水果？

她去超市买什么？

四、1. 这是谁的书？

2. 谁想 2026 年去日本？ / 她想什么时候去日本？ / 她 2026 年想去哪儿？

3. 那是什么？ / 那是一本什么书？

4. 谁想去图书馆看书？ / 大卫想去哪儿看书？ / 大卫想去图书馆做什么？

05 选择疑问句：A 还是 B？（一级）

一、1. C　　　2. D　　　3. D　　　4. D　　　5. C

二、1. 你喜欢长头发还是短头发？

2. 你想去上海还是北京？

3. 你喜欢唱歌还是跳舞？

4. 我们暑假打算去三亚或者广州。

5. 大卫下课后去打球还是游泳？

三、1. 明天大卫坐公交车来学校还是走路来学校？

2. 大卫是美国人还是英国人？

3. 中国人过年喜欢吃饺子还是汤圆？

4. 你喜欢喝甜豆浆还是咸豆浆？

四、1. 还是　　　　　2. 还是　　　　　3. 还是

4. 或者　　　　　5. 或者

06 正反疑问句：用正反疑问形式提问（一级）

一、1. ×　　　2. ×　　　3. √　　　4. √

三、1. 明天是不是星期三？　　　2. 故宫人多不多？

3. 他上课认真不认真？　　　4. 姐姐上周去没去上海？

5. 王明去没去过北京？　　　　　6. 教室里面有没有电视？

7. 他下周想不想去滑雪？　　　　8. 她会不会弹古筝？

四、1. 你想不想家？　　　　　　　2. 北京离天津远不远？

3. 你会不会说北京话？　　　　4. 你想不想学相声？

5. 你喝没喝过豆汁儿？　　　　6. 你去没去过长城？

07　感叹句1：太……了！（一级）

一、1. √　　　2. √　　　3. √　　　4. ×　　　5. √

二、1. 这个女孩儿太漂亮了！　　　2. 这个小男孩儿太可爱了！

3. 大卫的汉语说得太好了！　　4. 周末故宫的人太多了！

5. 图书馆的书太多了！　　　　6. 妈妈做的菜太好吃了！

三、1. 太可爱了！　　　　　　　　2. 太早了！

3. 太高了！　　　　　　　　　4. 太厉害了！

5. 太难了！　　　　　　　　　6. 太美了！

08　感叹句2：真……啊！（一级）

一、1. √　　　2. ×　　　3. √　　　4. √　　　5. ×　　　6. √

二、1. 这个男孩儿真聪明啊！　　　2. 这只小狗真可爱啊！

3. 大卫的汉语说得真好啊！　　4. 周末故宫人真多啊！

5. 图书馆的书真多啊！　　　　6. 这间教室真干净啊！

三、1. 真可爱啊！　　　　　　　　2. 真早啊！

3. 真疼啊！　　　　　　　　　4. 人真多啊！

5. 真美啊！

09　反问句1：不是……吗？（三级）

一、1. A　　　2. B　　　3. C

二、1. 今天不是星期一吗？　　　　2. 你不是知道不能乱扔垃圾吗？

3. 你不是知道上课不能吃东西吗？　4. 一个人在家不是要关门吗？

5. 下雨不是应该打伞吗？

三、1. 我不是昨天就说了吗？　　　2. 不是挺好看的吗？

3. 你不是北京人吗？　　　　　4. 天气预报不是说今天下雨吗？

5. 你不是知道抽烟有害健康吗？

四、1. 我的作业不是做完了吗？　　2. 你不是去过上海了吗？

3. 今天不是星期天吗？

10 反问句 2：难道……吗？（三级）

一、1. B   2. C   3. A

二、1. 今天难道有考试吗？

2. 你是北京人，难道你没去过长城吗？

3. 难道你不知道上课不能吃东西吗？

4. 你自己说过的话，难道你忘了吗？

5. 你是学生，难道不知道要做作业吗？

三、1. 难道你忘了吗？

2. 难道你没看天气预报吗？

3. 难道你不是北京人吗？

4. 难道你没带伞吗？

5. 难道你不知道"绿帽子"的意思吗？

句　型

01 形容词谓语句（一级）

一、1. A   2. B   3. A

三、1. 汉语有意思吗？汉语没有意思。

2. 她聪明吗？她不聪明。

3. 他高不高？他不高。

4. 这个菜好吃吗？这个菜不好吃。

5. 你的同桌可爱吗？我的同桌不可爱。

四、1. √。

2. ×。改为：这个房间很大。

3. ×。改为：今天太冷了，我不想出门了。

4. ×。改为：这家店的水果很便宜。

5. ×。改为：北京的冬天特别冷。

6. ×。改为：北京烤鸭不贵。

02 名词谓语句（二级）

一、

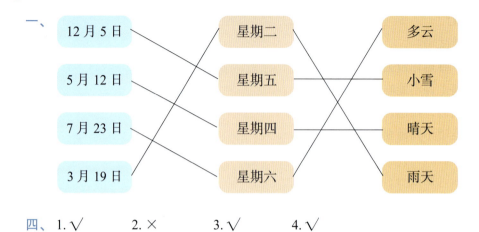

四、1. √　　　2. ×　　　3. √　　　4. √

03 主谓谓语句（三级）

一、1. 他头疼。　　　2. 她嗓子不舒服。　　　3. 新疆水果很甜。
4. 北京的冬天天气怎么样？　　　5. 国庆节的天安门人很多。

06 连动句1（二级、三级）

一、

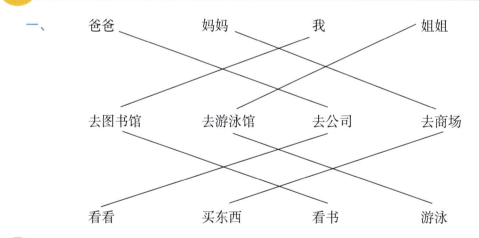

07 连动句2（三级）

一、

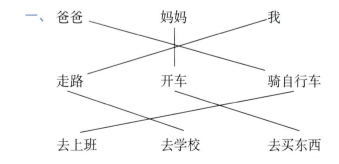

08 兼语句（三级）

一、1. C　　　2. C　　　3. D　　　4. A　　　5. A

特殊表达

01 时间表达1：年、月、日、星期（一级）

一、1. C　　　2. C　　　3. A

三、1. 10月5号是星期几　　　2. 上个星期天，我去颐和园了

3. 明年是2024年　　去年是2022年

四、1. 去年的去年是前年。　　　2. 这个月我去了天安门。

3. 我学汉语学了两个月了。　　　4. 今天几号？

5. 二〇二二年十月三十日是星期天。

六、1. ×　　　2. √　　　3. √　　　4. ×

02 时间表达2：点、分、刻、秒（一级）

一、1. B　　　2. B　　　3. B　　　4. B

四、1. 现在十一点半。　　　2. 现在差五分九点。

3. 现在十点一刻。　　　4. 现在十二点零七分。

03 概数表达1：多（二级）

一、1. 一个多小时　　　2. 十多年　　　3. 三百多元

4. 五百多米　　　5. 三米多　　　6. 十多本

7. 三十多名　　　8. 八百多个　　　9. 两年多

10. 九点多

二、1. 三个月多→三个多月　　　2. 一百米多→一百多米

3. 40度多→40多度　　　4. 一百多饺子→一百多个饺子

5. 14多个小时→14个多小时　　　6. 20个多→20多个

7. 五个半多小时→五个多小时　　　8. 1~2岁多→1~2岁

04 概数表达2：相邻数词连用表示概数（三级）

一、1. ×　　　2. √　　　3. ×　　　4. √

三、1. 二三十张　　　2. 十七八本　　　3. 三四百棵

4. 四五百公里　　　　　5. 两三千块　　　　　6. 一两周

7. 三十八九岁　　　　　8. 四五万字　　　　　9. 八九十斤

10. 三四米

四、1. 这部手机两三千块。　　　　2. 我的中文老师三十二三岁。

3. 我上网买了四五本书。　　　　4. 我现在体重五六十公斤。

5. 这条鳄鱼有四五米长。

05 概数表达 3：左右（三级）

一、1. ×　　　　2. √　　　　3. ×　　　　4. √

三、1. 8 点左右　　　　2. 10 点左右　　　　3. 下午 1 点左右

4. 50 岁左右　　　　5. 70 斤左右　　　　6. 80 米左右

7. 100 天左右　　　　8. 110 个左右 /100 个左右　9. 4000 元左右

10. 3 个小时左右

06 概数表达 4：前后（三级）

一、1. ×　　　　2. √　　　　3. ×　　　　4. √

三、1. 这种花在端午节前后开放。

2. 我的中文老师会在端午节前后包粽子给我们吃。

3. 她圣诞节前后回国。

4. 我一般中午 12 点左右吃饭。

5. 我一般早上 7 点左右起床。

6. 春节前后，可以见到很多老朋友。

听力文本

特殊句式

01 "是"字句（一级）

一、听一听，连一连。

　　小莎不是中国人，她是美国人，她是学生。小明是中国人，他不是司机，他是医生。中原是日本人，他不是医生，他是司机。安妮是英国人，她不是学生，她是老师。

02 "有"字句（一级、二级）

一、听一听，判断对错。

　　大卫今天晚上没有课，他想去看电影。我今天晚上没有时间，我有汉语课。我明天晚上没有课，我想明天晚上去看电影。大卫有自行车，我没有，所以他骑自行车去，我坐地铁去。

03 "比"字句1：A 比 B + Adj（一级）

一、听一听，判断对错。

　　王华和李林是好朋友。王华从小就喜欢打篮球，身高1米8，李林1米75。但王华喜欢吃零食，所以有点儿胖，李林不喜欢吃零食，只有110斤。王华今年22岁，李林18岁。王华很快就要大学毕业了，李林也马上高中毕业，但是没有考得上的大学。

09 "是……的"句（二级）

一、听一听，选择正确答案。

　　1. 女：你的电脑是什么时候买的？

　　　　男：前年买的。

　　2. 男：这个红色的水杯真好看，是谁的？

　　　　女：是我的。

　　　　男：在哪里买的？

　　　　女：在学校超市买的。

　　3. 女：大卫，明天是安娜的生日。

　　　　男：我知道，这本书是我买的，明天要送给安娜。

4. 男：你的汉语说得真好，你是什么时候开始学汉语的？

女：三年前开始的。我来中国已经两年多了。

10 "把"字句1：S＋把＋O＋V＋在／到……（三级）

一、听一听，选择正确答案。

大卫和玛丽在给安娜过生日。大卫把照片和气球贴在墙上。玛丽把桌上的礼物拿到沙发上。安娜把花和蛋糕拿到桌子上。大卫把生日帽戴在了安娜头上。之后，他们一起给安娜唱《生日快乐歌》。

1. 大卫把什么贴在墙上？

2. 谁戴着生日帽？

3. 礼物现在在哪里？

4. 花在哪里？

11 "把"字句2：S＋把＋O1＋V（＋给）＋O2（三级）

一、听一听，选择正确答案。

1. A：大卫，你能把词典借给我吗？

B：对不起，我把词典借给杨林了。

问：大卫把什么借给杨林了？

2. A：今天是妈妈的生日，你准备礼物了吗？

B：我已经把礼物送给妈妈了。

问：礼物在谁那里？

3. A：李华，你的作业呢？

B：对不起，老师，我把作业忘在家里了。

问：他把作业怎么了？

4. A：这些照片真好看！

B：是的，我们把这些照片寄给妈妈吧！

问：他们想把照片怎么样？

13 "把"字句4：S＋把＋O＋V＋结果补语／趋向补语／状态补语（三级）

一、听一听，判断对错。

今天是1月1日，是元旦。我们班在教室举行了元旦晚会。我们先把教室打扫得干干净净，然后把桌子摆得整整齐齐。我们把气球粘在了黑板上，把灯笼挂在了墙上，把零食分给了每个同学，最后我们把"元旦快乐"写在了黑板上。

14 被动句："被"字句（三级）

一、听一听，选择正确答案。

1. 安娜被自行车撞伤了。

2. 我的杯子被猫打碎了。

3. 我的汉语书被大卫借走了。

4. 我的钱包被偷走了。

固定格式

01 越来越……（二级）

一、听一听，连一连。

我们家有六口人，爸爸、妈妈、姐姐、哥哥、妹妹和我。我叫大卫，我哥哥叫安东，姐姐叫玛利亚，妹妹叫安娜。妈妈说安东小时候很瘦，现在越来越胖了，因为他越来越喜欢打球，吃得越来越多。玛利亚越来越漂亮，可妈妈越来越担心她，因为她越来越不喜欢吃东西，所以她变得越来越瘦了。我呢，妈妈总是说我越来越聪明，越来越帅了。安娜还很小，才5岁。我们都觉得她越来越可爱了。昨天她打电话告诉我，她越来越喜欢画画儿了。

02 越……越……（三级）

一、听一听，判断对错。

大卫学汉语学了很长时间了，汉字写得也越来越好看；安妮从小就漂亮，长大之后更漂亮了；乔治不停地锻炼，越跑越快了；安妮最近在叛逆期，妈妈不想让安妮出去，但是安妮听了妈妈的话之后，更想出去了；玛丽最近在减肥，她的身材越来越好了。

03 又……又……（二级）

一、听一听，判断对错。

杨松是我的好朋友，他很高，也很瘦。他平时喜欢打篮球，也喜欢打乒乓球。他是中国人，英语很好。

04 一……就……（二级）

一、听一听，选择正确答案。

1. 我一到家就看到妈妈在等我。

2. 她一吃芒果就过敏。

3. 爸爸一下飞机就给我打电话。

06 要 / 快……了（二级）

一、听一听，选择正确答案。

1. 已经 7 点 50 了，大卫还没到学校，他快迟到了。

2. 大卫的手机就剩一点儿电了，快关机了。

3. 大卫准备去买点儿水果，他快到超市了。

4. 大卫已经快到终点线了，他快赢了。

07 除了……（以外），……还 / 也 / 都……（三级）

一、听一听，选择正确答案。

1. 除了葡萄以外，别的水果她都不喜欢。

2. 除了妈妈，他还怕奶奶。

3. 除了安娜以外，大卫也喜欢看京剧。

4. 在我们家除了爸爸以外，我们都喜欢喝茶。

5. 我们班除了李明以外，我们都会打网球。

08 一……都 / 也 + 没 / 不……（三级）

一、听一听，选择正确答案。

1. 从我家去学校一点儿也不近。

2. 操场上一个人都没有。

3. 这次比赛我们班一个人都没参加。

4. 我一分钱都没带，所以一本书也没买。

10 疑问代词 + 都 / 也……（三级）

一、听一听，选择正确答案。

1. 班里谁都喜欢班长。

2. 桌子上的菜哪个都很好吃。

3. 春节时谁都在家包饺子。

4. 谁都喜欢看这部电影。

5. 他睡着了，什么都没听到。

11 谁……谁……（三级）

一、听一听，判断对错。

1. A：我明天回北京，你想我了吗？
   B：你终于回来了，我很想你。
   A：我也是。

2. A：这场比赛，我一定赢。
   B：我不怕你，冠军肯定是我的。

3. A：我们分手吧。
   B：还会再见面吗？
   A：以后我们谁也不见谁。

12 疑问代词……疑问代词……（三级）

一、听一听，判断对错。

1. 大卫想去超市，但是他没有多少钱了，只能买便宜的东西。

2. 玛丽和大卫聊天儿，说自己喜欢谦虚的人，大卫不同意，他觉得人要自信表现才好，所以他们发生了争论，现在两个人谁也不理谁。

3. 老师说谁写字写得最好让谁参赛，安妮是我们班写字最好的人。

4. 乔治说，他喜欢去购物，哪儿热闹就去哪儿。

13 不A不B（三级）

一、听一听，判断对错。

1. 大卫是我的好朋友。他不高不矮、不胖不瘦的，看起来很精神。

2. 妈妈给我买的这件衣服不长不短，我很喜欢。

3. 我正需要5万块钱，哥哥刚好给我寄了5万块钱。

4. 北京的秋天特别舒服。

5. 他女朋友不胖不瘦，不高不矮。

14 都……了（三级）

一、听一听，判断对错。

1. 他都大学生了，这点儿道理都不懂。

2. 爷爷都80岁了，还天天冬泳。

3. 你都大学毕业了，还不能独立。

4. 都上课了，他才出门。

5. 都 12 点了，妈妈还没做饭。

6. 你都大姑娘了，说话还这么随便。

15 X 就 X（点儿）吧（三级）

一、听一听，判断对错。

1. A：你好，请问这条裙子有M码吗？

 B：您好，这条蓝色的裙子没有M码，您可以试试这条绿色的。

 A：绿色就绿色吧。

 B：您穿绿色也很好看。

 A：那给我把这条包起来吧。

2. A：小明，明天爸爸妈妈没时间接你，你坐公交车回家好吗？

 B：我想骑车。

 A：骑车就骑车吧，要注意安全。

3. A：今天回家要写两篇作文。

 B：老师，两篇太多了，能不能只写一篇啊？

 A：不行，两篇都要写。

 B：好吧，两篇就两篇。

4. A：我们周末要旅行，你们想去哪儿呀？

 B：天津。

 A：我们已经去过天津了，去青岛怎么样？

 B：青岛就青岛吧。

5. A：苏珊，下课之后你有时间吗？

 B：玛丽，我有时间。

 A：那我们下课后一起去图书馆怎么样？

 B：明天吧，今天我想回家看电视。

 A：好吧，明天就明天吧。

 B：好的，明天见。

复 句

01 一边……，一边……（一级）

一、听一听，连一连。

萨沙有个习惯，就是他喜欢一边看书一边吃东西；安娜很讨厌一边看书一边吃东西，可是她喜欢一边看书一边听音乐；玛丽学习很好，她喜欢一边走路一边看书，我们都告诉她这样对眼睛不好，可是她还是一边走路一边看书；大卫呢，更奇怪了，他喜欢一边看书一边拍桌子。

03 不但……，而且……（二级）

一、听一听，选择正确答案。

1. 我不但很困，而且很饿。
2. 不但她没有参加比赛，而且大卫也没有参加比赛。
3. 她不但会画画儿，而且画得很好。
4. 不但我听不懂京剧，而且我姐姐也听不懂京剧。

04 虽然……，但是……（二级）

一、听一听，判断对错。

大卫：我们去上次的饭店吃饭吧，他家的菜真的很好吃。
山本：我不想去，他家的菜虽然很好吃，但是很贵。
玛丽：没错，而且他家还很远，我已经很饿了。
大卫：那我们去北语时光吧，他家很近。
山本：好！
玛丽：没问题。

05 如果……，就……（二级）

一、听一听，判断对错。

1. 下午没课的话，我们就去商店。
2. 如果明天不忙，我们就去买东西。
3. 如果周末天气好，我们就去看电影吧。
4. 如果有问题，我就去问老师。

07 一方面……，另一方面……（三级）

一、听一听，选择正确的选项（双选）。

1. 我学习刺绣一方面是对它感兴趣，另一方面是想传承中华传统技艺。
2. 我很想买这件衣服，但最后没买，一方面是它太贵了，另一方面妈妈不同意。
3. 我们每天跑步，一方面可以锻炼身体，另一方面可以减轻压力。
4. 我们明天去天津吧，一方面我们明天休息，另一方面天津离北京很近。

08　不是……，就是……（三级）

一、听一听，判断对错。

男：张明去哪儿了？

女：不是去超市，就是去食堂了。

男：我每次去超市都没有开门，不是太早，就是太晚了。

女：下次我们可以一起去超市，你什么时候有空？

男：我只有下周三、下周四有空。

女：好的，我们可以下周三或下周四去。

句　类

01　是非疑问句1：用"吗"提问（一级）

一、听一听，回答听到的问题。

1. 你姐姐是学生吗？

2. 她哥哥高兴吗？

3. 你喜欢汉语吗？

4. 你吃饭了吗？

02　是非疑问句2：用"吧"提问（二级）

一、听一听，回答听到的问题（可多选）。

1. 你昨天没休息，今天很累吧？

2. 他经常去旅行，他很喜欢旅行吧？

3. 你没买过面条，你不喜欢吃面条吧？

4. 你是大卫吧？

03　用"呢"的疑问句（二级）

一、听一听，回答听到的问题。

1. 我喜欢吃炸酱面，你呢？

2. 我喜欢旅行，他呢？

3. 吃完饭去干什么呢？

4. 去不去公园呢？

04　特指疑问句（一级）

一、听一听，回答听到的问题。

1. 你是哪国人？

2. 你现在在哪儿学习汉语？

3. 你喜欢吃什么水果？

4. 你想怎么去？

5. 这本书是谁的？

6. 你最喜欢哪部电影？

05　选择疑问句：A 还是 B？（一级）

一、听一听，选择正确答案。

1. 男：明天我们学习新课还是复习旧课？

　　女：学习新课。

2. 男：你喜欢听流行音乐还是古典音乐？

　　女：我都喜欢。

3. 男：小方想学英语还是法语？

　　女：我也不知道她想学英语还是法语。

4. 男：周末你想去爬长城还是爬香山？

　　女：我想去看电影。

5. 男：安娜，今天是星期三还是星期四？

　　女：大卫，今天是星期五了。

06　正反疑问句：用正反疑问形式提问（一级）

一、听一听，判断对错。

李明：早上好啊，王华。你吃没吃早饭啊？

王华：早啊，李明。我没吃早饭呢，你呢？

李明：我吃过了。你周末干什么了？

王华：我周六去吃烤鸭了。你吃没吃过烤鸭？

李明：我吃过烤鸭，但是我喜欢吃饺子。你喜欢不喜欢吃饺子？

王华：我也喜欢。有时间一起去吃吧。

李明：今天下班去不去？正好有新电影，看不看电影？

王华：吃饭可以，不想去看电影。

李明：好的，那我们吃完饭干什么呢？

王华：去不去唱歌？

李明：好的，没问题，晚上见。

王华：晚上见。

07 感叹句1：太……了！（一级）

一、听一听，判断对错。

1. A：你看那只小猫真可爱啊！

   B：是啊，太可爱了！

2. A：我们去打球吧？

   B：我不想去，太热了！

3. A：喝水吗？帮你带一瓶。

   B：好的，你对我太好了！

4. A：大卫，你会跳舞吗？

   B：我会一点儿，但是跳得不好。

5. A：这是谁写的字？真好看啊！

   B：对！是刘老师写的，太好看了！

08 感叹句2：真……啊！（一级）

一、听一听，判断对错。

1. A：你看那个女孩儿真可爱啊！

   B：是的，她太可爱了！

2. A：今天出去看电影吗？

   B：我不想去，今天太热了！

3. A：喝水吗？帮你带一瓶。

   B：好的，你对我真好啊！

4. A：我们去吃火锅怎么样？我觉得很好吃。

   B：好啊，我也觉得火锅很好吃。

5. A：大卫，你会跳舞吗？

   B：我会一点儿，但是跳得不好。

6. A：这是谁写的字？真好看啊！

   B：是王老师写的。

09 反问句1：不是……吗？（三级）

一、听一听，选择正确答案。

1. A：这不是大卫的自行车吗？怎么在你这儿？

   B：我的自行车坏了，借了大卫的自行车。

2. A：现在已经五点了！你又迟到了，你不是说你三点就出发了吗？

　　B：我突然有事，四点才出发。

3. 男：明天放假吗？

　　女：我不是已经告诉你了吗？

10　反问句2：难道……吗？（三级）

一、听一听，选择正确答案。

1. A：李明，你怎么没有带笔？难道你不知道今天考试吗？

　　B：我昨天请假了。

2. A：我们明天不去古北水镇了吗？

　　B：不去了，古北水镇人太多了！

　　A：难道你们说话不算话吗？

　　B：那我们下周去吧！

3. A：大卫，你怎么买这么多零食？难道你不减肥了吗？

　　B：算了，我不吃了。

句　型

01　形容词谓语句（一级）

一、听一听，选择正确的图片。

1. 我的姐姐不胖，她喜欢跳舞。

2. 今天的天气很冷，我要多穿一点儿衣服。

3. 这家商店里的苹果不贵，很便宜。

02　名词谓语句（二级）

一、听一听，连一连。

1. 今天12月5日，星期五。今天小雪。

2. 今天5月12日，星期四。今天晴天。

3. 今天7月23日，星期六。今天多云。

4. 今天3月19日，星期二。今天雨天。

06 连动句 1（二级、三级）

一、听一听，连一连。

明天是周末，我们都不在家。爸爸打算去公司看看，妈妈打算去商场买东西，姐姐打算去游泳馆游泳，我打算去图书馆看书。

07 连动句 2（三级）

一、听一听，连一连。

我爸爸喜欢骑自行车去上班，所以他的身体很好。可是我妈妈喜欢开车，所以她每天都开车去买东西。我家离学校很近，所以我每天走路去学校。

特殊表达

01 时间表达 1：年、月、日、星期（一级）

一、听一听，选择正确答案。

1. 5 月 4 号开学，10 月 1 号放假。

2. 我们星期五有汉语课，星期六去北京。

3. 我们星期一和星期四有汉语课，星期五没有课。

02 时间表达 2：点、分、刻、秒（一级）

一、听一听，选择正确答案。

李明：乔治，现在几点？

乔治：10 点 50 分。

李明：你们几点下课？

乔治：11 点半。

李明：明天什么时候上课？

乔治：9 点半。

李明：你什么时候吃饭？

乔治：我 11 点 50 分吃饭。